中国百年老园透视

ZHONGGUO BAINIAN LAOYUAN
TOUSHI

刘占兰 ◎ 主编

北京师范大学出版集团
BEIJING NORMAL UNIVERSITY PUBLISHING GROUP
北京师范大学出版社

图书在版编目(CIP)数据

中国百年老园透视/刘占兰主编. —北京：北京师范大学出版社，2020.7

ISBN 978-7-303-25300-5

Ⅰ. ①中… Ⅱ. ①刘… Ⅲ. ①古建筑遗址－研究－中国 Ⅳ. ①K878.34

中国版本图书馆 CIP 数据核字(2019)第 257944 号

营 销 中 心 电 话　010-58802181　58805532
北师大出版社职业教育分社网　http：//zjfs.bnup.com
电 子 信 箱　zhijiao@bnupg.com

出版发行：北京师范大学出版社　www.bnupg.com
　　　　　　北京市西城区新街口外大街 12-3 号
　　　　　　邮政编码：100088
印　　刷：北京溢漾印刷有限公司
经　　销：全国新华书店
开　　本：787 mm×1092 mm　1/16
印　　张：16.25
字　　数：320 千字
版　　次：2020 年 7 月第 1 版
印　　次：2020 年 7 月第 1 次印刷
定　　价：58.00 元

策划编辑：罗佩珍　　　　　责任编辑：马力敏　梁民华
美术编辑：焦　丽　　　　　装帧设计：金基渊
责任校对：陈　民　　　　　责任印制：陈　涛

中国教育科学研究院基本科研业务费专项资金院级一般项目
"中国百年老园的发展样态研究"（项目编号：GY2016001）

课题负责人：

刘占兰（中国教育科学研究院）

课题组主要成员：

高丙成（中国教育科学研究院）

徐　宇（重庆市教育科学研究院）

尹坚勤（江苏第二师范学院学前教育学院）

苏　婧（北京教育科学研究院早期教育研究所）

江　立（云南省昆明市教育科学研究院）

易凌云（中国教育科学研究院）

李　佳（天津市中小学教育教学研究室）

前　言

　　本书是中国教育科学研究院基本科研业务费专项资金院级一般项目——"中国百年老园的发展样态研究"（项目编号：GY2016001）的终结性成果。课题历时两年，中国教育科学研究院基础教育研究所课题组的核心成员领衔，协同北京、天津、重庆、江苏、浙江、云南等地教育科研院所、教学研究机构、高等院校的教研员和教授等专家学者，对全国各地现存的百年老园进行了追寻查证。以2018年为时间节点，共有25所具有95年以上历史的幼儿园进入本研究的范畴。数十位专家学者和园长以极高的热情和对历史的尊重与珍视之情参与了课题研究。经过共同努力，课题组收集和整理了百余万字的历史文献资料和丰富的图片资料，为还原和再现历史、研究和分析发展历程提供了坚实的基础。本书对这些研究成果进行了提炼与浓缩，是集体智慧的结晶，感谢所有参与课题研究的同行们、朋友们、园长们、老师们！

　　当回顾和研究中国幼儿园一百多年的历史变迁时，我们会发现，百年老园的创建与发展是中国学前教育发展的历史缩影，是中国幼儿园办园体制机制变迁的有力见证；百年老园的产生与发展记录着中国学前教育理论和思想的发端、形成与发展，与中国本土的学前教育先驱者的实践紧密相连，与幼儿师范教育的发展相生相伴。课题组以百年老园的创建发端和不同时期的发展变迁为基本时间线索，从办园思想、制度调整、课程变化等方面较为深入地研究与分析了百年老园的发展历程，力图展现百余年历史长河中不同历史时期幼儿园的发展样态。

　　研究发现，这些经过百余年发展历程、饱经沧桑和风雨坎坷、经历了战火硝烟的幼儿园，在新中国成立以后都被地方政府接管，成为省级、市级或区级公办幼儿园；经历了改办与改建、改革与发展，如今呈现出不同的发展样态。通过对百年老园的案例进行研究，我们遗憾地发现有的百年老园原本底蕴丰厚，但没有坚守自我，如今文脉不清，历史日渐被淡化；还有的百年老园的历史已经全无，这些幼儿园已经落后于当地一般的公立幼儿园。令人欣慰的是，有些百年老园守正出新，百年坚守，底蕴依然丰厚，成为当地乃至全国具有引领性和示范性的幼儿园。私立成都树基幼稚园（今成都市第三幼儿园，始建于1914年），北京女子师范学校附属蒙养园（今北京师范大学实验幼儿园，始建于 1915 年），南京鼓楼幼稚园（今南京市鼓楼幼儿园，始建于 1923 年）等幼儿园，是百年老园的典型代表，是中国幼儿教育的宝贵资源。

作为课题负责人，我必须坦诚地说，我们试图从历史的视角，以园所个案为主要方法开展研究。虽说有丰富真实的历史资料，但我们看到的图景只能是条块式的，而且有些内容尚需考证，有些线索尚在探寻之中。因此，本研究透视的只能是些许的历史、有局限的图景和不完整的片段。正是基于这样的认识，我们带着对历史的敬畏和惴惴不安的心情，将部分研究成果与同行们分享。

本书分为四个部分：第一部分是中国百年老园发展研究报告，课题负责人重点阐述研究方法、研究视角和主要发现，为同行们继续开展相关研究提供借鉴和参考。第二部分是中国百年老园的典型案例，研究团队从 6 个具有典型代表意义的百年老园较有借鉴价值的方面，系统叙述该园的历史变迁、发展脉络、前世今生。第三部分是中国百年老园的历史故事，各位园长重点叙述了本园产生、发展过程中鲜为人知的感人故事、历史人物或历史事件等，使读者对本课题研究的二十余所百年老园有一定的了解。第四部分是中国百年老园的追寻与探析，主要是相关研究人员、特邀专家从独特的研究历程与视角反思和分析中国百年老园的历史变迁，提出未来幼儿园发展和深化相关历史研究的建议。

由于受本书容量、研究时间和课题组水平所限，疏漏在所难免，有待商榷的观点和有待查证与完善的史料很多。恳请各位同行和读者以宽容之心和批判质疑的态度阅读本书内容，多多指正！

刘占兰

2019 年 10 月

目 录

第四部分　中国百年老园的追寻与探析

第一部分

中国百年老园发展研究报告

一、研究的意义与价值

本研究从历史的视角分析在中国有接近或超过百年历史的老幼儿园（以下简称百年老园）的历史变迁与发展现状。中国的百年老园虽数量不多，但历史地位和作用价值极其重要。

（一）见证历史与制度变迁

百年老园是中国学前教育发展的历史缩影和幼儿园办园体制机制变迁的有力见证，具有重要的研究价值与历史意义。

中国学前教育的历史是以 1903 年第一所公立幼儿教育机构——湖北幼稚园（现名为湖北省实验幼儿园）的创办为标志性起点的。然而，中国本土创办的幼儿园的历史却可以追溯到 1898 年在厦门创办的鼓浪屿怀德幼儿园。随后从 20 世纪早期开始，中国兴办了一些蒙养院、蒙养园，它们发展成为新中国成立前的幼稚园。新中国兴办了托儿所、幼儿园，有些老园几经易址更名，每一次变迁都与中国学前教育制度的变革紧密相连。

（二）记录理论与思想发端

百年老园记录着中国学前教育理论和思想的发端、形成与发展，与学前教育先驱的实践紧密相连，与师范教育的发展相生相伴。

百年老园的产生与发展和中国早期教育家的办学理念与思想、办学实践与探索，特别是陈鹤琴和张雪门的学前教育理论和实践、幼儿园课程与教学的体系紧密相连。经过初步收集与分析资料，我们还发现，中国部分幼稚园的产生和发展还与师范教育的产生和发展相生相伴。我们从百年老园的实践中挖掘和整理史料，并探寻和研究百年老园的思想文化传承与发展。这些史料是形成和丰富中国本土化的学前教育理论与实践及幼儿师范教育理论与实践的重要资源。

（三）丰富学前教育学科

从教育史的视角深入研究百年老园能滋养和丰厚日渐衰弱的中国学前教育史学科。

近二三十年来中国学前教育史的研究力量薄弱，相关研究成果极少。中国学前教育史这一学科日渐衰弱。因此，中国学前教育史急需本领域的相关深入系统的研究来滋养和丰厚。我们挖掘、收集和整理各个百年老园的完整资料，并从教育史学的视角深入、系统地研究中国百年老园的发展路径和发展样态，能在一定程度上填补中国学前教育史领域研究的空白。本研究将依托地方子课题组和幼儿园的研究力量，收集尽可能翔实和客观的幼儿园创建与发展的史料，进而呈现和分析百年老园发展的历史、地方省市学前教育发展的历史、中国学前教育发展的历史。

（四）传承精华，古为今用

对百年老园的发展样态进行历史分析与比较，有助于发现优质园的历史传承与发展规律，引领幼儿园的可持续发展。

我们发现和挖掘百年老园的典型案例，特别是那些历尽沧桑、几经变迁，仍然在质量上具有领先地位且具有明显的文化传承与积淀的幼儿园，横向比较和纵向分析其在不同历史时期进行的教育理论研究和实践探索，有助于引领幼儿园优质且多样化地发展，从而探索幼儿园可持续发展的规律。

二、相关文献综述

与中国百年老园直接相关的研究非常少见，少数的研究主要集中在以百年为时间节点来研究中国学前教育事业的发展和学前教育课程的变革，从现有的资料中可以找到为数不多的百年老园和关于它们的简单介绍。

（一）百年来中国学前教育制度的变迁

中国学前教育制度是随着新教育制度的产生而确立的。20世纪初，随着癸卯学制的颁布，中国近代学前教育制度得以确立。蒙养院是中国最早出现的学前教育机构，与新的学校体系同时产生。蒙养院制度的建立与实施标志着中国学前教育开始由家庭教育形式向有组织的社会教育形式过渡。辛亥革命后，国民政府在教育制度上实行了一系列改革。蒙养院改为蒙养园，被纳入真正的教育机构之中，学前教育地位得到提高。

1. 蒙养院制度

19世纪末，中国阶级矛盾和民族矛盾叠加。为暂时缓和社会矛盾，清政府于1901年宣布实行"新政"，兴办新式学堂，建立新教育体系。1902年，管学大臣张百熙起草了《钦定学堂章程》。《钦定学堂章程》又叫壬寅学制，是中国第一个成文的近代学制，但未实行。1903年，张百熙、荣庆、张之洞重订学堂章程，即《奏定学堂章程》。《奏定学堂章程》又叫癸卯学制（见图1-1），1904年初正式实行，包括《蒙养院章程及家庭教育法章程》《初等小学堂章程》《高等小学堂章程》《中学堂章程》《高等学堂章程》和《大学堂章程》等。癸卯学制将整个教育过程分为三个阶段，共七级。第一阶段为初等教育，分为蒙养院、初等小学堂（五年）、高等小学堂（四年）三级；第二阶段为中等教育，只有中学堂（五年）一级；第三阶段为高等教育，分高等学堂或大学预科（三年）、大学堂（三年至四年）和通儒院（五年）。[①]《蒙养院章程及家庭教育法章程》指出"蒙养通乎圣功，实为国民教育之第一基址"，规定蒙养院招收"三岁以上至七岁之儿童"，院址可设在"各省府厅州县以及极大市镇"的育婴堂和敬节堂内，招收"本地附近幼儿，其父母愿送入其中受院内之教育者"。[②]

随着《蒙养院章程及家庭教育法章程》的颁布实施，中国学前教育机构开始出现。清末创办的蒙养院可以分为官办和私立两种。中国最早的公立学前教育机构是1903年（光绪二十九年）在湖北武昌创办的湖北幼稚园，1904年根据《奏定学堂章程》改名为武昌蒙养院。官办的蒙养院还有1905年（光绪三十一年）创办的湖南蒙养院。影响较大的私立蒙养院有1904年创办的上海务本女塾附属幼稚舍，1905年严修创办的天津严氏蒙养院，1907年创办的上海私立爱国女学社附设蒙养院，1908年由江苏金山县节妇朱氏捐献田产创办的怀仁幼稚舍及北京曹氏（曹广权）家庭幼稚园等。

中国清末出现的第一批自办学前教育机构的名称和设置办法各不相同：有名为蒙养院的，有名为幼稚舍或幼稚园的；有公立官办的，有私人经办的；有达官富绅办的，有乡间节妇捐款办的；有独立设置的，有附设于育婴堂、女塾、女学、女师的。[③]

2. 蒙养园制度

1911年辛亥革命推翻了清王朝的统治。1912年1月中华民国成立，孙中山就任南京临时政府大总统。1月9日教育部成立，蔡元培任教育总长，在教育制度上实行了一系列改革。

1912年9月，教育部公布《学校系统令》，即壬子学制。不久，教育部又陆续颁布了各种学校令。这些学校令与壬子学制结合，并称为壬子癸丑学制（见图1-2）。这个学制将学堂改为学校，将蒙养院改为蒙养园，收未满6岁的儿童。有关蒙养园的规定主要有："在下面有蒙养园，在上面有大学院，不计年限。""女子师范学校于附设小学校外应设蒙养园，女子高等师范学校于附属

[①] 何晓夏：《简明中国学前教育史》，110～111页，北京，北京师范大学出版社，2015。
[②] 唐淑：《中国学前教育史》，107～108页，北京，人民教育出版社，2015。
[③] 唐淑：《中国学前教育史》，115页，北京，人民教育出版社，2015。

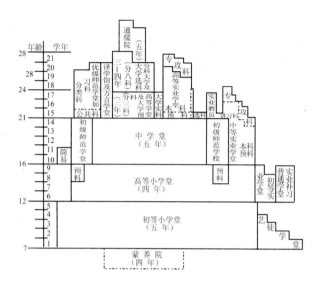

图 1-1　癸卯学制系统图①

小学校外应设附设女子中学校，并设蒙养园。"②这样看来，蒙养园虽然没有摆脱附属的地位，但已不再设于育婴堂和敬节堂内，而是被纳入真正的教育机构之中。可以说，这标志着学前教育地位的提高。③

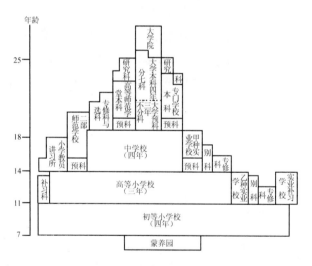

图 1-2　壬子癸丑学制系统图④

1915 年至 1916 年，教育部公布了《国民学校令》及《国民学校令实施细

①　王凌皓：《中国教育史纲要》，261 页，北京，人民教育出版社，2005。
②　何晓夏：《简明中国学前教育史》，144 页，北京，北京师范大学出版社，2015。
③　唐淑：《中国学前教育史》，118 页，北京，人民教育出版社，2015。
④　王凌皓：《中国教育史纲要》，269 页，北京，人民教育出版社，2005。

则》。《国民学校令实施细则》第六章"蒙养园及类于国民学校之各种学校"一章对蒙养园的宗旨、保教内容和方法及设备等进行了规定。蒙养园"以保育满三周岁至入国民学校年龄之幼儿为目的"①。

3. 幼稚园制度

在一些教育家及全国教育会联合会等教育团体的推动下，1922年9月，教育部召开学制会议，通过了《学制改革系统案》，并于11月公布了《学校系统改革案》，这就是所谓"新学制"，又叫壬戌学制(见图1-3)。这个学制将蒙养园改称为幼稚园，规定招收6岁以下儿童，并把它列入学制系统，重新确立了它在学制系统中作为国民教育第一阶段的地位。1923年，陈鹤琴在南京创办了我国第一所实验幼稚园，即私立南京鼓楼幼稚园。

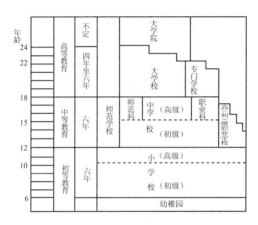

图 1-3 壬戌学制系统图②

4. 幼儿园制度

1951年10月1日教育部公布了新中国第一个学制(见图1-4)，规定幼儿教育与初等教育、中等教育、高等教育并列，成为学制的第一部分；实施幼儿教育的组织为幼儿园，招收3足岁到7足岁的幼儿，使他们的身心在入小学前获得健全的发展。这一时期，教育部门利用财政拨款直接建园，面向社会招生，举办独立建制幼儿园和小学附设幼儿园(班)。

---

① 中国学前教育史编写组：《中国学前教育史资料选》，225页，北京，人民教育出版社，1989。

② 王凌皓：《中国教育史纲要》，291页，北京，人民教育出版社，2005。

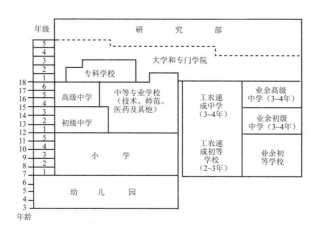

图1-4　中华人民共和国学制系统图①

（二）有资料记载的清末民初幼儿园

鸦片战争以后，我国由封建社会逐渐沦为半殖民地半封建社会。洋务运动和维新运动及帝国主义的文化侵略促进了我国文化教育的近代化，也使我国的学前教育从几千年封建制的家庭教育趋向社会化。清末，我国诞生了由政府颁布的第一个幼儿教育法规，确立了幼儿教育在国民教育中的基础地位，兴办了第一批幼儿社会教育机构。在此之前，外国传教士已在我国创办幼儿园和幼儿师资培训班。②

帝国主义凭借不平等条约，取得了在我国传教、办学的特权。19世纪80年代，西方教会开始在我国的沿海地区，如福州、宁波等地兴办学前教育机构。此后，北京、上海等地也陆续出现教育机构。到了民国以后，教育机构有了较快发展。1913年，基督教全国大会在大会决议案中进一步明确规定：各地教堂都要附设幼稚园。因此教会办的幼稚园的数量增加很快。中国基督教会1921年的调查报告记载：全国教会所设的幼稚园已达139所，幼儿4324人。

相关文献中有一些散在的关于百年老园的记录和简介性资料。《中国学前教育史资料选》中提到了一些早期创办的幼儿园："光绪二十九年癸卯秋间，聘日本保姆三人，立蒙养院于武昌，北京京师第一蒙养院也于是年成立，并办有保姆师范，院长由日本保姆师范毕业，又聘日本教师二人，修业期限定

---

①　王凌皓：《中国教育史纲要》，400页，北京，人民教育出版社，2005。

②　中国学前教育史编写组：《中国学前教育史资料选》，86页，北京，人民教育出版社，1989。

为五年"[①]。这里提到的两所幼儿园分别为：在湖北建立的湖北幼稚园，现名为湖北省实验幼儿园；在北京建立的京师第一蒙养院，现名为北京洁民幼儿园，坐落在北京市西城区。《中国学前教育史资料选》中提到的一些早期创建的幼儿园还有：上海务本女塾附设幼稚舍(1904 年)、天津严氏蒙养院(1905 年)、厦门集美幼稚园(1919 年)、南京高等师范附属小学幼稚园(1919 年)、北京香山慈幼院(1920 年)、南京鼓楼幼稚园(1923 年)。

《百年中国幼教(1903—2003)》[②]中记述的百年老园主要有：湖北幼稚园(1903 年，现湖北省实验幼儿园)，湖南蒙养院(1905 年)，天津严氏蒙养院(1905 年)，上海公立幼稚舍(1907 年)，怀德幼稚园(1898 年，现厦门日光幼儿园)，厦门集美幼稚园(1919，现厦门集美幼儿园)，北京香山慈幼院(1919 年)，南京高等师范附属小学幼稚园(1919 年，现南京师范大学附属小学实验幼儿园)，南京鼓楼幼稚园(1923 年，现南京市鼓楼幼儿园)。

除上述幼儿园外，何晓夏主编的《简明中国学前教育史》中还提到 1920 年由美国传教士黎曼顾开办的上海崇德女子中学附属幼稚园。[③]

上述这些清末民初创建的蒙养院和幼稚园为本研究寻找百年老园提供了可参考的线索。

(三)百年来中国学前教育课程的历史变迁

百年来中国学前教育课程经历了不同的发展阶段。以官方政策文件为线索大致可以分为以下几个阶段：清末民初学习仿照日本(1918 年前)，旧中国本土化、科学化探索(1919—1948 年)，新中国学习借鉴苏联(1949—1977 年)，中国特色课程的初步形成(1978—1988 年)，中国特色课程的改革与发展(1989 年以来)。

1. 清末民初学习仿照日本的学前教育课程雏形(1918 年前)

早期教会所办的幼稚园具有明显的宗教色彩和全盘西化的特点，从环境创设、教育内容的选择到教师的指导都表现出明显的宗教性：活动室里摆放着外国玩具，孩子们说外国话，行外国礼，学外国习惯，讲外国故事，唱外国歌曲，做外国游戏，甚至吃的点心也是外国的。中国儿童生活在这样的教

---

① 中国学前教育史编写组：《中国学前教育史资料选》，103 页，北京，人民教育出版社，1989。下文中提到的 6 所幼儿园分别在 110 页、114 页、260 页、265 页、273 页、277 页。

② 中国学前教育研究会：《百年中国幼教(1903—2003)》，6 页、8 页、9 页、11～13 页，北京，教育科学出版社，2003。

③ 何晓夏：《简明中国学前教育史》，151 页，北京，北京师范大学出版社，2015。

会幼稚园里无异于置身国外。① 这样的幼稚园有 1898 年基督教会教士创办的怀德幼稚园（现厦门市日光幼儿园）、1912 年创办的广州市基督教女青年会幼稚园（现广州市幼儿师范学校附属幼儿园）等。

清末，我国诞生了由政府颁布的第一个幼儿教育法规，确立了幼儿教育在国民教育中的基础地位，兴办了第一批幼儿社会教育机构。由于各地聘请日本保姆、教习来我国负责办园和训练师资，使我国幼儿教育从教育观点、课程设置到教材教法受日本影响最深，因此当时幼儿教育被称为日本式的幼儿教育。② 这一时期，中国自己兴办的幼儿教育机构主要学习日本经验。1868 年日本在明治维新后开始兴办西学。1876 年东京女子师范学堂附属幼稚园成立，1899 年制定了《幼稚园保育及设备规程》。看到日本明治维新以后的迅速发展，清政府选派了大量留学生赴日本学习教育，同时成批官绅赴日本考察学务，再加上部分维新人士在日本避乱时致力于学术和教育方面的研究，使日本的幼稚园教育得以较为完整地传入中国。1904 年，清政府颁布并实施的《奏定蒙养院章程及家庭教育法章程》《湖北幼稚园开班章程》对蒙养院的保育教导要旨、条目、设备、管理等方面的规定，基本上借鉴了日本的《幼稚园保育及设备规程》。

《奏定蒙养院章程及家庭教育法章程》依照 3～7 岁儿童的年龄特点，提出了包含体、智、德、美等方面内容的保育教导要旨，规定了与小学迥然不同的蒙养院课程。《奏定蒙养院章程及家庭教育法章程》提出的保育要旨包括："保育教导儿童，专在发育其身体，渐启其心知，使之远于浇薄之恶风、习于良善之轨范；保育教导儿童，当体察幼儿身体气力之所能为，心力知觉之所能及，断不可强授以难记难解之事，或使为疲乏过度之业；保育教导儿童，务留意儿童之性情及行为仪容，使趋端正；儿童性情极好模仿，务专意示以善良之物，使则效之，孟母三迁即此意也。"③《奏定蒙养院章程及家庭教育法章程》还规定：蒙养院保育之法"与初等小学之授以学科者迥然有别"，保育教导条目包括游戏、歌谣、谈话、手技。④《湖北幼稚园升班章程》提出设园趣

---

① 唐淑：《中国学前教育史》，103～105 页，北京，人民教育出版社，2015。

② 中国学前教育史编写组：《中国学前教育史资料选》，86 页，北京，人民教育出版社，1989。

③ 中国学前教育史编写组：《中国学前教育史资料选》，96 页，北京，人民教育出版社，1989。

④ 中国学前教育史编写组：《中国学前教育史资料选》，96～97 页，北京，人民教育出版社，1989。

旨有三："保全身体之健旺，体育发达基此；培养天赋之美材，智育发达基此；习惯善良之言行，德育发达基此。"《湖北幼稚园升班章程》还规定了课程的内容与形式，"本园所定保育课目凡七：大概与日本幼稚园课目有出入，今列于下：行仪、训话、幼稚园语、日语、手技、唱歌、游嬉"①。课程与日本幼稚园既大致相同，又有所区别。

在学习日本教育制度的过程中，学前教育被作为一项重要内容引进中国。在早期建立的学前教育机构中，由于中国没有设置培养师资的女子师范学校，因此日本教习一度成为主要力量。汪向荣所著的《日本教习》一书中所列有姓名和来历的、供职于中国蒙养院和幼稚园的日本教习就有18名之多。② 例如，1903年创办的湖北幼稚园当时聘请了3名日本女子师范学校毕业且具有一定教育实践经验的教师为幼稚园负责人和保姆；1903年创办的京师第一蒙养院（现北京洁民幼儿园）当时也聘请了2名日本教师，蒙养院的教材和教养模式也是日本式的。

1912年9月，教育部公布《学校系统令》，将蒙养院改为蒙养园。1915年至1916年，教育部公布了《国民学校令》及《国民学校令实施细则》。《国民学校令实施细则》的第六章"蒙养园及类于国民学校之各学校"规定：保育幼儿，务令其身心健全发达，得良善之习惯，以辅助家庭教育。幼儿之保育，须与其身心发达之度相副，不得授以难解事项及令操过度之业务。幼儿之心情容止，宜常注意使之端正，并示以善良之事例，令其则效。保育之项目为：游戏、唱歌、谈话、手艺。③ 可见，《国民学校令》及《国民学校令实施细则》对蒙养园的规定与《奏定蒙养院章程及家庭教育法章程》基本相同，许多保教内容和方法仍沿袭清末，效法日本模式。

2. 旧中国本土化、科学化的学前教育课程探索（1919—1948年）

五四运动前后，中国出现了宣传介绍西方教育理论、教育学说的热潮，福禄贝尔、蒙台梭利、杜威、克伯屈等的教育思想和学说对中国学前教育产生了重要影响。以陶行知、陈鹤琴等为代表的学者，对当时的幼稚教育进行了大量的调查研究，揭露了普遍存在的严重照搬外国经验的弊病，并开始进

① 中国学前教育史编写组：《中国学前教育史资料选》，103～104页，北京，人民教育出版社，1989。
② 唐淑：《中国学前教育史》，106页，北京，人民教育出版社，2015。
③ 中国学前教育史编写组：《中国学前教育史资料选》，225～226页，北京，人民教育出版社，1989。

行使幼稚教育中国化、科学化的实验研究。

1917 年张雪门在自己的家乡宁波创办星荫幼稚园，开始了幼儿教育的理论研究和实践，并对多地幼稚园进行了调查。1926 年张雪门在《参观三十校幼稚园后的感想》中揭露了宗教式、日本式幼稚园教育的弊端，后来经过自己多年的研究逐渐形成了幼稚园行为课程。陈鹤琴深受新文化运动科学与民主精神的影响，对当时那种抄袭外国、陈旧腐败的幼稚园非常不满，认为"假使我们要收教育的良果，对于儿童的观念，不得不改变；施行教育的方法，不得不研究"①。他率先研究中国儿童心理、家庭教育和幼稚园教育，1923 年创办中国第一个幼儿教育实验中心——南京鼓楼幼稚园，后来经过多年的实验研究，形成了"活教育"思想理论和系统的"五指活动"课程。陈鹤琴提出"活教育"的目的就是"做人，做中国人，做现代中国人"，"大自然、大社会都是活教材"。"五指活动"课程的目的在于发展幼稚生的心智和身体，具体的课程目的包括做人、身体、智力和情绪四个方面；"幼稚园课程内容可以以自然、社会为中心"进行选择，形成五类活动，即健康、社会、科学、艺术、语文；幼稚园的课程需要打成一片，组织成有系统的团队，以适应幼儿的认知特点。②

1922 年 9 月，教育部召开学制会议，通过了《学制改革系统案》，并于 11 月公布了《学校系统改革案》，这就是"新学制"，又称壬戌学制。壬戌学制将蒙养园改称幼稚园，招收儿童的年龄从 7 岁以下改为 6 岁以下。壬戌学制颁布后，经过有识之士多年的研究和实践，1928 年 10 月教育部聘请十多位专家学者，由陈鹤琴负责，着手拟定幼稚园课程标准。1929 年 9 月教育部命令在各地试行。修改后于 1932 年 10 月正式公布，至此我国有了自己的统一的《幼稚园课程标准》。《幼稚园课程标准》规定的幼稚园教育总目标有四个方面：第一，增进幼稚儿童身心的健康；第二，力谋幼稚儿童应有的快乐和幸福；第三，培养人生基本的优良习惯（包括身体、行为等各方面的习惯）；第四，协助家庭教养幼稚儿童，并谋家庭教育的改进。③ 课程范围包括音乐、故事和儿歌、游戏、社会和常识、工作、静息、餐点七项，每项均列有目标、内容及最低限度要求。教育方法强调"于实际施行中，应打成一片，无所谓科

---

① 《陈鹤琴教育文集》上，1 页，北京，北京出版社，1985。
② 冯晓霞：《幼儿园课程》，154～156 页，北京，北京师范大学出版社，2000。
③ 中国学前教育史编写组：《中国学前教育史资料选》，230～231 页，北京，人民教育出版社，1989。

目"①。这是我国第一个由国家颁布的《幼稚园课程标准》，是由我国专家学者在总结自己实践经验的基础上根据我国国情编订的，虽然也吸收和借鉴了西方的学前教育思想，但充分体现了洋为中用的精神，因此它具有很强的民族性；同时，它以心理学、教育学、卫生学等学科的理论为指导，对教育内容和方法所作的规定都比较符合儿童的年龄特点和教育要求，也具有较强的科学性。②《幼稚园课程标准》对推动我国学前教育向中国化和科学化的方向发展起了积极作用。

1927年至1949年，老解放区的学前教育③适应形势需要出现了大量灵活多样的托幼机构形式，如寄宿制的保育院、托儿所，单位日间托儿所，变工托儿所、哺乳室，游击式的托幼组织，小学附设幼稚班（园），私人设立的托儿所，混合型的托幼组织等。在各种托幼机构中，寄宿制的保育院、托儿所占有重要地位。这类托幼机构中的儿童都是前方将士、烈士、干部子女或难童、孤儿。这类托幼机构不但是社会机构，而且担负着全部的家庭保育、教育的责任。保育儿童在其工作中具有特殊的意义和作用。④ 因此，当时各类托幼机构都特别重视儿童的健康和营养，坚持合理的作息制度和管理制度，保证儿童的身心健康；按时检查身体、检疫，平时注意消毒，注意病期隔离，重视锻炼身体。当时，各托幼机构虽然实行保教合一、以保为主，但并没有放松对儿童的教育，都力图使儿童的身心得到全面发展。重视品德教育、劳动教育和爱国主义教育，注重培养儿童良好的行为习惯，强调品德教育要在爱的基础上进行；在生活中教育儿童，要站在儿童的立场上教育儿童，要坚持正面教育；重视智育，不仅重视知识教育，也强调智力开发。在教材选择方面，大都坚持生活教育的观点，教材内容是儿童在生活中接触和体验到的广泛的实际事物，可以包括自然、社会、卫生等许多方面。在课程组织方面，以延安第一保育院为例，1939年以前曾采用不设课程的兴趣教育，虽然发展

---

① 中国学前教育史编写组：《中国学前教育史资料选》，238页，北京，人民教育出版社，1989。

② 唐淑：《中国学前教育史》，104页，北京，人民教育出版社，2015。

③ 老解放区的学前教育是指1927年大革命失败以后至1949年中华人民共和国成立以前，在中国共产党的领导下建立起来的农村革命根据地、抗日根据地、解放区的学前教育。这种新民主主义的学前教育为革命战争和生产服务，为劳动人民及其子女服务，在各个历史时期方针政策的指导下建立了各种形式的托幼机构，积累了经验，锻炼了队伍，为中华人民共和国成立后的社会主义学前教育事业奠定了良好的基础。参见唐淑：《中国学前教育史》，280页，北京，人民教育出版社，2015。

④ 唐淑：《中国学前教育史》，290页，北京，人民教育出版社，2015。

了儿童的个性，但获得的知识零散、无系统；1940 年以后，制定了课程表，课程设有常识、唱歌、游戏、工作(折工、泥工、涂色)、自由画、体育、卫生、识字、玩玩具、自由发表等；后来，在张宗麟的指导下，改革了课程编制，采用单元教学法，根据儿童特点把社会常识和自然常识编成一个一个的单元，每个单元都有一个中心，如新年、春来了、敬爱的师长等。总之，老解放区的学前教育有了明确的教育目标，有了适合儿童年龄特点的教育内容与方法及比较稳定的课程科目，实践了单元教学法，既重视吸收国内外幼儿教育工作者的经验，又创造积累了自己的经验。

3. 新中国学习借鉴苏联的学前教育课程实践(1949—1977 年)

1949 年至 1952 年是国民经济恢复时期。这一时期，我国学前教育在改造旧教育的基础上逐步得到发展。[①] 1949 年年底，教育部召开第一次全国教育工作会议，确定了全国教育工作的总方针，明确了改造旧教育的方针、步骤和发展新教育的方向。会议确定建设新教育要以老解放区教育经验为基础，吸收旧教育某些有用的经验，特别是要借鉴苏联教育经验；教育必须为国家建设服务，学校必须向工农开门。[②] 1950 年，教育部发出通知，要求全国广大幼儿教育工作者都要学习苏联的学前教育经验。活教育理论和单元教学受到质疑，苏联专家强调的集中统一、正规化、系统化、教师的主导作用等思想逐渐成为理论的主流，对学前教育实践产生了重要影响。1951 年 7 月和 1952 年 3 月教育部分别颁布和试行了《幼儿园暂行教学纲要(草案)》和《幼儿园暂行规程(草案)》，确立了全面发展教育的政策。这两个法规文件是在吸收老解放区学前教育经验，借鉴苏联学前教育经验，在苏联专家的直接指导下拟定的。《幼儿园暂行规程(草案)》规定：幼儿园对幼儿进行初步的、全面发展的教养工作。其主要目标如下：第一，培养幼儿基本的卫生习惯，注意其营养，锻炼其体格，保证幼儿身体的正常发育和健康；第二，培养幼儿正确运用感官和语言的基本能力，增进其对于环境的认识，以发展幼儿的智力；第三，培养幼儿爱国思想、国民公德和诚实、勇敢、团结、友爱、守纪律、有礼貌等优良品质和习惯；第四，培养幼儿爱美的观念和兴趣，增进其想象力和创造力。[③] 幼儿园教养活动项目暂定如下：第一，体育(包括日常生活、

---

① 唐淑：《中国学前教育史》，310 页，北京，人民教育出版社，2015。
② 唐淑：《中国学前教育史》，310 页，北京，人民教育出版社，2015。
③ 中国学前教育研究会：《中华人民共和国幼儿教育重要文献汇编》，49 页，北京，北京师范大学出版社，1999。

卫生习惯、体操、游戏、舞蹈和律动等);第二,语言(包括谈话、讲述故事、歌谣、谜语);第三,认识环境(包括日常生活环境、社会环境、自然环境);第四,图画、手工(包括图画、纸工、泥工、其他材料作业等);第五,音乐(包括唱歌、表情唱歌、听音乐、乐器表演);第六,计算(包括认识数目、心算、度量)。幼儿园不进行识字教育,不举行测验。《幼儿园暂行教学纲要(草案)》又对各个教养活动项目进行了细化,分别规定了具体的目标、教材大纲、教学要点和设备要点,并且分三个年龄段逐一加以细分,极为详细,体现了课程的目的性和系统性。随后,我国学前教育工作者进行了积极的实践探索,不断积累和丰富立足本国的幼儿园保育教育经验。可见,20世纪50年代我国的学前教育课程以学习苏联的学前教育理论和思想及课程模式为主,幼儿园的学习以作业的方式展开,强调品德培养和集体主义精神的培养。

20世纪50年代末60年代初,中苏关系恶化,苏联学前教育理论受到批判。"文化大革命"期间,学前教育的发展也受到影响。

4. 中国特色学前教育课程的初步形成(1978—1988年)

党的十一届三中全会的召开和改革开放使我国学前教育进行入了新的发展时期,明确了学前教育的管理体制,确定了学前教育事业的发展方针,颁布了一系列法规政策,使学前教育逐渐走上了依法治教的道路。

1979年11月,教育部颁布了《城市幼儿园工作条例(试行草案)》[①],明确了幼儿园工作的任务、幼儿教育的目标,提出了游戏是幼儿的基本活动,幼儿园设置六科作业。幼儿园工作的任务为:根据党的教育方针和毛主席"好好保育儿童"的教导,对儿童进行初步的、全面发展的教育,使儿童健康、活泼地成长,为入小学打好基础,同时也减轻家长在教育孩子方面的负担,使他们能够安心生产、工作和学习。幼儿教育的主要目标为:供给儿童必要的营养,培养他们良好的生活习惯和卫生习惯,发展他们体育运动方面的基本动作,以增强他们的抵抗力,保证身心健康发展;教给儿童粗浅的自然常识和社会常识,发展儿童的智力(注意力、观察力、记忆力、想象力、思维能力,特别是口头语言的表达能力),培养他们对学习的兴趣和良好的学习习惯;对儿童进行初步的五爱教育(爱祖国、爱人民、爱劳动、爱科学、爱护公共财物),培养他们诚实、勇敢、团结、友爱、活泼、守纪律、有礼貌等优良品

---

① 中国学前教育研究会:《中华人民共和国幼儿教育重要文献汇编》,123～129页,北京,北京师范大学出版社,1999。

德、文明行为和习惯；教给儿童音乐、美术、舞蹈等方面初浅的常识和技能，培养他们对艺术的兴趣。《城市幼儿园工作条例（试行草案）》对游戏和作业用专章进行了规定：游戏是儿童的基本活动，是向儿童进行初步的、全面发展教育的重要手段；要善于发挥儿童在游戏中的主动性和创造性；要为各种游戏创设条件，保证足够的游戏时间等。幼儿园设置语言、常识（日常生活中儿童可理解的、初浅的自然科学常识）、计算、音乐、美术、体育等科作业。作业是向儿童有计划地传授初浅的知识和技能、发展智力等的主要教学形式，也是向儿童进行全面发展教育的重要手段。《城市幼儿园工作条例（试行草案）》还单章单列了思想品德教育，对儿童品德教育的内容要求和方式方法进行了规定。

1981 年 10 月，教育部颁发《幼儿园教育纲要（试行草案）》。该文件是我国改革开放后的第一个幼儿园课程标准。在颁布《教育纲要》的同时，教育部组织编写了幼儿园教材，共七种九册。这是新中国成立以来第一套全国统编的幼儿园教材，为实施《幼儿园教育纲要（试行草案）》提供了必要条件。随后，全国各地积极贯彻实施，不断积累实践经验，极大地促进了幼儿园保教质量的提升。

可以说，《城市幼儿园工作条例（试行草案）》和《幼儿园教育纲要（试行草案）》的颁布实施，标志着中国特色学前教育课程的初步形成。我国经过借鉴国外经验到逐渐本土化，形成了自己三学六法的课程体系。

5. 中国特色学前教育课程的改革与发展（1989 年以来）

在苏联学前教育理论的影响下，学前教学成为学前教育领域关注和探讨的主要问题，源于西方的课程渐渐远离了人们的视野。改革开放之后，西方课程理论和实践重新被引入，学前教育领域开始学习、了解和借鉴，幼儿园课程的理论和实践开始蓬勃发展起来。从 20 世纪 80 年代末开始，特别是 20 世纪 90 年代以来，对幼儿园课程的理论探讨和实践研究十分活跃。在理论层面，我国的学者们开始深入探讨幼儿园课程的特点，认为幼儿园课程目标的特点主要表现为启蒙性和全面性，幼儿园课程内容的特点主要表现为生活性和浅显性及课程结构的整体性和综合性，幼儿园课程实施的特点主要表现为活动性、经验性和潜在性等。[①] 在实践层面，针对幼儿园课程中学科分裂的弊端，我国开始了综合教育的研究探索。

---

① 唐淑：《中国学前教育史》，389～390 页，北京，人民教育出版社，2015。

1989 年 6 月，《幼儿园工作规程(试行)》颁布，标志着有计划、有组织的全国大规模幼儿园课程改革正式开始。根据《幼儿园工作规程(试行)》精神，幼儿园一日生活各项活动都是课程，环境也是课程的重要组成部分。教育活动概念的提出，逐渐改变了过去以上课为主的课程模式，强调课程实施的多种形式。新的课程改革实验也相继启动。经过各省、市、区各试点园的积极探索，多样化的课程模式正逐渐形成。《幼儿园工作规程(试行)》强调：幼儿园教育既要遵循幼儿身心发展的规律，符合幼儿的年龄特点，又要注重个体差异，因人施教，引导幼儿个性健康发展；幼儿园要合理地综合组织各方面的教育内容，并渗透于幼儿一日生活的各项活动，充分发挥各种教育手段的交互作用；幼儿园的教育活动要有目的、有计划地引导幼儿。这一阶段的学前教育在《幼儿园工作规程(试行)》引导下的课程改革中，与以往不同的突出特点是强调尊重幼儿的个体差异，教育渗透于一日生活，引导幼儿主动学习。

2001 年 9 月，《幼儿园教育指导纲要(试行)》[①]颁布。《幼儿园教育指导纲要(试行)》遵循了《幼儿园工作规程(试行)》的精神，吸纳了《幼儿园工作规程(试行)》试点工作的经验，为 21 世纪课程改革奠定了良好的基础，标志着我国幼儿园课程改革迈入了新的阶段。《幼儿园教育指导纲要(试行)》对幼儿园教育提出了许多新的要求，如在总则中要求"为幼儿一生的发展打好基础"，使幼儿"在快乐的童年生活中获得有益于身心发展的经验"，"促进每个幼儿富有个性的发展"；在教育内容和要求中强调：幼儿园教育的内容是全面的、启蒙性的，可以相对划分为健康、语言、社会、科学、艺术五大领域，也可作其他不同的划分；各领域内容相互渗透，从不同的角度促进幼儿情感、态度、能力、知识、技能等方面的发展。各领域的指导要点都强调了要创设良好的环境，培养幼儿的兴趣，关注和重视幼儿的学习过程，尊重幼儿的个性特点，支持幼儿的个别化学习、个性化的表达和表现等。组织实施部分强调了"环境是重要的教育资源"，教育内容的选择兼顾现有水平和挑战性、现实需要和长远发展等；教育内容的组织要充分考虑各领域内容的有机联系，相互渗透，注重综合性、趣味性、活动性等。教育评价部分也充分体现了新的儿童观、课程观，强调了评价的个体差异性、过程性、发展性等。总之，《幼儿园教育指导纲要(试行)》为建构新的幼儿园课程体系提供了目标确立、内容选择、组织实施和效果评价的新理念、新思路、新视角，因此也带来了幼儿园课程研

---

① 中华人民共和国教育部：《幼儿园教育指导纲要(试行)》，北京，北京师范大学出版社，2001。

究和实践的新繁荣。五大领域课程、渗透式领域课程、活动整合课程、多元整合课程、快乐发展课程、生存课程等不断出现，学前教育课程多元化的时代真正到来。随着 2006 年 3 月教育部"以园为本教研制度建设项目"的启动，许多幼儿园也开始了园本课程的研究和实践探索，极大地促进行了幼儿园课程的多元化和园本化。《幼儿园教育指导纲要（试行）》的贯彻实施激发和培养了幼儿学习和活动的兴趣，促进了幼儿全面且富有个性地发展，五大领域和综合性活动、个别化指导和主动学习等成为课程的突出特点。

2012 年 10 月，《3—6 岁儿童学习与发展》发布，从健康、语言、社会、科学、艺术五大领域描述了幼儿的学习与发展。每个领域按照幼儿学习与发展最基本、最重要的内容划分为若干方面，每个方面由学习与发展目标和教育建议两部分组成。《3—6 岁儿童学习与发展指南》强调了在实施中要把握的几个重要方面：关注幼儿学习与发展的整体性，尊重幼儿发展的个体差异，理解幼儿的学习方式和特点，重视幼儿的学习品质等。《3—6 岁儿童学习与发展指南》的颁布有利于推进《幼儿园教育指导纲要（试行）》的贯彻实施，更有利于深化幼儿园课程改革，对防止和纠正幼儿园教育"小学化"、推进幼儿园教育的科学化具有重要作用。

三、研究设计

（一）研究的主要内容

本研究首先收集中国百年老园的全部样本，建构幼儿园发展历史与发展样态的分析框架，以全面了解中国百年老园的基本状况，并在此基础上分析中国百年老园的发展路径与样态。具体内容如下。

1. 建构百年老园的分析框架

本研究将从历史的视角，根据社会经济和教育发展脉络构建百年老园的分析框架。该分析框架包括幼儿园的办园体制与性质、办园宗旨和招收服务的对象、保育教育和课程体系、师资队伍的来源与构成状况、教育理念与思想体系等方面。

2. 研究百年老园的创建缘由、办园宗旨和教育思想

我们通过分析历史资料和幼儿园档案资料、访谈幼儿园老教师等多种方式，全面收集和掌握各个百年老园的文本资料和口述资料。在此基础上，我们分析研究百年老园创建的历史渊源、办园宗旨与服务对象，着重分析对百

年老园产生重要影响的教育家及学前教育思想和实践、教育流派和教育课程及其他相关重要影响因素，如师范教育的发展等。

3. 百年老园的个案研究

我们对有代表性的百年老园进行完整的案例性客观描述，以呈现这些百年老园的发展历程和现实样态，按照分析框架和各个关键要素进行深入的资料挖掘和系统的分析整理，尽可能完整、全面、真实、生动地记述百年老园的完整面貌，使这些案例成为有逻辑线索和发展脉络的历史事实资料。

4. 研究百年老园的发展路径与样态

我们按照不同历史时期，对百年老园进行细致的分析比较。在此基础上，我们聚类分析百年老园的发展路径和发展样态，重点从幼儿园的办园体制与性质、办园宗旨和招收服务的对象、保育教育和课程体系、师资队伍的来源与状况、教育理念与思想体系等方面进行分析研究，从而比较百年老园的发展模式与教育体系、在国家和地方各级幼儿园发展中的作用和影响等方面的共性和差异性。最后，我们提出百年老园在发挥引领和示范作用方面的对策和建议。

(二)研究的思路与方法

本研究将主要运用文献分析法、调查法、访谈法和案例分析法四种研究方法开展百年老园的发展样态研究。

本研究的思路与技术路线：通过理论和文献研究，建立资料收集和分析的框架—通过查找历史资料和咨询相关人员，尽可能多地查找和确定百年老园—通过收集历史资料、实际走访调查幼儿园、分析档案资料、访谈幼儿园老教师等多种方式，收集尽可能齐全的幼儿园资料—对百年老园进行个案研究和聚类分析—形成最终研究成果。

四、研究过程

(一)追寻与查证

中国有史料记载的最早的幼儿园可以追溯到 1898 年 2 月英国传教士在厦门鼓浪屿创办的厦门鼓浪屿怀德幼稚园(现厦门市日光幼儿园)。中国最早的官办幼儿园是湖北幼稚园(现湖北省实验幼儿园)，创办于 1903 年秋，由湖北巡抚、湖广总督端方拨官款在省城武昌阅马场创办，是湖北省也是中国第一所公立幼儿园。除此之外，中国的百年老园特别是现存的百年老园究竟有哪些呢？我们并不知道。

开展研究的第一步就是寻找现存的百年老园，我们以 2018 年为时间节点，以 95 年为时限进行查找。课题组成员通过查找文史资料、走访、在网上查找等方式，找到了 30 多所幼儿园。由于有的幼儿园没有有力的史料证据未能入围，因此最后确定 25 所有 95 年以上历史的现存幼儿园进入研究的范围，其中有 21 所幼儿园已经有百年以上的历史。这些幼儿园主要分布在东中部地区，其中江苏最多，有 6 所；北京有 4 所；广东有 3 所；浙江、四川、福建各有 2 所；天津、上海、重庆、湖南、湖北、云南各有 1 所。寻找的历程既困难重重又让人充满期待，我们常常还伴有失落和遗憾，因为多所百年老园已在中途夭折。

（二）分析与研究

在确定了 25 所现存的具有 95 年以上历史的幼儿园作为研究对象之后，课题组从教育史学、人类学的视角展开研究，分析幼儿园创办的背景和初衷、教育思想和课程设置、发展变迁和精神文脉。一些主要研究结果对当今的幼儿园教育具有重要意义。

借鉴人类学的观点，本研究从人类命运共同体的包容性视角出发，分析早期幼儿教育的发端。可以看到，这些百年老园无论是由教会或个人举办，还是由官方政府举办，均出于慈悲心怀，都以"慈幼爱子""济贫爱民""兴学育才"为创办宗旨。历经百年的幼儿园教育是用爱书写的感人诗篇，"仁爱""慈幼"成为幼儿园教育的根基与文脉。最好的例证是 1920 年熊希龄在北京创办的香山慈幼院，其宗旨是"济贫托孤，慈幼爱婴"，收留因水灾而无人认领的孤儿，还接收北京贫苦的儿童。慈幼院门口刻有熊希龄写的"蒙以养正"的横额，两边刻着"老吾老以及人之老""幼吾幼以及人之幼"的对联。

在分析研究中，我们了解了百年学前教育发展过程中国内外文化的相互碰撞，了解了中国文化与外来文化在互动中的传承与创新。张雪门和陈鹤琴就是在借鉴和批判西方学前教育思想的基础上，通过亲身办园，分别形成了自己的《幼稚园行为课程》和《活教育》的理论与实践体系。今天，我们重新学习两位先行者的理论：张雪门的行为课程理论体系，特别是行为课程编制的三原则、行为课程组织的五要点、行为课程实施中教师的六种指导责任等；1932 年 10 月，陈鹤琴等人拟订并颁布的《幼稚园课程标准》，以及基于陈鹤琴活教育理论的幼儿教育目的论、课程论、教学论成为幼儿教育的三大主张，都让我们有回归初心、回到本位的感觉。近百年来，这些根基性的思想、理论和实践体系是中国学前教育的宝贵财富。

(三)交流与分享

2018年1月18日至19日，20多所百年老园的代表来到北京，第一次以百年老园的名义聚集在一起，共同挖掘百年老园的前世传奇，讲述百年老园的今生故事。他们对百余年学前教育历史的敬畏之情油然而生，对早期学前教育先驱者们的崇敬之心溢于言表。

20多所百年老园的代表逐一进行了分享交流。这些幼儿园经过百余年的发展历程，饱经沧桑和风雨坎坷，在新中国成立以后都被地方政府接管，成为省级、市级或区级公办幼儿园，经历了改办与改建、改革与发展，如今呈现出不同的发展样态。对百年老园的案例研究让我们欣喜地发现，有些百年老园文脉清晰，守正出新，百年坚守，底蕴丰厚，成为当地乃至全国具有引领性和示范性的幼儿园。这是中国学前教育的宝贵资源，我们可以从多个视角去研究。

我们选取了有代表性的幼儿园作为个案，从不同侧面反映它们百年的传承和坚守、创新和发展的过程。厦门市日光幼儿园是中国最早的幼儿园代表，其"扎根本土，顺和自然"的思想不断形成与发展；湖北省实验幼儿园是中国最早的公立幼儿园，"蒙学养正，普惠大众"是其办园的宗旨和文脉；成都市第三幼儿园是当代幼儿教育家卢乐山曾经研究和工作过的地方，百余年来一直传承着"为儿童成长培根，为民族复兴树人""爱心涌流，大爱担当"的树基精神；北京师范大学实验幼儿园在现代和当代学前教育理论与实践的互生共长中"蒙养百年，倡导开新"；宁波市第一幼儿园是中国学前教育的先行者张雪门创生"行为课程"的园地；在南京市鼓楼幼儿园中，陈鹤琴先生不仅形成了"活教育"理论和实践体系，也开启了幼儿教育科学研究的先河(详见第二部分6个幼儿园的案例文章)。

(四)成果梳理与发表

对百年老园的发展研究是一个寻找百年老园的根基、印记、信念和精神的过程。我们怀着敬畏之心，以科学的态度和规范的研究努力还原历史。尽管我们找到的和叙述的还只是百年老园丰厚历史的一部分，但我们已经清晰地了解了百年老园以爱为根、代代相传的文脉和守正出新、生生不息的精神。

当然，在研究中，我们也看到一些有百年历史的幼儿园原本底蕴丰厚，但缺乏坚守和传承的意识与责任感，历史资料已经无法找到，如今文脉不清，历史日渐被淡化；还有的百年老园缺乏对百年历史的珍惜与尊重，历史全无；

甚至个别幼儿园随行就市，在办园方向和行为上偏离了内涵发展和质量提升的轨道，已经落后于当地的一般公立幼儿园，令人惋惜和痛心。

会议分享与交流极大地推进了课题研究的深化和研究成果的初步形成。2018年3月至7月，课题组对研究成果进行了梳理，研究成果包括研究论文与典型案例。课题组一并邀请有关专家进行分析与评价，形成了丰富的研究成果。截至11月，课题组已经公开发表论文9篇，其中在《中国教育报》上发表了2篇，在《学前教育》杂志上发表了7篇。

五、研究结果与结论

中国有史料记载的最早的幼儿园可以追溯到19世纪晚期，中国最早的官办幼儿园距今也有一百多年的历史。百年老园是中国学前教育发展的历史缩影和幼儿园体制机制变迁的有力见证。百年老园记录着中国学前教育理论与思想的发端、形成与发展，与学前教育先驱的实践相生相伴。课题组从史学的视角深入研究百年老园，不仅能滋养和丰富中国学前教育史学科，还有助于发现优质园的历史传承与发展文脉。为此，中国教育科学研究院携手相关单位组成的"中国百年老园的发展样态研究"课题组，以2018年为时间节点，通过寻找考证，已经确定的有95年以上历史的幼儿园有25所，其中有100年以上历史的幼儿园有21所。本研究以现存的具有95年以上历史的幼儿园为研究对象，把上述幼儿园统称为百年老园，从教育史学、人类学的视角进行研究，分析幼儿园创办的背景和初衷、教育思想和课程设置、发展变迁和精神文脉。一些主要研究结果对当今的学前教育具有重要意义。

(一)中国早期的百年老园

中国的幼儿园是学前教育逐渐社会化的结果。从19世纪末到20世纪再到21世纪这一百多年中，中国的学前教育逐渐社会化、多元化、国际化，现代化是未来发展的基本方向。自古以来，中国的学前教育就是在家庭中进行的。鸦片战争后，中国由封建社会逐渐沦为半殖民地半封建社会。随着社会经济的发展，教育领域也发生了深刻的变化。19世纪末，以康有为为首的维新派积极宣传儿童公育思想，提出学西学、立新式学堂、学习西方科学技术、改良科举制度等，为清末学前教育机构的产生打下了思想基础。

中国早期百年老园的主办人多为教会传教士、爱国人士，也有政府官员。来自美国、英国、加拿大等国的基督教会或天主教会的传教士在中国直接开办幼儿园或女校、师范学校、女子师范附设幼稚园。例如，厦门市日光幼儿园始建于 1898 年，是由英国基督教长老公会韦玉振牧师的夫人韦爱莉创办的，是家庭式幼稚班——"怜儿班"，同年改为幼稚园，是中国最早的幼儿园。1901 年，英公会将该幼稚园作为实习基地，开办附设幼稚师范学校——怀德幼稚师范学校。宜宾市鲁家园幼儿园（1905 年创办）、广州市荔湾区协和幼儿园（1911 年创办）等都是由美国教会传教士创办的；成都市第三幼儿园是由美国、加拿大等国的四个教会联合创办女子师范并设幼稚师范科后，为提供实习场所而设立的幼稚园。早期教会创办这些幼稚园的目的主要是为教徒子女接受早期照顾和教育服务的，也有一些教会创办的幼儿园招收年幼孤儿和穷苦儿童。

　　中国本土的一些爱国人士也开办了师范学校或女子学校附设幼儿园，或创建小学并设立附属幼儿园。1911 年，著名社会学家费孝通的母亲杨纫兰女士在吴江松陵镇积善弄创办江震第一蒙养院。1913 年，江震第一蒙养院并入爱德女校，成为附设幼稚园。其宗旨为"爱德"，旨在"以爱育人，以德树人"。1910 年，蒋葆仁女士和妹妹蒋泰素（字岱荪）献私蓄，在当时长沙南区冯家湾私宅园圃中建设校舍两间，根据《孟子·梁惠王上》中"老吾老以及人之老，幼吾幼以及人之幼"一语，将学校命名为幼幼小学堂，1912 年增办了蒙养园。爱国人士创办幼儿园的宗旨主要是落实"新政""兴学育才"，为国家培养人才，让儿童从小接受良好教育。

　　地方官员代表政府创办的公立幼儿园、国立大学和中小学校附设的幼儿园，是早期公办学前教育机构的重要形式。1901 年，清政府宣布实行"新政"，废除科举，兴学育才，这是清末创办幼儿教育机构的社会基础。1903 年秋，湖北巡抚、湖广总督端方在省城武昌阅马场创办了湖北幼稚园，这是中国第一所公立幼儿园。1904 年制定的《湖北幼稚园开办章程》是我国近代有史料可查的最早的省级层面的幼稚园章程。1903 年，北京的京师第一蒙养院成立。

　　1904 年，清政府正式颁布实施了《奏定学堂章程》，这是中国近代第一个学制，即癸卯学制。这个学制规定了从蒙养院至通儒院共有三段七级。第一阶段为初等教育，包括蒙养院、初等小学堂、高等小学堂；第二阶段为中等教育；第三阶段为高等教育。《奏定学堂章程》包括《奏定蒙养院及家庭教育法章程》。《奏定蒙养院及家庭教育法章程》是中国第一个学前教育法规，将幼儿公共教育机构定名为蒙养院，列入学制系统。蒙养院招收 3～7 岁儿童，教师称"保姆"，蒙养院规定"蒙养家教合一"。

《奏定蒙养院及家庭教育法章程》的颁布实施极大地促进了学前教育的发展。[①]1910年，云南提学史叶尔恺奉云南总督李经羲批札，委任陈文政负责蒙养园开办事宜。1911年，省立女子师范学堂附属小学附设蒙养园，该蒙养园为南方较早的官办幼儿园。1914年，四川巡按使陈廷杰倡议兴办四川省立第二女子师范学校。次年，学校附设保姆讲习科、小学及幼稚生组。秋季，学校开办供师范生实习的附属幼稚园，即四川省立第二女子师范学校附属幼稚园。1915年，北京开办了公立性质的北京女子师范学校附属蒙养园。因此，确切地说，中国的幼儿园已经有整整120年（1898—2018年）的历史了，中国的学前教育被列入学制系统，第一个中国幼儿教育法规从颁布至今也已经整整114年（1904—2018年）了。

（二）中国现代幼儿园教育的开启

五四运动前后，学前教育领域在学习西方教育思想的同时，开始了中国本土学前教育的探索之路。1922年北洋政府公布"六三三学制"，将学前教育机构命名为幼稚园。[②] 不同性质的幼稚园大量涌现，"中学为体、西学为用"的时代到来了，中国学前教育的先驱开始了具有本土化的幼稚园教育实践。1917年，张雪门在浙江宁波创办了星荫幼稚园并任首任园长；1919年，陈嘉庚创办了平民幼稚园，1927年秋集美幼稚师范开办时该园改为附属幼稚园；1920年，教育家、慈善家熊希龄创办了香山慈幼院蒙养园；1923年，中国教育家陈鹤琴创办、张宗麟协助成立了南京鼓楼幼稚园。这些学前教育思想和实践的先驱开启了中国现代学前教育的先河，奠定了中国本土的学前教育发展之路。

爱国华侨陈嘉庚一生倾资办学，促进国家教育发展，被称为"华侨旗帜、民族楷模"。1919年，陈嘉庚在厦门创办了集美学校。他非常重视儿童的早期教育，认为教育应从基础抓起，因此他创办了集美幼稚园。集美幼稚园成为学校的一部分。集美幼稚园是一所既有西班牙楼室特色，又有中国民族风格的园舍，拥有"葆真楼""养正楼""熙春楼""群乐室"等楼屋；园内场地宽敞，设备齐全，有操场、游戏场、花圃、假山、水榭、小桥，适宜分班活动；整

---

① 1912年9月教育部公布《学校系统令》，即壬子学制。不久，教育部陆续发布各种学校令，与壬子学制结合，并称为壬子癸丑学制。蒙养院改为蒙养园。

② 1922年11月，北洋政府公布《学校系统改革令》，又称壬戌学制，即通常所说的新学制。在这个学制中，蒙养园改称为幼稚园，幼稚园规定招收6岁以下儿童，新学制把幼稚园列入学制系统，重新确立了它在学制系统中作为国民教育第一阶段的地位。

个建筑中西合璧，美观实用。① 集美幼稚园的办园指导思想是把幼稚教育当作立国之本，认为有了健康的儿童才能够有健全的国民；教师为儿童的伴侣，幼稚教育是爱的教育；幼稚园应成为儿童的乐园，幼稚教育是求孩子的解放与幸福。②

教育家和慈善家熊希龄一向热心于学前教育事业，于 1909 年在湖南常德创办蒙养院。1920 年，熊希龄又在北京创办了香山慈幼院蒙养园，收留因水灾而无人认领的孤儿，还接收北京贫苦的儿童。香山慈幼院蒙养园的宗旨是"济贫托孤，慈幼爱婴"。慈幼院共分五个部分，其中第一校是婴儿保教院（出生至 4 岁）和幼稚园（5～6 岁），第三校是幼稚师范学校（北平幼稚师范学校）。当时的香山慈幼院蒙养园被称作孤苦儿童的幸福乐园，闻名中外。幼稚师范学校由熊希龄的女儿、留美学习幼稚教育的熊芷负责对保教人员进行训练。香山慈幼院蒙养园的婴幼儿保教和幼师培训都成为当时的示范和楷模。

1917 年张雪门创办的宁波星荫幼稚园和 1923 年陈鹤琴创办的南京鼓楼幼稚园，开启了中国现代学前教育之先河。张雪门和陈鹤琴开始了对中国化幼稚教育的探索。张雪门在宁波星荫幼稚园的实践，在京津地区对幼稚教育的考察、学习和研究探索中，吸收传统教育思想，借鉴西方先进思想，1933 年拟定了《中国北方幼稚园课程大纲》，促进了幼稚教育的中国化、科学化和民主化。20 世纪 60 年代后，张雪门以顽强的毅力克服了疾病困扰和种种困难，陆续写下了《幼稚教育》《幼稚园课程活动中心》《幼稚园行为课程》等十几本专著，这些专著清晰地构成了幼儿园行为课程体系。张雪门认为："生活就是教育，五六岁的孩子们在幼稚园生活的实践，就是行为课程"；这种课程"完全根据于生活，它从生活而来，从生活而开展，也从生活而结束，不像一般的完全限于教材的活动。"③要"常常运用自然和社会的环境，以唤起其生活的需要，扩充其生活的经验，培养其生活的能力"④。张雪门一生几乎都没有离开过幼儿师范教育的工作岗位。早在 1920 年，张雪门就在自己的家乡开始了幼生的培育工作，在北平、广西、四川等地创办幼稚师范，主张幼稚园教育须力求适合国情及生活需要，目的在于培养为普及平民幼稚教育、为改造具有民族精神的新一代国民而献身的幼儿教育师资。

---

① 唐淑：《中国学前教育史》，146 页，北京，人民教育出版社，2015。
② 唐淑：《中国学前教育史》，146 页，北京，人民教育出版社，2015。
③ 张雪门：《幼稚园行为课程》，1 页，台北，台湾书店，1966。
④ 转引自何晓夏：《简明中国学前教育史》，252 页，北京，北京师范大学出版社，1990。

1923 年春，陈鹤琴在自家客厅创办了南京鼓楼幼稚园，亲任园长，并建成了我国第一个学前教育实验中心，将自己在留学期间学到的研究方法和科学精神、进步教育和实用主义思想用于幼儿园教育实践。① 陈鹤琴以鼓楼幼稚园为实验田，实施三大计划：建造中国化的幼稚园园舍，改造西洋玩具使之中国化和研制中国自己的玩具，研究中国化的幼儿园教育活动。陈鹤琴对幼儿园的办园宗旨和培养目标、课程设置和教学内容与方式等进行全面系统地研究，提出"幼稚教育的三大目标""17 条教学原则""学习的四个步骤""五指活动"等，逐步形成了适合中国国情、符合民族精神的"活教育"理论与实践体系。

中国本土的学前教育家们针对当时中国的社会现实和儿童发展的实际，批判性地吸收和改革国外学前教育思想，立志办中国自己的学前教育。他们通过自己亲身的科学研究和亲自办园的幼儿园教育实践，开创了中国学前教育的先河，奠定了中国学前教育的理论与实践基础。他们在儿童心理研究、幼儿园教育、幼儿家庭教育、幼儿师范教育等方面都积累了宝贵的经验和财富，推动了中国学前教育走向本土化、民主化、科学化和大众化的道路。特别是陈鹤琴提出，"活教育"首先以三个目标坚定自己的信念："做人，做中国人，做现代中国人""做中教，做中学，做中求进步""大自然、大社会都是活教材"。"活教育"思想是现代学前教育思想的典型代表，这些思想对当今中国特色社会主义学前教育理论和实践体系的创建仍具有根基与文脉的价值。

（三）现存的中国百年老园

从相关历史资料中，我们可见一些散在的关于百年老园的记录和简介性资料。随着历史的更迭和时代的变迁，许多百年老园已经不复存在或无从查证。以 2018 年为时间节点，课题组梳理出的有一定实证资料证实的、有 95 年以上历史的老园共有 25 所（参与本研究的有 24 所）。为大家所熟知的百年老园，如 1898 年建立的厦门鼓浪屿怀德幼儿园已经经历了 120 年的历程，现更名为厦门市日光幼儿园，被认为是最早创办的幼儿园；1903 年建立的湖北幼稚园，后更名为湖北省实验幼儿园，被认为是中国最早的官办公立幼儿园；1917 年，张雪门在自己的家乡浙江宁波创办星荫幼稚园，现名为宁波市第一幼儿园；1919 年，陈嘉庚在福建厦门创办集美幼稚园，现名为集美幼儿园；1920 年，熊希龄在北京创办香山慈幼院蒙养园，现名为北京实验学校（海淀）幼儿园；1923 年，陈鹤琴在自己的家中创办幼儿园等。这些幼儿园至今也都为广

---

① 唐淑：《中国学前教育史》，233 页，北京，人民教育出版社，2015。

大幼教工作者所熟知。此外，我们还发现了一些人们了解甚少的具有95年以上历史的幼儿园。参与本研究的24所老园名单见表1-1。

表1-1　参与本研究的现存具有95年以上历史的百年老园名单①

序号	幼儿园现用名	幼儿园园名更替	建园时间	所在省市
1	厦门市日光幼儿园	创建于1898年2月，原名怀德幼稚园，英国传教士创办，采用福禄贝尔教育思想。	1898	福建
2	湖北省实验幼儿园	创建于1903年秋，原名湖北幼稚园，由湖北巡抚、湖广总督端方饬令拨官款，在武昌阅马场创办，是湖北也是中国第一所官办幼儿园。	1903	湖北
3	北京市西城区洁民幼儿园	始建于1903年，由清代名士章宗祥等创建，原名为京师第一蒙养院，是北京市第一所由中国人创办的幼儿园。民国初年更名为洁民幼儿园，1964年由私立改为公立，园名沿用至今。	1903	北京
4	上海市嘉定区清河路幼儿园	始建于光绪三十年(1904年)，学识渊博的黄世源老先生在自家宅院修建，原名为嘉定城西初等小学附属幼稚园，2006年更名为嘉定区清河路幼儿园至今。	1904	上海
5	宜宾市鲁家园幼儿园	始建于清光绪三十一年(1905年)，最初名为叙州浸礼会福音堂幼稚园，是四川省近代开办最早的幼儿教育机构，现隶属于宜宾市翠屏区。	1905	四川
6	天津市南开区第二幼儿园	创办于1908年，原名朝阳观蒙养院。又经1933、1950、1952、1956、1959年五次更名，1961年正式使用现名。	1908	天津
7	广州市越湾区烟墩路幼儿园	始建于1909年秋，由美国南部浸信会国外传道部所建，原名为东山幼稚园，1953年广州市东山区教育局接管，1972年更名为烟墩路幼儿园，沿用至今。	1909	广东
8	南京师范大学附属小学实验幼儿园	前身为莲花桥幼稚园，据说创建于清末宣统年间(1909—1911年)，1920年幼稚园并入莲花桥小学，属市立学校性质。1958年重建，并更名为珠江路小学附属幼儿园。1999年创建于1919年的南京师范大学附属小学实验幼儿园(原南京高等师范附属小学幼稚园)并入。2018年更名为南京师范大学附属小学实验幼儿园。	1909—1911	江苏

① 本研究根据研究的时间周期，以2018年为时间节点，将1923年以前创建的具有95年以上历史的幼儿园列入研究范围。天津、江苏各有一所幼儿园因行政管理变更等复杂原因未参与本研究；浙江省杭州市天水幼儿园听说本研究后也对园所历史进行了梳理，但因缺乏可靠史料证据，也未列入本表，其研究考证过程在本书第三部分第一个故事中进行了介绍。

序号	幼儿园现用名	幼儿园园名更替	建园时间	所在省市
9	苏州市吴江区实验幼儿园	1911年由著名社会学家费孝通先生的母亲杨纫兰创办，原名江震第一蒙养院；1913年成为爱德女校附设的幼稚园；1992年更名为吴江实验小学幼儿园，2018年开始使用现名。	1911	江苏
10	广州市荔湾区协和幼儿园	创办于1911年，由美国幼稚教育家碧卢夫人（Mrs. Jeanie Bigelow）和朋友共建；1952年由广州市政府接管成为公办幼儿园。	1911	广东
11	昆明市教工第二幼儿园	始建于宣统三年（1911年），原名省立女子师范学堂附属小学附设蒙养园，为官办；1950年由人民政府接管。	1911	云南
12	广州市幼儿师范学校附属幼儿园	1912年由广州基督教女青年会创办，原名广州基督教女青年会幼稚园。	1912	广东
13	长沙市天心区幼幼幼儿园	1910年蒋葆仁女士和妹妹创办幼幼小学堂，1912年增办蒙养园。1956年长沙市人民政府接管幼幼小学和幼稚园。	1912	湖南
14	成都市第三幼儿园	创办于1914年，前身是教会开办的私立成都树基幼儿园，第一任园长是美国哥伦比亚大学毕业的文学硕士蒋良玉女士。	1914	四川
15	重庆市渝中区红岩幼儿园	始建名为四川省立第二女子师范学院附属幼稚园；1954年更名为重庆市市中区大同路幼儿园，1964年起使用现名。	1915	重庆
16	北京师范大学实验幼儿园	始建于1915年4月16日，名为北京女子师范学校附属蒙养园。后在1919年、1926年、1931年等跟随大学名称的改变几经更名，1962年使用现名。	1915	北京
17	北京市西城区实验幼儿园	始建于1915年，1936年名为北平师范大学附属第一小学幼稚园，1955年更名为北京第一实验小学幼儿园，1979年与实验一小分离独立建制至今。	1915	北京
18	常熟市实验幼儿园	创办于1916年2月，1923年前为海虞市立女子国民学校附属蒙养园，1928年改称常熟县第一学区学前小学幼稚园，1952年改称为常熟市学前中心小学幼稚园。2014年起使用现名。	1916	江苏

续表

序号	幼儿园现用名	幼儿园园名更替	建园时间	所在省市
19	杭州市行知幼儿园	创建于 1916 年，原名弘道女校附设幼稚园，1956 年由杭州市人民政府接管，1985 年更名为杭州市行知幼儿园至今。	1916	浙江
20	宁波市第一幼儿园	1917 年由中国著名教育家张雪门先生创立并任园长，原名星荫幼稚园。	1917	浙江
21	厦门市集美幼儿园	创办于 1919 年，由爱国实业家和教育家陈嘉庚先生创办，是集美学校的一部分，是一所贫民幼儿园，以"葆真""养正"为教育理念。	1919	福建
22	北京实验学校(海淀)幼儿园	前身为香山慈幼院蒙养园，由教育家熊希龄于 1920 年创办，曾用名为北京市立新学校幼儿园。	1920	北京
23	昆山市玉山镇北珊湾幼儿园	创办于 1920 年，原为昆山县培本女子高级小学附属蒙养园，1929 年更名为昆山县培本小学附属幼稚园，1995 年开始使用现名。	1920	江苏
24	南京市鼓楼幼儿园	前身为鼓楼幼稚园，由著名教育家陈鹤琴先生于 1923 年创办。这是中国历史上第一所开展教育科学研究的幼儿园。1952 年 8 月，陈鹤琴先生主动要求将鼓楼幼稚园交给南京市人民政府接办，更改为现名。	1923	江苏

(四)现存百年老园不同的发展样态

这些经过百余年发展历程、饱经沧桑和风雨坎坷、经历了战火硝烟的幼儿园，在新中国成立以后都被地方政府接管，成为省级、市级或区级公办幼儿园，经历了改办与改建、改革与发展，如今呈现出不同的发展样态。私立成都树基幼稚园(今成都市第三幼儿园，始建于 1914 年)、北京女子师范学校附属蒙养园(今北京师范大学实验幼儿园，始建于 1915 年)、宁波星荫幼稚园(今宁波市第一幼儿园，始建于 1917 年)、南京鼓楼幼稚园(今南京市鼓楼幼儿园，始建于 1923 年)等幼儿园，是百年老园的典型代表，中国幼儿教育的宝贵资源。

私立成都树基幼稚园的建筑样式中西合璧，不但美观，而且具有保证幼儿安全和方便幼儿活动的特点。园内有各种树木和花草，女贞树、白果树、黄桷树、苹果树、石榴树、葡萄树等应有尽有。幼儿每日生活、游戏、学习在绿植常在、四季花开的环境中，自然、自由、自主成为百年的树基儿童精神。早期私立成都树基幼稚园的教师大都是从国外学成归来的专业人才或成都女子师范学校的优秀毕业生。我国当代著名幼儿教育家卢乐山先生就是在这所幼儿园完成她在燕京大学的教育硕士论文的。1945年，她还担任了幼儿园的主任和园长，带领教师们深入研究幼儿，编写幼儿园课程，设计幼儿教育活动，从而使爱心、能师、正气成为百年的树基教师精神。历经百年，精美的建筑犹在，充满生机的园林依然，基于儿童本位、注重儿童生活和游戏的纯美、守正出新的教育已经生成。幼儿园携带着百年的历史，不断积蓄着慈爱与智慧，呵护与培育着儿童。

北京女子师范学校附属蒙养园以其自身的历史变迁见证了中国幼儿园教育特别是保育和教育内容的变革与发展。办园宗旨从20世纪最初的调护儿童之身心，培养其三育，以造就健全之国民而为国民教育之基础，到20世纪20年代实行蒙氏教学法，办园宗旨为应用科学方法训练未达学龄之儿童，务本自由主义，以发展其天然活动力；并附有规定的目的，即调和或矫正家庭生活，使儿童于入学前有相当之智识及充分之准备，以树立国民之教育基础。20世纪30年代中期，该园制定了《附属幼稚园训导实施纲要》，完善了早期的保育和教育目标与内容。20世纪50年代，教育部聘任了第一位苏联专家指导教师培养和幼儿园教育，幼儿园的双重任务是解放妇女劳动力和用共产主义思想教育孩子，全面学习苏联的保育和教育。改革开放以后，该园开始了在《幼儿园教育大纲》《幼儿园教育指导纲要（试行）》指导下的学前教育中国化及园本化的实践探索。在百年的发展历程中，幼儿园浸润在师范大学高等教育学府的专业滋养中，在深厚文化底蕴的影响下成为学前教育专业的实习基地，在不断的理论探索和实践革新中一路前行。

（五）对百年老园发展方向的思考

百年老园特别是中国人自己创办的幼儿园均以"慈幼爱子""济贫爱民""兴学育才"为创办宗旨，"爱孩子""爱国家和民族"成为中国学前教育的根基和文脉。1919年，陈嘉庚创办的平民幼稚园的宗旨是"葆真养正"。他认为"教育是立国的根本，幼稚教育是教育的基础"；1923年，陈鹤琴以"为人类服务，为国家尽瘁"为志向，终身致力于教育事业，在创办南京鼓楼幼稚园时提出学前教育的目的是培养幼儿"做人，做中国人，做现代中国人"。有的幼儿园为了济贫爱民，救济孤贫儿童，面向平民大众。例如，1920年熊希龄创办的香山慈幼院的宗旨是"济贫托孤，慈幼爱婴"。回顾历史，考证史料，外国教会传教士和中国爱国人士办学均出于慈悲心怀，是仁爱之举。早期中国本土的教育家和政府办学均出于国家情怀，有大爱担当。

当分析发展良好的现存百年老园的典型案例时，我们发现"以爱为根、守正出新"是它们共同的特点和发展路径。这种爱既有对幼儿的关心爱护、精心呵护、良好教育和支持引导，也有对国家发展和民族复兴的责任和担当。这些具有典型意义的百年老园走在学前教育改革和发展的最前列。为此，这些幼儿园在坚守根基与文脉的基础上，不断适应社会的变革、时代的要求和教育的发展，在办园理念、环境创设、课程与游戏、教师发展及幼儿园管理等各个方面积极开展科学研究，不断改革和创新发展，为建设新时代社会主义学前教育体系贡献智慧和力量，为当地乃至全国幼儿园教育的改革发展和质量提升提供榜样和示范。

对百年老园的发展研究是一个寻找百年老园的根基、印记、信念和精神的过程。我们怀着敬畏之心，以科学的态度和规范的研究努力还原历史，尽管我们找到的和叙述的还只是百年老园丰厚历史的一部分，但我们已经清晰地了解了百年老园代代相传的教育文脉、生生不息的慈幼精神。我们期望通过聚焦百年老园的相关研究，共同努力挖掘百年老园的前世传奇，讲述百年老园的今生故事，激发起后人的责任与担当，将"以爱为根、守正出新"作为百年老园发展的方向，续写百年老园的未来篇章。让"仁爱之心"薪火相传，让"慈幼之情"生生不息！

（中国教育科学研究院　刘占兰）

第二部分

中国百年老园的
典型案例

案例一

百廿怀德　自然成长
——中华第一园的百年传承

鼓浪屿，这座昔日孤寂的小岛，曾在清末开始的中西文化碰撞与交流中煊赫一时，创造了我国教育史上多个第一，成为我国现代教育的"摇篮"。日光幼儿园的前身为私立怀德幼稚园，创立于1898年，较中国人自办幼稚园——湖北幼稚园（1903年）还要早5年。因此，日光幼儿园也有着"中华第一园"的美誉。从鼓浪屿走出的杰出人物，如林巧稚、马约翰、殷承宗、许斐平等，都曾在这里启蒙受教。

一、从"怜儿班"到日光幼儿园

鼓浪屿地处我国东南沿海，优越的自然地理环境使得这里成为教会东来传教的"桥头堡"。清朝末年，英国基督教长老公会牧师韦玉振到鼓浪屿传教时，他的夫人韦爱莉随同前来。这位名叫韦爱莉的牧师娘也许是出于同情怜悯之心，也许是为了传教发展教徒之用，于光绪二十四年（1898年）创办家庭幼稚园，教几个教友的孩子，同时收容几个孤儿。家庭幼稚园当时叫"怜儿班"，是怀德幼稚园的前身。宣统二年（1910年），幼儿园由英国长老会接办。宣统三年（1911年），幼儿园被命名为怀德幼稚园。1932年6月[①]，怀德幼稚园获得教育部门的批准立案，并定名为厦门鼓浪屿私立怀德幼稚园。

1938年5月13日，日军攻陷厦门，鼓浪屿因是公共租界，成为难民疏散

---

① 参见中国学前教育研究会：《百年中国幼教（1903—2003）》，9页，北京，教育科学出版社，2003。该书的说法略有不同：1933年11月，改名为"鼓浪屿私立怀德幼稚园"。

区，学童人数骤增。当时私立怀德幼稚园的学童人数达到数百人之多，全园学童共分为 20 多组，其规模之大足可称为全国之冠。1941 年珍珠港事件后，鼓浪屿被日本占领，私立怀德幼稚园的教会代理人撤离，幼稚园被日本人接管并被改名为鼓浪屿幼稚园。日本人重新聘请园长、教师，并根据其需要重新安排幼稚园的教育、生活及幼儿活动等。1945 年抗日战争胜利后，英国公会又派其代理人接管幼稚园并恢复了私立怀德幼稚园的原名。私立怀德幼稚园一直沿用到新中国成立。

1951 年，厦门市人民政府接办私立怀德幼稚园，并改为厦门师范附属小学幼儿园。人民政府接办后，幼儿园实行"向工农开门""为工农服务"的制度改革。当年，有 60 名军烈属及工农子女全免、半免学费入园。20 世纪 50 年代中后期，幼儿园遵照毛主席"好好的保育儿童"的指示，贯彻"教育为无产阶级政治服务，教育与生产劳动相结合"的教育方针，打破常规，改变办园形式，千方百计为生产服务，办起本市第一所寄宿制幼儿园，帮助家长解决无暇照顾幼儿的困难，保证了家长安心生产和休息。幼儿园还根据家长的工作时间，延长幼儿在园时间，由 8 小时延长到 10～12 小时。幼儿园又根据生产需求，创办季节性与临时性的幼儿班，坚决做到幼儿随缺随补，随到随收，方便家长。1957 年，幼儿园改名为厦门市日光幼儿园，1958 年，幼儿园开展"红色巧姐妹"活动，组织教师学习理发、缝纫、唱歌、拼音、绘画、制造玩具、烹调等技能，使教养员成为"五员"（教养员、炊事员、保育员、缝纫员、清洁员）和"六会"（唱、画、煮、缝、教学、照顾幼儿生活）的多面手，真正做到既是教师，又是妈妈，"让幼儿在园里生活得比家里好"。"文化大革命"初期，幼儿园改称"反帝幼儿园"，不久停办。1974 年，幼儿园复办，改名为鼓浪屿人民小学附设幼儿园。1976 年，幼儿园独立建制，复名厦门市日光幼儿园。

二、中西融合的课程体系

私立怀德幼稚园的创办正值欧美国家普遍开办幼稚园的时期，由于德国儿童教育家福禄贝尔和意大利教育家蒙台梭利的教育学说对英国幼稚园教育很有影响，因此由英国教会创办的怀德幼稚园所采用的教育形式和内容就以二者的理论为基础，特别重视游戏、音乐、自然和感官训练，福氏的"恩物"和蒙氏的教玩具在教育教学中占有重要位置。幼稚园里的教具大部分是从英国运来的，这在当时是领先于全国的。同时幼稚园还重视儿童的自由成长，强调对儿童进行感官训练，通过让儿童选择自己感兴趣的游戏和活动来充分发展儿童的感官认知。20 世纪 20 年代，受杜威教育思想的影响，幼儿园一度强调以儿童兴趣为中心的教育。可以说，怀德幼稚园当时的课程是很西化的。

到了 20 世纪 30 年代，随着教会教育权的回收与我国幼稚园课程标准的颁布、实施，私立怀德幼稚园的课程也发生了很大的变化。当时的课程基本符合《幼稚园课程标准》的内容，包括言语、国文、常识、计算、唱歌、游戏、图画、手工等。其中，国文和计算是《幼稚园课程标准》中所没有的课程领域。

值得注意的是，作为教会性质的幼稚园，私立怀德幼稚园很重视国文及汉字等中国化和本土化的课程内容，至今幼儿园仍保存着 1930 年幼稚园第四级甲组新授汉字课的照片。

事实上，若考虑到私立怀德幼稚园所处的鼓浪屿华洋杂处、中西融合的大背景，就很好理解这样的场景了。曾在鼓浪屿上生活的林语堂说道"两脚踏中西文化"。在鼓浪屿上，一边是具有绅士之风的外国人，一边是重视中国传统文化的华侨。这里既有西方重游戏活动的教育思想，又有国人重识字与礼仪的传统观念，这两种思想同时影响着私立怀德幼稚园的课程。

私立怀德幼稚园虽然是教会幼稚园，但并没有远离现实，而是根据鼓浪屿的实际来设置课程范围的。这种扎根本土、顺和自然的理念已经融入了幼儿园发展的"血液"中，并影响到今天日光幼儿园的发展。"融入自然""顺其自然""自然成长"成为日光幼儿园课程理念的概括。

三、大自然、大社会都是活教材

陈鹤琴在 20 世纪 20 年代批判当时的幼稚园多是"幼稚监狱"，"与环境的接触太少，在游戏室的时间太多"。"幼稚园的生活，几乎都是室内的生活，邻近即有田园即有街市而不领幼稚生到外边去看看。呆板地天天叫他在一间小房子内生活。"[①]日光幼儿园因其独具特色的地理优势，自创办以来都一直奉行着陈鹤琴主张的"大自然、大社会都是活教材"的课程理念，充分利用鼓浪屿的自然、社区教育资源，建构幼儿园独特的课程体系。

----

① 陈鹤琴：《现今幼稚教育之弊病》，见中国学前教育史编写组：《中国学前教育史资料选》，145～146 页，北京，人民教育出版社，1989。

幼儿园在历史发展中逐渐确立了"让儿童走进自然，在自然中成长"的园本课程核心理念。该理念包括四个层面：其一，自然、社会环境资源是活教材，这是建构园本课程的基础；其二，教育顺应儿童天性，遵循其身心发展规律，教师依其自然本性进行教育，这是贯彻园本课程的主轴；其三，儿童学习的环境是自然的，让儿童在自然的学习环境中活动、游戏、学习、体验，这是实施园本课程的主要方式；其四，教学方法是自然的，让儿童在自然而然的状态下学习、发展，儿童是学习的主人。① 具体落实在幼儿园的课程与发展上，该理论主要体现在以下三个方面。

首先，充分发掘、利用鼓浪屿的自然和社会资源，开发幼儿园课程。鼓浪屿的自然资源得天独厚，阳光、海浪、沙滩、岩石是其优势资源。更为独特的是这座小岛上没有现代化的交通工具，这里成为一座天然的安全小岛，可供"放养"儿童使用。20 世纪 80 年代，幼儿园常利用岛上的古迹和自然风光进行爱家乡、爱祖国的教育。教师按儿童年龄特点，寓教育于一日活动之中，常带儿童"找春天""找秋天"，引导其观察潮起潮落，发展其思维和语言。教师充分利用海岛有利条件，组织儿童进行"三浴"（空气浴、日光浴、海水浴）活动，以增强儿童的体质，这种做法引起了国内外的关注。1980 年 10 月，《中国妇女》外文版以《一所海滨幼儿园》(*A Seaside Kindergarten*)为题，用多种文字向世界介绍日光幼儿园的"三浴"经验。

其次，利用鼓浪屿"钢琴之岛"的有利条件，充分开展美育活动。鼓浪屿上钢琴的拥有密度居全国之冠，这使得鼓浪屿有了"音乐之岛"和"钢琴之岛"的美誉。鼓浪屿这座小岛氤氲着音乐的气息，成长于此的人们自然少不了受到音乐的熏陶。这里音乐人才辈出，中国著名钢琴家殷承宗和许斐平、小提琴家许斐生、大提琴家郑海等都在日光幼儿园受过启蒙教育。此外，音乐这种美育形式不仅影响着人的审美，还影响着人的情操与心灵。就如 2015 年国务院办公厅发布的《关于全面加强和改进学校美育工作的意见》中所指出的那样："美育是审美教育，也是情操教育和心灵教育，不仅能提升人的审美素养，还能潜移默化地影响人的情感、趣味、气质、胸襟，激励人的精神，温润人的心灵。"日光幼儿园一直较为重视音乐在人的培养中的重要价值。在幼儿园的课程体系里，音乐占有重要的位置。曾在日光幼儿园就读，后来成为园艺学家的李来荣回忆时这样写道："不久，我就被老师教的游戏与歌曲吸引

---

① 李嫔琦：《以自然为轴线建构园本课程》，载《学前教育研究》，2005(3)。

住了……我们唱歌是用厦门话唱，歌词是老师编的，都是教育小孩子有良好习惯的，如'早上起来铺床铺，洗脸洗手洗衣服……'。曲子采用现成的欧美古典名曲，唱起来很好听。我记得一首用'铃儿响叮当'的曲子谱的歌，歌词是：'如要去厦门，还是去更远，不得不要划小船，不然不能去。'我们唱的时候，老师就用钢琴伴奏。鼓浪屿是'钢琴之乡'，许多人家都有钢琴，小学幼儿园也有，老师都弹一手好钢琴，我们从小就受到音乐的熏陶。"①直到现在，幼儿园每周都安排一定时间，组织唱歌、绘画、钢琴、小提琴兴趣小组，因材施教，培养美感。

图 2-1　20 世纪 60 年代幼儿在操场上跳集体舞

　　最后，遵从儿童天性，让儿童成为学习和游戏的真正主人。陈鹤琴认为游戏是儿童生来就喜欢的，儿童的生活可以说就是游戏。现代儿童教育观将游戏视为儿童的基本活动，游戏也成为幼儿园最重要的课程之一。但是儿童游戏在现实场景中又容易发生异化，人们容易注重游戏的形式而忽视游戏给儿童带来的体验。日光幼儿园向来重视游戏在儿童成长中的作用，让儿童拥有快乐的童年。李来荣从乡下来到鼓浪屿，初进幼稚园时感觉被纪律约束着很不习惯，但不久就被幼稚园教师教的游戏吸引了："老师教我们做'摸瞎子'游戏，由一个孩子用手帕将眼蒙住，其他的孩子绕着他一面打圈子，一面唱着歌，蒙眼人手中拿一手杖，当他用手杖着地时，我们就停下来，让他摸一个同学，并猜出名字来。猜对，算赢；猜不对，他还得再蒙一次。这种游戏我从来没有做过，很新鲜。我们还玩'捉迷藏'。我跑得很快，玩捉迷藏我很

李来荣：《我的童年》，见《科学家的童年》二，94～95 页，天津，新蕾出版社，1983。

少输，小朋友们不敢小看我了。"①儿童在游戏中收获了自信与快乐。

"追寻快乐的童年"正是日光幼儿园一直追求的教育价值。羽堪回忆道：在幼稚园里，他们每天都在听故事、做体操、运动、玩游戏、画画、唱歌、做手工，他的童年就是在这些活动中快乐度过的。新时期的日光幼儿园延续着私立怀德幼稚园良好的游戏传统，进一步开展自主性游戏的研究。自主性游戏的实践研究经历了不敢放—大胆放—放任—放手与引导相结合的历程，总结出了放手让儿童确定主题、放手让儿童规划游戏、放手让儿童解决问题的实践原则。

"让儿童走进自然，在自然中成长"的课程理念，是受鼓浪屿独特的自然优势与日光幼儿园深厚历史底蕴共同影响而形成的幼儿园的传统与特色。日光幼儿园将充分利用鼓浪屿丰富的自然、人文、社会环境资源，从一百多年的园史发展中汲取智慧，坚持游戏性、自然化的园本课程建构原则，将本园打造成为一所"扎根鼓浪屿，融汇中西方"的经典儿童乐园。

（福建省厦门市日光幼儿园　王晓虹、张佳佳）

---

① 李来荣：《我的童年》，见《科学家的童年》二，95页，天津，新蕾出版社，1983。

案例二

蒙学养正　守正出新
——中国公立第一园的前世今生

1903 年，中国公立第一园——湖北幼稚园（今湖北省实验幼儿园）诞生了。百余年来，爷孙成了校友，旧屋换成了新楼。百余年来，我们坚守"旺健进取、美材习善的园风，德艺蒙养、精业创新的教风，萌发智慧、善良言行的学风"，栉风沐雨，弦歌不辍，在"蒙学"中"养正"，在"守正"中"出新"。

一、蒙学养正，普惠大众

光绪二十八年(1902 年)，清政府颁布《钦定学堂章程》。章程规定："城内坊厢乡镇村集，均应设立蒙学堂""蒙学堂卒业以四年为限""蒙学以六七岁为入学之年"。这是中国近代史上第一个以国家法律形式颁布的关于开办学前教育机构的文件。

光绪二十九年(1903 年)秋，湖北巡抚、湖广总督端方根据该章程，饬令支拨官款，在武昌阅马场创办了全国第一所公立幼儿园——湖北幼稚园。由于当时风气未开，官宦之家不愿送子女入园，因此入托者多为贫家子女。幼稚园的办园宗旨是为当时的贫家子女强身、养材、习德。

光绪三十年(1904 年)，湖广总督张之洞仿效日本拟定了《湖北幼稚园开办章程》。章程规定：开办幼稚园"专辅小儿自然智能、开导事理、涵养德性，以备小学堂之基础为宗旨""幼稚园重养不重学"。章程提出办园宗旨有三：一是保全身体之健旺，体育发达基此；二是培养天赋之美材，智育发达基此；三是习惯善良之言行，德育发达基此。不久，清廷公布《奏定蒙养院章程及家庭教育法章程》，将蒙学堂改为蒙养院。湖北幼稚园按定章易名为蒙养院。宣

图 2-2　湖北幼稚园创办人员合影

统二年(1910 年)，女子高等小学堂(黄土坡)内附设一所省城蒙养院，招收
5～6 岁男童 80 名，分 2 班，限 1 年毕业。保育科目有：行仪、训话、幼稚园
语、日语、手技、唱歌、游嬉。蒙养院以班级形式开展保教活动，为入园儿
童提供服装、图书、保育用品，唯不备饭食。本省儿童免收学费，外省儿童
每月须交纳银洋 4 元。

园内设备较为齐全，是一所初具规模的幼稚园。园内设有开导室、训话
室、游戏室、图书玩具室、保姆助教室、看管小儿仆妇室、会计办公室、接
应宾客室等。户外有场，场上有游嬉山；山上有亭，曰"游嬉亭"。园内教具
购置于日本，教材也为日本教材。省城女子两等(初等和高等)小学堂内设的
省城蒙养院遵循《奏定蒙养院章程》，学制定为 4 年。

蒙养院聘从日本女子师范学校毕业且具有一定教学实践经验的 3 名教师
为保姆，其中户野美知惠出任首任园长①(兼保姆)。户野美知惠于 1890 年毕
业于东京女子高等师范学校，历任京都府师范、彦根、长野、名古屋女子学
校教员，光绪三十年(1904 年)应聘来华，此前在母校任教。

民国时期，改蒙养院为蒙养园，1922 年又改为幼稚园。幼稚园招收 4～6
岁儿童，一般有 1～2 个班，25～80 名儿童。班级不按年龄划分，多为混合
班，以保为主。

1949 年 8 月，幼稚园停办。

1951 年，为了满足当时"为政治服务、为生产服务、解放妇女劳动力"的
社会需要，湖北省教育厅决定在湖北幼稚园原址处重建湖北省武昌幼儿师范

---

①　中国学前教育研究会：《百年中国幼教(1903—2003)》，6 页，北京，教育科学出版社，
2003。

学校附属幼儿园。初创时，幼儿园有 3 个班，90 名儿童，5 名职工，幼儿园面积约 500 平方米。

20 世纪 60 年代初，教师开始在大班试教汉语拼音，在中班开展"三浴"锻炼，同时开展创造性游戏的研究，合理安排一日活动。由于家长忙于大生产，因此幼儿园实行全托制，为家长提供全方位服务。

20 世纪 70 年代末，幼儿园注重对幼儿进行全面发展的教育，对儿童的各科教学活动进行了大胆的探索，在学前教育界引起强烈的反响。各姐妹园纷纷来幼儿园参观学习，并将各园骨干教师送到幼儿园进行培训。20 世纪 70 年代至 90 年代，幼儿园为省、市、地、县乃至全国部分地区幼儿园代培教师约 45 期，1500 余人次，对提高学前教育的师资水平做了很多工作。

20 世纪 80 年代，教育部颁布《幼儿园教育纲要（试行草案）》。幼儿园按照《幼儿园管理条例》和《幼儿园教育纲要（试行草案）》开展学前教育，做到保中有教，教中有保，寓教于乐，寓教于体育、游戏活动。幼儿园开始进行单元主题教学、全园性角色游戏、建构游戏的实践和研讨，教师在研讨中成长，儿童在游戏中快乐成长。

1995 年年初，幼儿园从阅马场旧址迁移到梅苑小区新园。办园规模为 8 个教学班，有一栋三层教学楼、一栋两层综合楼、一栋食堂楼。

至 2003 年百年华诞，幼儿园已成为一所实验型市级示范性幼儿园，占地约 14667 平方米。园内设施配套齐全，环境优美，有绿油油的草地与山坡，有四季花卉与果树，也有深受幼儿喜爱的多种大型玩具。幼儿园实施现代化科学管理，逐渐形成了独特的办园风格及教育教学模式。

图 2-3 20 世纪 50 年代幼儿在攀登架上合影

二、淬砺成长，守正出新

经历百年之风雨，方现今日之彩虹。幼儿园以推动学前教育改革和提高保教质量为己任，坚守"保身体之健旺、养天赋之美材、习善良之言行"的办园理念，充分挖掘百年老园的文化内涵，秉承"释放天性、回归本真、淬砺教育、健康身心"的课程理念，积极探索"淬砺教育"园本课程的构建。

幼儿园以《幼儿园教育指导纲要（试行）》《3—6岁儿童学习与发展指南》《幼儿园工作规程》为引领，积极探索一环之内的城市幼儿园如何通过环状环境的创设，拓展幼儿挑战与游戏的空间；通过对"淬砺教育"园本课程的探索与实施，锻炼幼儿体能，磨炼幼儿意志，开发幼儿思维，增强幼儿自信心；以全新的"淬砺教育"理念探索新思路，开放办园，挖掘社区与家庭的教育资源，构建全新的幼教生态体系。

一是创新了"淬砺教育"园本课程理念。幼儿园确立了"锻炼幼儿体能，培养其品质，锤炼其精神"的淬砺教育思想，形成了"锻炼自我、健康身心、淬砺成长"的"淬砺教育"园本课程理念。

二是创新了"淬砺教育"园本课程目标。幼儿园在对"淬砺教育"园本课程的探索与实施中明确了在淬砺活动中培养幼儿坚持、勇敢、自信的良好意志品质，提升幼儿的抗挫能力，为其终身发展奠定良好基础。

三是创新了"淬砺教育"环境。环境中融入"淬砺教育"思想，将探索性与挑战性有机结合，打造了"户外有场，场内有山，山上有亭"的三环式户外环境，开展"真、野、趣"的淬砺活动来锻炼幼儿体能，磨炼幼儿意志，使幼儿健康成长，以此助推"淬砺教育"园本课程的有效实施。

四是创新了"淬砺教育"园本课程体系。幼儿园一边探索，一边实践，构建了以健康教育为核心的"旺体、美材、习德"三位一体的"淬砺教育"园本课程体系。

在未来的日子，我们将怀揣着百年梦想，牢记"育才于未来，服务于社会"的使命，坚守"普惠但不普通"的信念，继续守正出新，用勤劳和智慧擦亮"中国公立第一园"的品牌。

（湖北省实验幼儿园　夏君、徐金晶、潘小玉）

案例三

传承树基精神　坚守幼儿本位
——成都市第三幼儿园百年幼教路

在成都，一所幼儿园在历史的因缘际会中，用百年绵延不断的时光书写着中国学前教育人士办园的历史和精彩。著名诗人流沙河在《锦城1947》中这样回忆道："黑漆双扇大门住宅对面，一家著名的幼稚园，加拿大人创办于1914年，原属基督教会。门上有金字匾，英文为Canadian's Centre Kindergarten，中文为树基儿童学园。园内花木楼台十分精致，设施完善，环境优美，令人欣羡。周末，门前一排漂亮的私包车接娃娃，偶见有汽车来接的。儿童来自富贵人家，自不必说。这家幼稚园今为成都第三幼儿园。"百年沧桑，风云涤荡，如今的成都市第三幼儿园地址不变，初心不改，依然生机勃勃，孜孜以求，躬耕于学前教育，成为四川学前教育的一面旗帜。

一、西学中用，为幼稚园培根

1840年鸦片战争以后，一批批传教士涌来。他们在传教的同时，兴办了包括幼稚园在内的学校。

1914年，由华西教育会下属的北方美以美会之外国妇女传道会、加拿大美以美会之妇女传道会、美国浸礼会之外国传道会、朋友之外国传道会四教会联合设立私立成都协和女子师范学校，下设私立成都树基幼儿园。幼儿园起初只是作为协和女子师范学校幼稚师范生参观、见习、试教之地，同时招收4~6周岁的幼儿。私立成都树基幼儿园开办之初是一所典型的教会幼稚园。

1943年，私立成都协和女子师范学校停办，全校扩充成为2~12岁的儿童提供教育的机关，包括树基小学、树基幼儿园及树基婴儿园，成为综合学校，更名为树基儿童学园。

第一任园长蒋良玉女士曾就读于燕京大学、卢江大学，获教育学学士学位；后赴加拿大和美国留学，就读于加拿大多伦多学前儿童教育学院，又在美国哥伦比亚大学师范研究学院获文学硕士学位。蒋良玉于1938年回国后一直从事教育工作，系当时全国知名学前教育专家、英文教授。她发表了《论中国的幼儿教育》《学前教育的组织领导》等。蒋良玉在办园过程中充分实践树基儿童学园的办园理念——树人之基础，树民族之基础。她用严格的管理、严谨的治学，为当时的幼儿撑开了一片健康成长的天地。据成都市东城区地方志1950年历史档案记载：私立成都树基幼儿园设立之初，仅有三四十人，故混合成为一班进行教育，纯系半日制。随着幼儿人数逐渐增多，幼儿园按其身心年龄分为甲、乙、丙、丁四组教学各组，均有专人负责。而且除半日制外尚设有全日制，使离校较远的幼儿有所安顿，以为家长分忧代劳。备有午餐，也可以寄餐。为促进幼儿身体之健康，校内备有床铺，可以让幼儿休息。[①]

为了救亡图存，怀着"欲救中国，先救儿童"的心愿，蒋良玉多次向她的好友——我国著名教育家陈鹤琴先生请教。她身体力行，办起了平儿园，使幼稚园向普通平民开放。一方面，她特别注重幼儿教育的中国化，在选编教材过程中大量使用中国的民间儿歌、故事等，灌输民族文化，把学园办出了特色；另一方面，她重视幼儿教师队伍的建设，重视幼儿教师的培养。她在工作中严格要求教师，在生活中关心教师。她聘请的许多教师在解放后都成为教育界著名人士。

从1921年到1949年，幼儿园的几任园长带领教师在办园的过程中，躬行践履他们的幼儿教育思想，展现幼儿教育才智，示范幼儿教育追求。树基儿童学园试行以年龄、智力为分级标准，教学内容有故事、音乐、游戏、自然和社会、识字和计算、工作、餐点、静息、家庭联络工作等。在课程实施上，树基儿童学园分两步，按月和周制订活动计划，每周围绕一个中心取材，唱歌、谈话、图画、手工等都围绕中心进行，还进行识字和数数。树基儿童学园进行了幼稚教育中国化和科学化的实验研究，开始研究中国幼儿的心理、家庭教育和幼稚园教育等诸多方面的课题，不断探索、总结切合中国国情、儿童身心发展的游戏、活动，自编园本教材，逐渐抛弃了幼稚园的"外国病"

---

① 成都市东城区志资料片：《私立成都基儿童学园概况一览》，4页，1950年春，案卷号863。

"花钱病""富贵病"，主张建立中国的、省钱的、平民的幼稚园。

在树基儿童学园中，我国著名的学前教育先驱卢乐山先生完成了她在燕京大学的教育硕士论文，她是我国自主培养的第一批学前教育硕士。卢乐山受燕京大学"人才辈出，服务同群，为国效忠"精神的影响，对自己提出"学习不忘服务，治学不离实践"的要求。她认为：要做一个优秀的幼教工作者，不能只停留在懂得一般的学前教育理论，掌握一般的学前教育方法，也不能只凭喜欢幼儿的那股子热情，要了解和研究每一个幼儿，针对幼儿的特点开展教育。1945 年，她在担任树基儿童学园主任及园长期间，带领教师研究幼儿的特点，研究幼儿的需要，为幼儿编写了《儿童舞蹈》《幼稚园春夏秋冬四季教材》《幼稚园音律活动》等书。卢乐山奠定了研究树基儿童学园的特质，研究又铸造了树基教育的品质。

二、生活启蒙，为园本活动塑形

新中国成立以后，树基儿童学园被成都市人民政府接管，后被命名为成都市第三幼儿园。20 世纪 50 年代初，我国积极学习和引进苏联教育经验，推行教育改革，成都市第三幼儿园承担了验证、使用苏联幼稚园工作指南和教材的任务，并为全国学前教育同行就如何使用苏联幼稚园工作指南和教材进行观摩教学、示范表演。作为成都市学前教育教研基地，成都市第三幼儿园以优化儿童一日生活结构为目标，在游戏、语言、音乐等多个领域进行专业研究，实践"从儿童生活中来，到儿童生活中去"的教育理念，大量开展社会实践活动，还原幼儿真实生活，让幼儿真切地体验生活。

蔡邦琼老师是这一时期成都市第三幼儿园教师群体中的杰出代表。她是全国"三八红旗手"，全国优秀幼儿园教师，1958 年全国文教战线群英会四川省代表。蔡老师刻苦钻研汉语拼音的发音特点，在日常工作中细致观察幼儿的发音规律，探寻幼儿学习语言的过程，通过大量的记录、分析、试验，不断尝试使用多种教学方法，创造了一套训练幼儿正确发音的会话语句材料。

20 世纪 60 年代初，针对我国学前教育在学习苏联幼儿教育经验的过程中出现的结合我国幼儿实际情况不够、生搬硬套的情况，成都市第三幼儿园在实践、推广四川省学前教育大纲和教材时，既强调教师的主导作用，又充分尊重幼儿；既重视课堂教学，又注重生活教育；既强调集体，又重视个体；既强调幼儿教育的计划性，又注重幼儿教育的灵活性；既强调幼儿教育大纲和教材的统一性，又注重幼儿教育大纲和教材的特殊性、地方性。同时，成都市第三幼儿园的教师们还根据幼儿教育实际，创编出了大量贴近生活的语言、音乐、体育等教材和一系列贴近幼儿现实生活的、幼儿想象力能及的、以"爱祖国、爱家乡"为主题的教材，走上了自编教材及教师专业化发展之路。

三、游戏引领，与幼儿天性契合

20世纪八九十年代，在关注幼儿生活、践行陶行知的"生活即教育"的大教育观的思想基础上，全园上下进一步统一思想，统一认识，牢固树立全心全意、面向全体、全面发展的"三全思想"，克服重上课、重知识传授、重个别尖子的"三重倾向"，以"优化幼儿园一日生活"为目标。在连续多任园长的潜心治学中，成都市第三幼儿园在前期研究幼儿生活化活动的基础上将研究的重点转向游戏，重新构建幼儿创造性游戏与单元教学活动为一体的一日生活游戏化活动体系。

在多任园长的带领下，教师集思广益，调动全员教职工及家长、社区等各方面的积极因素，开辟了苗圃、小树林、花园、竹园、果园、户外大型沙池等区域，还自己设计制造出多种户外大型器具及小型体育游戏玩具，利用自然资源探究、开发出多功能的结构游戏材料——箱体隔区材料系列、板式结构材料系列、竹制材料系列、大型组合结构材料系列、废旧材料系列，体现出游戏材料的多功能性、可变性和安全性等要求。同时，成都市第三幼儿园还用有限的资金布置了专用幻灯室，购买了大量成套的结构游戏材料、水上玩具，设置了专门的动物饲养区，等等。这些环境条件的创设充分体现了当时"玩学三幼"的教育思想。

在美化、趣化的良好环境中，以特级教师李俊秀为代表，成都市第三幼儿园教师从幼儿创造性游戏的研究入手，构建起了一日生活游戏化活动体系，形成了成都市第三幼儿园的游戏特色。成都市第三幼儿园成为成都市及四川省学前教育界的焦点。教师们充分开发家长资源，调动社会力量，采用请进来、走出去等多种方式，让幼儿深入实际，在参观、谈话、体验活动中丰富感性经验和生活知识经验。教师们从幼儿的视角深入挖掘出更多经典的主题游戏项目，如火车游戏、南极考察游戏、海盗船游戏、圆明园的修建游戏等游戏。

20世纪90年代，为了进一步优化幼儿园一日活动结构，成都市第三幼儿园突破以往孤立地看待游戏活动、片面研究游戏的状况，在系统论的指导下将游戏纳入幼儿园一日活动加以研究，开展了丰富多彩的特色活动：融大创游、大带小、社会与认知为一体的花会活动，融趣味游戏与亲子同乐为一体的家长开放日活动，融节日教育与幼儿自主展示为一体的节日系列活动周，融外出体育与教育为一体的外出系列活动等。成都市第三幼儿园进而提出"四大游戏系列"，即创造性游戏、活动性游戏、教学游戏、生活游戏，让幼儿真切地在游戏中体验生活，自主成长。在反复实践中，成都市第三幼儿园提炼出培养具有独立性、自主性、创造性的幼儿的教育理念和自己的园本课程——系统性游戏课程。成都市第三幼儿园成为四川省学前教育的游戏教研基地。

2001年，随着《幼儿园教育指导纲要（试行）》的颁布，成都市第三幼儿园用以幼儿为本的理念重新审视幼儿园中的传统游戏活动，坚持从观察、解读幼儿的游戏反应、游戏表现入手去发现幼儿，提出了幼儿游戏还是游戏幼儿的追问。在"寻找失落的游戏"系列教材改革过程中，成都市第三幼儿园坚持尊重幼儿在游戏中的自发性和自主性，构建大创游活动样式，并进一步在幼儿园的各类教育活动中形成幼儿主体与教师主导的教育关系，对幼儿园的活动样式进行了创新。成都市第三幼儿园教育改革研究成果"幼儿园自发游戏活动的实践创新"获首届国家教学成果奖二等奖、四川省政府一等奖。

从1914年到2018年，成都市第三幼儿园走过了百余年的发展历程，在中国众多的幼儿园中，位于中国西部的"树基"及现在的成都市第三幼儿园在我国幼儿教育史上写下了重重的一笔。成都市第三幼儿园工作者对幼儿的热爱、对学前教育事业的赤诚、对社会的责任与担当，使得成都市第三幼儿园百年绵亘，赓续不歇。为解决人民群众对优质学前资源的渴望和优质学前教育资源不足的矛盾，成都市鼓励名园探索集团办学。成都市第三幼儿园勇担社会责任，于2001年开成都学前教育之先河，开启了将新优质园、普惠园办到老百姓家门口的集团办学之路，成为家长信任的幼教集团，先后有7所园完成扶薄后脱离集团，实现独立发展。如今，百年老园吐新枝，三幼集团一园四区的办学格局在新时代书写着发展的新篇章。

（四川省成都市第三幼儿园 曾琴、邓盛婷）

案例四

蒙养百年，倡导开新
——北京师范大学实验幼儿园百年发展历程

北京师范大学实验幼儿园的前身是创立于 1915 年 4 月 16 日的北京女子师范学校附属蒙养园，初建地址是当时的石驸马大街东铁匠胡同。关于创建的历史背景，1913 年 7 月《北京高等师范学校一览》一书记载的《中华民国元年十月二十五日（教育）部令第十九号之师范教育令》中提出："第十条：女子师范学校于附属小学外应设蒙养园。"蒙养园从设立时就有其特殊性质，即肩负培育幼儿及为师范院校提供学前教育研究基地和承担学生见习、实习的任务。

一、蒙养百年——幼儿园发展历史简介

（一）第一阶段（1915—1948）：园所初建，蒙以养正

由于当时社会动荡的背景因素及经费不足等条件限制，园舍屡经迁移，师资、在园人数、园内设施及状况不断变化，但幼儿园仍然在不断进步与发展，表现为以下几点。

第一，教育宗旨与课程内容不断改进。1918 年宗旨为："调护儿童之身心，培养其三育，以造就健全之国民而为国民教育之基础。"1924 年宗旨为："应用科学方法训练未达学龄之儿童，务本自由主义，以发展其天然活动力，此外并附有规定之目的：即调和或矫正家庭生活，使儿童于入学前，有相当之智识及充分之准备以树立国民教育之基础。"①对比幼儿园 1918 年的课程内

---

① 焦真：《附属幼稚园历年状况及将来计划》，载《师大月刊》，1932(1)。

容与教育部规定的课程可以发现，四项内容与 1904 年后模仿日本时的课程设置一致，但各科的具体内容比教育部 1915 年规定的课程细致和丰富得多，如谈话和游戏的内容分类更细致、科学。总之，随着时间推移，教育宗旨与课程内容逐渐显示出对幼儿特点的尊重，而且游戏始终被纳入课程内容。

第二，教师专业性越来越强。园主任由兼任向专业人士过渡：初期主任更换频繁，先后由附小主任、保姆班主任、附中主任等兼任，中期由专业人员担任。最为突出的有二：一为江卢岫霥（1922 年至 1926 年任主任），江卢岫霥为幼稚教育专家，到园后大事整顿，引进蒙台梭利教育，使课程得到发展，幼儿在园数最多；二为焦真（1932 年至 1936 年任主任），焦真积极筹建园舍，整顿园务，将幼稚园定位在对教育负有"倡导开新"之责任，积极开展实验研究，使幼稚园逐渐显现出研究性特点。焦真在 20 世纪 30 年代的《师大月刊》上发表了数篇文章。同时，师资队伍也体现出专业性。例如，1935 年有教职员工 11 人，其中师范大学毕业 2 人，幼稚师范毕业 5 人，普通师范毕业 2 人，中学毕业 2 人。[①]

第三，加强了健康教育工作管理，主要内容包括：每月测量体重；每月进行健康检查（沙眼、牙病、扁桃腺炎及其他疾病）；实行疾病预防，包括接种（种痘、猩红热抗毒素、白喉抗毒素），进行家庭访视及晨间检查；环境卫生；矫正缺点（包括沙眼、扁桃腺炎、牙病）；卫生教育。[②] 以上诸项保健内容均统计数据，记录留档。

第四，初现学前教育向家庭延伸。幼儿园从 1924 年所订宗旨"调和或矫正家庭生活"就开始辅助家庭教育。1935 年 5 月 7 日，幼儿园尝试将教育向家庭延伸，招集母亲会（家长会）。当时到会一百余人，几乎各生家长都到会。招集母亲会的目的在于与家庭联络只求良善教养儿童之方法，使儿童表演显示训导方法之实例，并征求他们意见及批评。[③]

（二）第二阶段（1949—1977）：恢复重建，奠定基础

1949 年 12 月 12 日，国立北平师范大学保育系附设婴幼园开园。当时婴幼园的宗旨为：以供给本系学生实习，研究婴幼儿童教保，并为减轻女职工

---

① 焦真：《师范大学附属幼稚园一年来之经过》，载《师大月刊》，1934(9)。
② 焦真：《师范大学附属幼稚园一年来之经过》，载《师大月刊》，1934(9)。
③ 焦真：《师范大学附属幼稚园一年来之经过》，载《师大月刊》，1934(9)。

子女保教责任，使其能安心工作，为儿童奠立新民主主义教育的基础。① 幼儿园在这一阶段的发展主要有以下特点。

第一，苏联专家的指导在课程方面对幼儿园产生了深远影响。主要表现在：一是强调尊重幼儿的年龄特点，按年龄段划分为大、中、小班，针对不同年龄的幼儿设置不同的教育任务与内容；二是实施分科教学法，强调课程内容的系统性和教学的计划性；三是注重利用和发挥环境的熏陶价值，让幼儿在生活中学习；四是重视游戏在幼儿发展中的作用，游戏既是教学的手段，又是重要的活动内容；五是注重幼儿劳动意识和自我服务能力的培养。

第二，重视幼儿保育，提出保教并重。从 1958 年"大跃进"开始到"文化大革命"结束，幼儿园招收从 56 天到 6 岁的婴幼儿并设立全托班。从幼儿年龄特点出发，教养工作重视以保为主，重视动作发展对幼儿的作用。幼儿园在新生儿和婴幼儿的护理方面积累了很多经验。在重视集体教学的同时，幼儿园开始重视一日生活中的教育，在全国率先提出保教并重的原则，制定了详细的《幼儿一日生活常规》。一日常规包括幼儿的活动内容和教师、保育员的工作内容与对师幼的要求。为适应幼儿的发展需要，常规培养得到不断深入的研究与修改，这一传统延续至今。

第三，建立了一系列规章制度。从最初的上下午班、晨检和午检、记录和检查汇报、主任教养员全面负责制，到 1964 年编制成册的制度，如伙食管理制度、厨房卫生消毒制度、总务制度、保健制度，以及早中午班常规、晚中午班常规、主班常规、教养员岗位责任制、助理员工作职责、厨工岗位责任制、保管岗位责任制、会计岗位责任制等。

(三)第三阶段(1978—1998)：专业研究，改革探索

1978 年，幼儿园改用实验幼儿园的名称。1997 年 4 月，幼儿园以北京市"双一园"验收最高分的成绩通过了北京市一级一类园的验收。系统、深入的学前教育科学研究是这一阶段的突出特点。

首先，在周南园长的带领下，1978 年，幼儿园开始了"开发学前儿童智力"的实验研究。我们在研究中发现，学前儿童智力开发的重点应是提高认知能力，而不是获得深奥的知识和高超的技能；为了发展儿童认知能力，学前阶段的教育重点应放在发展幼儿的感知能力，特别是观察能力方面，这是由观察在认识过程中的地位和作用及学前儿童的心理特征决定的。因此，从

---

① 北京师范大学校长办公室：《国立北京师范大学保育系附设婴幼园简章》，634 页，一九四九年校内事件汇集六（各业务部门），案卷号 21 号。

1981 年开始，幼儿园将研究课题进一步聚焦为以提高观察力为中心环节开发学前儿童智力。

其次，在参加北京师范大学学前教育专家引领中国学前教育发展的前沿课题中，幼儿园对课程改革进行了探索，同时也培养了一批研究型的管理者和教师。1994 年起，幼儿园参加了梁志燊、霍力岩教授开展的蒙台梭利教育中国化的实验研究。混龄班采用蒙台梭利教育模式，并不是完全照搬国外，而是吸收蒙台梭利教育中的精华部分并将其与中国国情相结合。此后，蒙台梭利教育中的精华，如注重为幼儿提供有准备的环境，注重感官操作，强调幼儿独立主动地学习，强调教师对幼儿的尊重与观察等理念，也被同龄班借鉴和学习。1995 年，幼儿园开始参加庞丽娟教授主持的"更新教师观念，促进儿童社会性健康发展"这一国家级课题。在三年多时间里，幼儿园取得了多方面的收获：一是确定了小、中、大班各年龄段幼儿社会性发展的具体目标与教育内容；二是提升了教师自身的人格和社会性品质；三是不仅使教师掌握了较系统的促进幼儿爱心、责任感、自制力、同伴合作等良好社会性品质行为发展的方法，也提高了教师的综合教育能力。同时，课题组教师发挥示范作用，使全园教师改变了过去重智育轻社会性的潜在观念，重新认识和重视幼儿社会性品质的培养。1996 年起，冯晓霞教授主持的"促进幼儿主体性发展的课程与教育研究"使教师对幼儿有了新的认识。在研究如何在一日生活的每一环节中落实幼儿主体性教育时，幼儿园不仅改变了几十年来教师为幼儿盛饭、端汤、倒水等做法，把生活的主动权还给幼儿，而且系统研究并制定了培养幼儿自主、自律、自然、有序生活的要求与目标。

最后，在张澜园长的主持下，1996 年幼儿园申报的"活动区幼儿发展与评价的研究"被北京市海淀区教育科学研究所批准立项。这一研究课题旨在进一步提高幼儿园角区活动的水平。教师在观察、记录、分析幼儿发展的基础上，开展对幼儿发展水平的评价。经过两年的研究，教师有效地指导了活动区的创设，提高了有目的地投放材料及指导幼儿活动的能力。研究成果《观察评价在活动区的尝试》一文获北京市学前教育研究会第七届年会优秀论文一等奖。

(四)第四阶段(1999—2018)：扩大规模，科学发展

1999 年 9 月 2 日，第一所分园牡丹分园开园，这是幼儿园扩大办园规模、开创一园多址管理模式的标志。截至 2017 年年底，幼儿园共有校本部园、牡丹分园、望京分园、奥林分园、龙樾分园、新校区园、未来一幼 7 所幼儿园。

幼儿园总部下设财务部、人事部、研究中心、培训中心、发展中心。2001年，幼儿园成为北京市示范园。此时期，在继承优良教科研传统的基础上，幼儿园注重依法办园、规范管理、打造品牌、服务社会，走上了科学发展的道路。

首先，在《幼儿园教育指导纲要（试行）》精神指引下进行了园本课程的建构。[1] 经过研究，幼儿园逐渐形成了以开展生活活动、区域活动、主题活动、大型活动为主要实施途径，并辅以专职课、五大领域教育活动的课程模式。课程探索的成果《园本课程的实践研究——北京师范大学实验幼儿园发展课程初探》一书于2006年由北京师范大学出版社正式出版，标志着园本课程的理论框架初步建立。在此后的十多年间，幼儿园继续深化园本课程的实践探索，不断完善课程体系。例如，关于课程总目标，幼儿园是在传承中国儒家思想中仁、义、礼、智、信的基础上，以社会主义核心价值观中公民层面的"爱国、敬业、诚信、友善"为指导，结合幼儿的发展特点与幼儿园的课程实践确定的，具体表述为：培养健康乐观（乐）、善良有爱（爱）、文明礼貌（礼）、好奇智慧（智）、诚信立美（美）的儿童。之后，幼儿园将课程目标和内容进行细化并精选教育活动，编写了《北京师范大学实验幼儿园发展课程教师手册（试用版）》，包括小班、中班、大班三册。

其次，园所文化建设取得历史性突破。在精神文化方面，2008年黄珊园长正式启动园史考证工作，在此过程中明确了幼儿园"蒙养百年，倡导开新"的文化理念和以儿童为本的教育理念。同时，经过广泛的调研和深入的分析，幼儿园提出了成为国内领先、世界一流、有较大国际影响力的专业化学前教育机构的发展愿景。2009年，中国学前教育重要奠基人之一、93岁高龄的卢乐山先生为幼儿园题写了园训：互敬互爱，健康成长。园训平实中凸显了家园、师幼之间和谐共处、协同发展的深刻内涵。在物质文化方面，黄珊园长带领师生完成了幼儿园标识系统的设计，包括园徽、园歌、园花、园旗、百年华诞徽标、百年华诞吉祥物、百年华诞国际研讨会会徽等。在制度文化方面，2008年，随着新《中华人民共和国劳动合同法》的出台，黄珊园长带领教职工不仅修订了原有制度，也增加了新的内容，形成了《北京师范大学实验幼儿园管理手册》。至2017年年底，幼儿园先后对《北京师范大学实验幼儿园管理手册》进行了两次修订，增加了干部问责制度、财务内部控制制度、绩效考

---

① 黄珊：《以儿童为本的教育研究与实践》，31页，北京，北京师范大学出版社，2010。

核制度等 67 项新制度。至此，幼儿园形成了科学规范、系统全面、运行高效的幼儿园管理体系。

最后，在服务社会和对外交流中扩大了影响。幼儿园在不断壮大自身办学实力的同时，通过专项培训、代培、基地培训、开放观摩、黄珊园长工作室、出版教育研究成果及面向西部和革命老区支教等形式，发挥示范园的辐射、引领作用，为北京市乃至全国培养了一批批优秀的管理队伍和教师队伍，为学前教育事业的发展贡献了力量，受到社会各界的广泛赞誉和认可。同时，幼儿园的对外交流也迈上了新台阶。2006 年，幼儿园应邀在亚特兰大举办的全美幼儿教育协会（NAEYC）年会上作了报告，报告主题是"中国幼儿教育改革——以北京师范大学实验幼儿园为例"。这是幼儿园走向国际的重要里程碑。从 2008 年至今，园长和骨干教师多次参加世界学前教育组织（OMEP）国际研讨会。截至 2018 年，幼儿园共有 16 篇论文被世界学前教育组织国际研讨会收录。园长和骨干教师在大会上发言，打开了一扇向世界同行展示中国教育与文化的窗口。

二、倡导开新——理论与实践在幼儿园互生

崇尚学术研究，坚持以教科研为先导，促进教师队伍素质及保教工作质量的提高是幼儿园的传统，这一传统也使幼儿园成为先进教育理念的实践基地。从新中国成立后全面学习苏联起，作为课程变革的发源地，幼儿园在专业上一直走在同行的前沿，对全国的学前教育产生着积极影响。

（一）不盲从——借鉴的国际先进教育理念需要在实践中接受检验

中国学前教育经历了从模仿日本到模仿西方再到诞生本土化思想三个阶段。幼儿园借鉴了国外的课程及思想并积极进行尝试。例如，1918 年，幼儿园课程中即有福禄贝尔的"恩物"；1923 年至 1926 年，幼儿园设立了两个蒙台梭利教学法实验班。[①] 在杜威实用主义教育思想的影响下，20 世纪 30 年代，我国南方不少幼稚园采用以杜威的儿童中心论为基础的克伯屈设计教学法。为了对设计教学法应用于幼稚园的效果进行验证，1934 年至 1935 年，国立北平师范大学附属幼稚园与北京师范大学教育研究会合作进行了为期一年的实验研究。实验所用幼儿都是幼稚园的新生，共约 80 人。这一实验样本

---

① 张雪门：《幼稚教育新论》，29 页，上海，中华书局，1936。

数在当时中国的幼稚园中是很少见的。实验方法为实验法中的等组法，即根据幼儿的智力和年龄等，把幼儿分为相等的两组，一组接受设计法教学，一组接受普通法教学，所用教材大致相同，注意使两组教师的教学技术也达到最高的限度。研究者于学期初用客观的量表测验幼儿一次，于学期末用同样量表再测验一次，用第二次测验结果减去第一次结果即为幼儿在这学期中的进步。为了使测验更接近于幼稚园，研究者进行了繁重的自编量表工作。测验内容包括混合测验、音乐成绩和劳作成绩三项。实验成绩的整理与计算采用麦柯尔的教育实验方法，数据完整科学。研究者得出实验结论：前半期即第一学期设计教学法有较优倾向，第二学期设计法不及普通教学法，尤以音乐和劳作两课表现更为明显。在当时设计教学法被中国南方不少幼儿园采用的背景下，国立北平师范大学附属幼稚园不盲从，而是运用客观的分组对比实验来验证设计教学法在幼稚园中是否比普通教学法更适宜，是否对幼儿发展更有促进作用，表现了对教育的务实及对幼儿发展负责的态度。[①]

（二）重学习——在专家指导和接待观摩中不断提升

新中国成立后，苏联两位专家戈琳娜和马努伊连科先后来到北京师范大学指导学前教育工作，幼儿园也成为专家指导的实践场所。这一时期，幼儿园教师得到苏联专家和教育系学前组教师的指导：一是教师通过一起备课、做观摩课、课后评议等环节接受指导，二是教师接受日常生活中的在园指导。在《百年有缘：百年园庆教师校友故事集》中，牛素梅老师在《亲历初到北师大》中回忆道："教育系组织的学术活动都通知我们一起参加，幼儿园的教育活动也经常能得到教育系老师的指点，特别是几位资深的教授，他们认真、敬业的工作态度为我们树立了学习的榜样。"卢乐山先生在《苏联专家在北师大实验幼儿园》中讲道："记得有一次看幼儿园朱姗老师的泥工课。看完之后就评议，让朱姗自己先讲，他们是怎么准备的，有意见就说，哪点好，哪点不好。最后，由苏联专家进行总结，总结也就等于又上了一堂培训课。大家都觉得是学习，所以外部来学习的人也多，因此一节观摩课来的人特别多。"在苏联专家指导下，教师的教育观念发生了很大转变，教育水平有了很大提高。1956年，教育部委托北京师范大学教育系组织编写的《幼儿园教育工作指南》初稿完成，幼儿园部分教师参与了编写工作并成为幼儿园后期发展的骨干力量。

---

① 齐永康：《师大附属幼稚园教学法实验初步报告》，载《师大月刊》，1936(25)。

新中国成立初期，我国虽然受苏联影响很大，但是并没有机械照搬苏联的做法。幼儿园于 1955 年确定的幼儿园教育的性质与任务很明确地指出了这一点：运用苏联的先进经验，结合中国的具体情况，对幼儿进行全面发展的教育。幼儿园不仅是教育系学前组的教师们在苏联直接指导下进行科学研究的场所，也是教育系学前组大学生的实习学校。[①] 例如，1963 年前后，卢乐山、方湘等教授在幼儿园进行了"通过自我服务培养幼儿独立性""通过游戏培养幼儿互助友爱"等课题的研究，并带领教师们研究幼儿常规教育，对幼儿一日生活的各个环节充分讨论，其中细致到包括如何洗手、睡觉前如何叠衣服等。洗手研究的六步骤被很多幼儿园借鉴，一直沿用至今。在苏联专家及学前教研室的指导下，作为北京师范大学教育系学前专业的学生、专修班和进修班的见习与实习基地，幼儿园在频繁接待教师观摩的过程中，不但在各方面获得了发展，而且为培养全国第一批幼儿教育骨干力量做出了巨大的贡献。

（三）重应用——在研究中不断反思和改进课程实践

改革开放初期，幼儿园在开展一系列实践研究的基础上取得了一些先进的成果，积累了规章制度及师资培训方面的成功经验，吸引着国内外大量学前教育同行前来观摩。为此，幼儿园特将每周四定为接待日，社会影响日益扩大。例如，当时幼儿园的三项研究成果被同行广泛采用。第一，小班取消计算课，计算教育在生活中进行；中班每周有两节计算课；大班每周有三节计算课，教师在教学中渗透守恒、集合等概念。第二，常识分为自然常识和社会常识。第三，教师在语言内容中加入游戏和散文。这些创新在 1981 年幼儿园参加教育部《幼儿园教育纲要（试行草案）》的编写讨论时对其制定产生了影响。

此后，多位专家、教授在幼儿园进行课题研究与教育实践指导。受其影响，20 世纪 90 年代，幼儿园在课程观念及实施过程中有三个重要变化：第一，开始重视学科间的内在联系，重视幼儿的兴趣和直接经验，逐渐改变传统的分科教学，于 1994 年全面推开五大领域的综合式主题活动；第二，于 20 世纪 90 年代初开始强调开放式活动区，将创设符合幼儿年龄特征的活动区、加强活动区的评估作为教研工作的重点；第三，重视一日生活中的教育和环境的创设，加强对幼儿一日生活常规的培养和教育。从 1990 年起，幼儿园的

---

① 北京师范大学校长办公室：北京师范大学附设幼儿园 1956 年度发展计划和经费概算表（1955 年 11 月 18 日编制），《教育部关于我校图书馆、政教系、学前教育系、幼儿园等工作的指示及我校的报告》1955 年，卷号 63。

教研观摩开始将观摩一节课改为观摩互评半日活动，目的在于检验开放式教育理念是不是被真正落实在日常活动中，也在于帮助教师解决实践中的问题。同时，在观摩时，幼儿园创造性地运用评价的方法帮助教师实现从观念到行为的转变。具体做法为：幼儿园依据半日活动评价标准制定评价表，观摩前，教师先将评价标准与班里的实际进行对照，找出不足或问题；同年级间讨论或找业务园长解决问题。因此，到互相观摩时，教师基本上展现的都是每个班的最高水平，这样有利于教师间取长补短，互相学习。经过一段时间，幼儿园通过评价教师半日活动组织情况，使教师加深了对幼儿园半日活动组织的认识，提高了半日活动的组织能力。1992 年，幼儿园以《利用评价的方法，引导教师切实落实"规程"精神》为题在北京市幼儿教育研究会第五届年会上做了重点交流。此时，面向全国的开放与观摩也由看教育活动转变为半日观摩，幼儿园将开放式教育的观念与实践辐射至更多园所。

同时，书籍的出版使幼儿园成为在全国影响很大的一流幼儿园。1994 年，人民教育出版社出版了"幼儿园教育活动"五大领域教材丛书，幼儿园赵钟岷教师为副主编，并参加了社会领域的编写，王金贵、何炳珍、国秀华分别参加了语言、健康、艺术领域的编写。1998 年，幼儿园参与教育部组织编写的《保育员应知应会》一书出版。① 同年，在幼儿园拍摄的活动区环境创设的录像在国内外发行。

（四）重总结——在研究的基础上进行全面系统的梳理与总结

进入 21 世纪，在全社会重视学前教育、支持幼儿园开展课题研究的大背景下，一方面，幼儿园积极参加国家的课程改革试验项目；另一方面，幼儿园结合实际需求自主开展实践研究。2001 年，作为首批两所实验园之一，幼儿园参加了教育部"'做中学'小学幼儿园科学教育改革"项目。由于成绩突出，幼儿园在 2002 年 11 月承担了第二批实验园教师的培训任务。2003 年 12 月出版的《"做中学"幼儿科学教育活动案例集》（北京师范大学出版社）共 21 个案例，幼儿园有 15 个入选。在 2004 年 12 月举行的"中国'做中学'科学教育实验项目"研修班期间，来自全国 17 个实验区、80 多名代表来幼儿园观摩并研讨"做中学"科学教育活动。此外，幼儿园承担了国家发展改革委员会"2008年下一代互联网业务试商用及设备产业化"专项"下一代互联网教师教育创新支持系统应用示范项目"学前教育观摩课资源建设子课题，研发了涵盖五大领

---

① 黄珊：《以儿童为本的教育研究与实践》，30 页，北京，北京师范大学出版社，2010。

域和半日常规在内的 20 个教育活动。活动视频作为学前教育教师职前和职后培训资源在项目平台上被分享。基于此研究的成果"下一代互联网基础教育观摩课共享平台"荣获第四届北京市基础教育教学成果奖二等奖。

同时，幼儿园独立申请了多项北京市市级和北京师范大学校级研究课题。"十五"期间，幼儿园有 5 项课题；"十一五"期间，幼儿园有 8 项课题；"十二五"期间，幼儿园有 7 项课题。其中，对幼儿园课程实践影响最为全面和深刻的有："十五"课题"借鉴、融合、创新——北京师范大学实验幼儿园园本课程研究"（北京市学前教育研究会立项课题），"十一五"课题"幼儿园图书阅读活动的研究"（北京师范大学青年社会科学基金项目）及"十二五"课题"关于幼儿发展性评价的实践研究"（教育部人文社会科学研究项目）。园本课程的研究促成了幼儿园课程的整体构建，直接影响了课程的组织与实施；阅读活动的研究不仅促成了北京师范大学图书馆学前分馆在幼儿园的成立，也促使幼儿园营造了浓厚的早期阅读氛围，开创了每年一届的"阅读节"活动；幼儿发展性评价研究促使幼儿园对课程与评价进行整合，完善了课程体系，提升了家园联系册的质量，更促进了教师评价素养的提升。

总之，幼儿园的教育实践研究走向自主、深入，成果丰硕，除论文发表和获奖外，共出版包括"幼儿园管理与教师培养丛书"在内的书籍 10 本、专刊 2 本、《百年有园》画册 2 本。这些成果全面系统地总结了幼儿园以儿童为本教育理念的发展历程、规范化管理、园本课程建设、园所文化建设等实践研究的经验与发现。其中，黄珊园长主编的《以儿童为本的教育研究与实践》（北京师范大学出版社，2010 年）在北京市第六届教育科学研究优秀成果评选中荣获基础教育专项奖。这些实践研究的成果通过公开出版、培训赠送等方式向来自全国各地的同行进行了传播。

（北京师范大学实验幼儿园 黄珊、田瑞清、董佑静、徐兴芳、鞠亮）

案例五

星荫精神常在　行为课程常新
——宁波市第一幼儿园行为课程的产生与发展

宁波市第一幼儿园的前身是张雪门于 1917 年创办的星荫幼稚园。

一、星荫幼稚园：星光闪烁，绿荫如伞

张雪门(1891—1973 年)是我国著名的幼儿教育家，自 1917 年投身学前教育工作开始到 1973 年病逝，终生为学前教育事业不辍耕耘，做出了重要贡献。20 世纪 30 年代，张雪门与陈鹤琴被我国学前教育界并称为"南陈北张"，受到广泛尊重与认可。1917 年，张雪门在自己的家乡宁波鄞县(现鄞州区)创办了私立星荫幼稚园，寓意星光闪烁、绿荫如伞。星荫幼稚园成为当地第一所中国人自办的幼稚园，张雪门亲任园长。星荫幼稚园开学时，首批学生有30 人，课程科目设有礼仪法、识字、认数、唱歌、手技、谈话、游戏、体操等。其宗旨是培植爱国新人，辅助家庭教育。

据 1920 年 12 月 26 日宁波《时事公报》载，当时星荫幼稚园不但有三间教室，而且还"前有游戏场，后有幼稚花圃"。据星荫幼稚园的毕业生回忆，当时游戏场地已设了滑梯、秋千、木马、跷跷板等活动器具，师生共同游憩，开展生动活泼的游戏活动。

星荫幼稚园是张雪门研究学前教育实践和理论的开始，从此他毕生献身于学前教育事业，出版了二三十本学前教育的专著，撰写了 50 多篇学前教育的论文。张雪门主张以发展幼儿个性和以改造中华民族为目标的幼稚教育。他研究幼稚教育从幼稚园的课程入手，认为课程是经验，是人类的经验；生活就是教育，五六岁的孩子们在幼稚园生活的实践就是行为课程。行为课程

的精神成为宁波市第一幼儿园百年来生生不息的星荫精神，得到不断传承和发展。

二、行为课程：从强调自然环境到重视社会需要

张雪门的行为课程经历了初步形成和发展完善的过程。1917 年，张雪门在宁波创建第一所幼稚园，随后又办了星荫幼稚师范，亲任园长和校长；20世纪 20 年代后，张雪门受聘在北平主持孔德幼稚师范学院，又在香山创办了北平幼稚师范学校并任校长，创办了中心幼稚园，将此作为实践基地；还借用北平的几所幼稚园开办平民幼稚教育，实践幼儿教育和幼儿师范教育的理论，不断形成和完善幼儿园行为课程及教学做合一的师范教育课程。随着时局的变迁和工作的变动，张雪门行为课程的发展可以大致分为以下四个阶段。

第一阶段是 1916—1931 年。儿童本位是张雪门行为课程的基本主张，强调尊重幼儿的独特性，强调幼儿与环境的交互作用，强调自然方面重于社会方面。

第二阶段是 1932—1946 年。"九一八"事变后，日军加强了对华侵略，张雪门将课程理念转变为民族本位导向。直接原因是张雪门在一次参观艺文幼稚园的过程中发现竟有小朋友自称日本浪人欺负其他小朋友。他深感国家和民族已陷入危机。该阶段行为课程主要强调将社会需要建立在幼儿生活之上，民族意识必须从幼儿开始培养，强调选择有价值的经验。

第三阶段是 1947—1966 年。在这个阶段，张雪门特别强调要学习做一个模范的人，强调爱国主义教育，提出了系统的行为课程理论，广泛运用导生制推广幼稚教育。

第四阶段是 1967—1970 年，其行为课程强调教育与文化相互促进，倡导民主与科学。

三、新行为课程：生活化、行为化、本土化

改革开放以来，特别是从 1998 年幼儿园将行为课程确立为幼儿园园本课程开始，我国传承和延续了行为课程所强调的以幼儿为主体、从行动中学习的重要原则，结合中国特色社会主义的国情、心理学和教育学理论，充分利用现代科技生活带来的便利，完善课程理念，逐渐形成了新行为课程。

（一）新行为课程的特征

新行为课程具有三个主要特征。第一，强调给幼儿创设生活中实践的机会。概览张雪门的行为课程理论，我们可以发现生活在其中的重要地位，正如其所言"这份课程，完全根据于生活；它从生活而来，从生活而开展，也从生活而结束"。新行为课程强调给现代幼儿创设在生活中实践的机会，这里的生活包含现代幼儿基本的生活、需要补充的现代幼儿普遍缺失的生活和成人的社会生活。日常的生活、游戏与学习是基本生活；自然生活及劳作是需要补充的生活；成人的社会生活对幼儿来说具有神奇的吸引力，渗透了传统文化的融合，如成人的工作、劳动等一切能让幼儿实践的都让他们亲自尝试。第二，倡导吻合当下社会发展的核心文化价值。新行为课程围绕立德树人的根本任务，突出强调个人修养、社会关爱、国家情怀，更加注重自主发展、合作参与、创新等，指出幼儿园应该为幼儿提供适宜性发展课程，促进每个幼儿良好发展。第三，充分利用宁波市特有的文化及物质资源丰富课程内容。宁波市作为开放的港口城市不但经济发达，物质资源丰富，而且是一个具有深厚文化底蕴的城市，有着丰富多元的教育元素。我们应挖掘利用社会、社区及广大家长资源，使之融入课程，使得新行为课程更加丰厚。

（二）新行为课程的框架体系

张雪门的行为课程从创立开始到今天，不仅仅具备悠久历史的积淀，更是在经历了多种思潮影响之后形成的。不同时期的课程框架代表着相应时代背景下的课程体系。虽然时代背景有所不同，但是新行为课程的核心却贯穿其中。从1952年的第一个框架到2016年的最新框架，一次次的修正、丰富与发展使得框架更加适应社会。新行为课程总目标为：爱生活＋会游戏＋能学习，养成良好生活习惯并发现生活的美好，在游戏中学习、生活，养成主动学习的意识和良好的学习品质。

新行为课程的内容继承了行为课程所倡导的生活化、行为化、本土化的理念，注重融入现代教育精髓，挖掘本土丰厚资源，关注幼儿个性快乐成长，最终落实到新行为课程所追求的教育终极目标：快乐且有意义的童年。

第一是关注幼儿一日活动，在幼儿自发行为中捕捉活动内容。张雪门强调行为课程要"运用自然和社会的环境，以唤起其（儿童）生活的需要，扩充其生活的经验，培养其生活的能力"。幼儿在行动中所得的认识，才是真正的知识；幼儿在行动中遇到困难，才能发现真实的问题；幼儿在行动中获得胜利，才能形成真正的驾驭环境的能力。

第二是顺应季节更替，在自然环境中筛选活动内容。行为课程的内容选择就是以二十四节气为线索的(以中国传统的二十四节气为主线,据此展开系列的作业活动),体现了立足本国的特色,也非常符合当时以农业为基础的社会状况。

第三是满足幼儿未来发展需要,在社会环境中精选活动内容。幼儿是一个社会人,教学活动必然要符合其未来发展需要预设活动内容。新行为课程内容的组织主要可分为三大类:主题、领域和区域。三者相辅相成。自课程实施以来,我们发现,课程以主题的形式来开展,在主题集体教学中渗透五大领域的学科内容和目标,同时让幼儿置身于主题背景下的各种活动中,有利于幼儿自主探索和自主建构知识;有利于不同个性、不同特点的幼儿寻找到适合自己的学习方式、学习内容和表达形式;也有利于教师论证每个幼儿的最近发展区,在细心观察的同时适时点拨,使幼儿在原有水平上得到发展。

新行为课程主要通过基本活动和特色活动两条途径实施课程内容。基本活动包括主题教学、区域活动和生活游戏;特色活动是张雪门的行为课程多年传承发展形成的特殊活动,主要有发展社会性的小当家活动、科学探索式的蜗牛考察活动、亲近大自然的小农人活动及展现艺术个性的蛤蟆剧团等。新行为课程的设计教学法凸显的是对幼儿兴趣的关注与把握,活动必须建立在对幼儿动机了解的基础上;教师在教学中的作用是支持者、引导者与观察者;教师在教学中必须时时关注幼儿的变化,并根据幼儿能力进行调整;教学资源库建立者是教师、幼儿和家长。

回顾近些年的实践,我们对新行为课程进行了有益的探索。这种探索不但令新行为课程在幼儿园中重放光彩,而且使幼儿园初步形成了适合本地、本园的新行为课程的园本课程。但我们也清楚地意识到,课程的研究需要动态、持续地实践和完善。在实施新行为课程时,我们看到仍有许多问题值得我们进一步考虑和研究,也确立了努力和发展方向。值得关注的是,在我们的努力和上级领导的支持下,"宁波市教育学会张雪门教育思想研究会"从 2001 年成立至今已经拥有一百余家会员单位,千余名会员。未来,我们将继续致力于传播张雪门的教育思想。我们相信,在学前教育界全体教师的共同努力下,张雪门的教育思想必将绽放出更加夺目的光彩。

(浙江省宁波市第一幼儿园　沈清、徐晓青)

案例六

坚守研究精神　传承活教育思想
——南京市鼓楼幼儿园的发展道路

很多来鼓楼幼儿园观摩的同行都好奇：鼓楼幼儿园的教师为什么始终满怀热情、积极主动地投身于研究和实践？有的幼儿园在观摩之后集体学习鼓楼幼儿园精神。鼓楼幼儿园的精神是什么？那就是从陈鹤琴建园时期就形成的科学实验的研究精神。研究精神是鼓楼幼儿园的文化之一，是鼓楼幼儿园保持生命活力的源泉。研究精神不断唤醒鼓楼幼儿园的教师，将"活教育"等思想的精神传输到园内的每个角落，引领幼儿园向着科学幼儿教育的方向行进，召唤着教师持续提升专业素养，不断拼搏、创新、向前迈进。

一、找寻园所文化的特质

鼓楼幼儿园中心有一座房子，它是我国著名儿童教育家、心理学家陈鹤琴先生的住宅，也是私立鼓楼幼稚园旧址、南京市文物保护单位、南京市近现代重要保护建筑、江苏省"活教育"思想研究所所在地。它不仅标志着中国第一所实验幼儿园的诞生，也开启了鼓楼幼儿园人近百年的"活教育"研究之路。

陈鹤琴幼年时的私塾经历给他留下了"六年最宝贵的光阴，除了认识三四千字以外，可说几乎完全付之东流"的坏印象，他用"惋惜、感慨、痛恨"表达自己对读死书的感受。1914年，陈鹤琴留学美国。从霍普金斯大学文学学士到哥伦比亚大学教育硕士，他深受进步主义现代教育思想的浸濡。在美期间，广博的学习与丰富的教育实践为陈鹤琴归国后投身教育及萌发教育思想奠定了基础。1919年，陈鹤琴从美国学成归国，受聘于南京高等师范学校、国立东南大学，担任儿童教育学、儿童心理学教授。他首先从自己的长子陈一鸣开始做观察实验，时间长达 808 天，并据此写就出版了《儿童心理之研究》。该书成为中国第一部采用婴儿传记的方法研究并记载儿童早期心理发展历程的科学专著，也开启了中国学者以中国儿童为对象研究儿童心理发展的大门。

当时的南京已经有多所幼儿园，课程大多照搬外国，如教会幼稚园课程、蒙养园日本式课程、福禄贝尔课程、蒙台梭利课程，幼儿园课程宗教化、外国化、非科学化的弊端严重。陈鹤琴痛斥幼儿教育患了"外国病""花钱病""富贵病"，认为"幼稚教育抄袭西洋，不切合中华民族性，不适合中国国情，不能使中国儿童适应"。他大力倡导教活书、活教书的理念，认为要实现民主与科学，必须改造旧教育，开创新教育。

1923 年的春天，陈鹤琴在自己的家中创办了鼓楼幼稚园，并亲自担任园长。在鼓楼幼稚园这块实验园田里，陈鹤琴有三大计划：建筑中国化的幼稚园园舍，改造西洋的玩具使之中国化，创造中国幼稚园的全部活动。他将教育学、心理学的理论运用在鼓楼幼稚园的教育实验研究中，既重视借鉴西方教育的有益经验，又反对盲目照搬照抄，从国情出发，在鼓楼幼稚园这块试验园田里努力创建中国化、科学化、大众化的教育体系。

陈鹤琴认为，要使幼稚园教育中国化、科学化，首先要从课程改革入手，由此开启了中国第一次幼稚园课程改革之门。陈鹤琴与助手张宗麟、甘梦丹、屠哲梅、钟昭华等一起实验，从幼稚园的办园宗旨、培养目标、课程、设备标准到对教师的要求，逐项进行研究。在《陈鹤琴全集》的众多文章（如《幼稚园的课程》《整个教学法》《活教育的理论》）中，我们都能看到陈鹤琴探索实践的脉络。陈鹤琴的研究以课程实验为主导，经过散漫期、论理组织期、设计组织期三个时期，形成了单元中心制课程。课程组织以大自然、大社会为中心，内容包括健康活动、社会活动、科学活动、艺术活动和文学活动（也称"五指活动"）。课程采用整个教学法，幼儿以游戏式、小团体式的方式学习，以适应幼儿年龄、智力的差异，满足幼儿的兴趣需求。在课程实验中，陈鹤琴撰写了《我们的主张》《家庭教育》，提出了幼稚教育的"三大目标""17 条教学原则""学习的四个步骤"等，逐渐形成一套适合时代需要、符合民族精神的"活教育"理论体系。这是我国学者提出的第一套系统的幼儿教育理论和方法体系，对当时依赖国外教育资源的中国来说具有划时代的历史意义，也引导着近百年中国学前教育的发展。

1932 年，由陈鹤琴主持、根据鼓楼幼稚园课程实验成果制定的《幼稚园课程标准》正式向全国发布，这是我国学前教育史上的第一个幼儿园课程标准。《幼稚园课程标准》既吸收了西方的教育思想，又基于本土的教育实践，充分体现了民族性、科学性的中西文化交融的精神，对我国20世纪三四十年代幼儿园课程产生了重要的影响，为巩固和发展中国的早期教育实验、推动中国幼稚园课程向中国化和科学化方向发展做出了卓越的贡献。

　　课程实验让鼓楼幼稚园成为"活教育"最早的摇篮，为陈鹤琴提供了教育实验的园田，不仅扬起了教育理想的风帆，孕育了中国化的教育理论，也成为中国历史上第一所幼儿教育实验研究中心。"活教育"理论是鼓楼幼稚园坚守科学学前教育的基础性理论，更成为幼儿园理性思考、不断变革的实验火种。在鼓楼幼稚园早期实验中，教师的理论功底、研究态度、实干精神催生了鼓楼幼稚园世代相传的"鼓幼精神"。

二、传承科学实验的研究精神

　　20世纪80年代初，随着改革开放的推进，作为行业窗口单位的鼓楼幼儿园成为国际交流的接待单位。鼓楼幼儿园进行了频繁的国际教育交流，引入了西方先进的教育理论，激活了鼓楼幼儿园教师教育改革的热情。人们重新审视陈鹤琴教育思想，对"活教育"有了新的认识。1985年，江苏省召开"学习陈鹤琴教育思想"座谈会，与会代表参观了鼓楼幼儿园，并建议幼儿园继承和发扬早期科学实验的研究成果。1986年，江苏省陈鹤琴教育思想研究会成立。鼓楼幼儿园作为集体会员单位，开始与全国幼教同行一起投身于新一轮的教育改革实践之中。

　　在学习陈鹤琴教育思想的行动中，鼓楼幼儿园面向幼儿的研究风生水起。建构合适的课程，摒弃分科教学的弊端，成为鼓楼幼儿园教育改革的首个目标。就在鼓楼幼儿园的麦田需要麦种时，南京师范大学（原南京师范学院）教育系的郝和平、肖湘宁、周欣走进了鼓楼幼儿园。这三位恢复高考后南京师范大学首批学前教育专业的学生秉承陈鹤琴院长[①]科学实验的精神，来到老院长创办的幼儿园，开展活动教育研究。这种关注幼儿、灵活教育、以发现学习为主的教学方式给仍停留在分科教学模式上的幼儿教育同行以耳目一新的感觉。从活动教育课程研究的成果来看，该研究也是非常成功的。但是活

---

　　① 1952年，全国院系调整，在南京大学、金陵大学有关院系的基础上组建了南京师范学院，陈鹤琴任院长。

动教育课程是在特级教师的亲自操作下完成的，因为要随时关注幼儿、评价幼儿、调整计划，所以对教师的观察、评价、决策的要求较高。当时幼儿园教师出现了近20年的断档，要想实施活动教育课程非常艰难。我们细细分析后发现，活动教育将教育内容分为身体、认知、社会情感、语言、审美五个目标，单元课程将教育内容分成健康、社会、科学、艺术、文学五部分。活动教育重视活动区活动，单元课程重视"大自然、大社会，都是活教材"。活动教育重视幼儿的尝试错误，单元课程重视幼儿的"做中教，做中学，做中求进步"。活动教育课程与鼓楼幼儿园办学初期的单元课程在教育理念上非常相似，因此我们再次开始单元课程研究。

在早期单元教学实验的基础上，新一轮的课程研究将"活教育"作为文化之根，坚持"幼童本位"的儿童立场，以"做人，做中国人，做现代中国人""大自然、大社会，都是活教材""做中学，做中教，做中求进步"为目标，通过集体化、小组化、个体化三个阶段，探寻出适合中国国情的、科学化、大众化的课程之路。在研究中，研究者们遵循预设为主、生成为辅的编制策略，注重教育内容的鲜活、形式的灵活、效果的激活，研究探索出"走出校园，生活在前""经验先行，探究在前""分层指导，儿童在前"的主动学习教育策略，提出了"半程示范法""家园共育101条主张""一日生活皆课程"等理念，让教育过程成为幼儿自发生成、自愿参与、主动探索、自主建构的过程。研究体现了"活"的教育思想和改革精神，形成了鲜明的园本课程特色，实现了让幼儿活泼成长的教育追求。"幼儿园单元课程——陈鹤琴活教育思想的传承与实践"先后获江苏省基础教育教学成果奖特等奖、首届国家级教学成果奖一等奖。

华东师范大学周兢认为：南京市鼓楼幼儿园基于"活教育"理论的单元课程改革发展，是一个成功的、继承与发展的研究成果，是非常好地吸收国际学前教育经验并建设中国特色幼儿教育理论与实践体系的典型。希望中国幼儿教育有更多这样的研究场域和研究成果，希望通过更多中国幼儿教育工作者的共同努力，让中国的幼儿教育更中国化，让中国的幼儿教育更好地独立于世界幼儿教育之林。

南京师范大学虞永平认为：鼓楼幼儿园作为陈鹤琴创办的实验幼儿园，诞生了单元课程和"活教育"，鼓楼幼儿园为发扬光大陈鹤琴留下的理论和实践做出了突出的贡献。崔利玲园长进入鼓楼幼儿园的时候，正值改革开放初期，陈鹤琴的教育思想正重新回归幼儿教育领域。让陈鹤琴的思想转化为现实的幼儿教育实践是一场挑战和考验。崔园长带领她的团队一直坚守着让陈鹤琴的教育思想不断发扬光大的重大责任。崔园长的团队成为中国学前教育领域引人注目的一个开创性研究和实践的团队。

三、牢记"大麦田"的使命

陈鹤琴不仅要让鼓楼幼稚园走中国化、科学化、大众化的道路，还想让鼓楼幼稚园的实验成果在全国得到推广。在上海为一个学生批改作业时，他说："我们办幼儿教育就是要大田种麦，让全国城乡幼儿都能受到科学的启蒙教育。但你知道大田种麦需要麦种，这麦种从哪里来呢？当然也可以向外国去买。但从外国买来的麦种能适应中国的土壤和气候吗？你没认识到我办鼓楼幼稚园就是要为大田提供中国麦种这个目的，扣你五分。"[1]

1959年，民办幼儿园如雨后春笋般涌现，鼓楼幼儿园就通过共同研究的方式，连续二十年为五个街道十二所幼儿园开展集体备课辅导活动，通过定时、定人、定内容要求、定期总结普及幼儿教育。除了共同研究备课外，鼓楼幼儿园还专门安排了观摩课，并和同行一起分析研究，使他们尽快地掌握各科教学方法和开展活动的做法，提高教育质量。

1993年，在课程实验研究第一阶段，我们在全国范围组成第一次课程协作共同体。来自新疆、西藏、内蒙古、陕西、山东、湖北、广西、青海、福建、安徽等省（自治区、直辖市）的五十多所幼儿园与鼓楼幼儿园建立了姊妹园关系。鼓楼幼儿园通过跟岗培训、送教等方式，帮助这些幼儿园实践单元课程。

2000年，在课程实践研究的第二阶段，为了验证课程的适宜性，我们在江苏选择了32所幼儿园组成单元课程第二轮协作共同体。在三年的时间里，每个月各园业务园长带领课程验证组的教师来到鼓楼幼儿园。鼓楼幼儿园提供下一阶段全套的课程计划、活动设计，并以讲座的方式讲解课程中涉及的观念、概念、策略及方法，让共同体的教师知道做什么、怎么做、为什么做。在三年中，共同体的教师们每次都要完成一项重要任务，就是对上一阶段单元课程实施的情况予以反馈，提出需要调整、改进、完善的地方和需要商榷的问题，以此帮助我们完善单元课程，让单元课程具备大众化的要素，让"麦

---

① 陈秀之：《我所知道的陈鹤琴》，305页，北京，金城出版社，2012。

种"有更好的适宜性。三年的共同体活动锻炼了鼓楼幼儿园的教师，完善了单元课程，也促进了共同体园所的发展与提高。

现在我们又建立了第三轮的"活教育"研究与实践共同体，这一次共同体的范围更大，园所更多。

我们坚守自己反哺社会的担当与使命，力图用自己的行动让全国的幼儿教育同行了解"活教育"，了解单元课程，不再视国外课程为"新"，不再视家长热捧为"好"，不再视商家宣传为"对"。我们认为幼儿教育者要有自己的思维，要有基于幼儿的思考，要有科学的研究精神，要有务实实践的态度。幼儿教育者要主张科学的幼儿教育，有敢于质疑、批判的勇气；要放大自己的声音，捍卫幼儿教育的阵地，坚定走适合中国国情的幼儿教育道路的决心。

陈鹤琴在鼓楼幼稚园中开展实验研究的同时，就牵头成立了南京幼稚教育社、中华儿童教育社等社团，集聚众人的智慧研究幼儿，促进幼稚教育的发展。近百年后，鼓楼幼儿园也以"大麦田"的方式成立了"琴声悠扬"教师志愿者联盟，将陈鹤琴故居变成"活教育"思想学习的活教材，将鼓楼幼儿园园史室变成中国幼儿教育发展的缩影室，将陈鹤琴纪念室变成弘扬科学研究精神的圣地，将"活教育"思想研究所变成全国幼儿教育同行研讨、分享、交流陈鹤琴教育思想的平台。

坚守研究精神，传承"活教育"思想，续写中国麦田的故事，是鼓楼幼儿园永远的责任！

（江苏省南京市鼓楼幼儿园　崔利玲）

第三部分

中国百年老园的
历史故事

故事一

杭州市天水幼儿园是由司徒雷登母亲创办的吗?

　　杭州市天水幼儿园正式开办于 1946 年,现址在杭州市下城区中山北路 437—1 号。① 但有迹象表明,它的历史渊源可追溯到清代。由于战争等一系列客观因素的影响,目前所存文书档案和资料并不完善,也有矛盾之处。幼儿园何时、由谁创建仍然是个悬念。值得庆幸的是,我们参与了"中国百年老园的发展样态研究"这项意义重大的课题,开始了艰辛而又充满期待的寻根之旅。

一、1946 年以前的天水幼儿园存在吗?

　　据《杭州市下城区教育志》记载,天水幼儿园园址位于天水桥中山北路 475 号,创办时间为 1946 年,名为基督教天水福幼园,沿革历史可追溯到清代:清咸丰十年(1860 年),美国传教士胡思登·郝里美来杭传教。杭州卢藩台拨今耶稣堂弄一带荒地 600 多平方米,用于建造礼拜堂、男女书房和宿舍。同治十二年(1873 年),美国传教士司徒尔来天汉洲桥建造天水堂、圣经学院和宿舍西式二层楼房,并定居下来。美国前驻华大使司徒雷登的母亲玛丽芙于光绪九年(1883 年)在圣经学院开办女书房。民国元年(1912 年),女书房学生组织同乐会时提议改名培德小学,民国十六年(1927 年),学校收信教的各界妇女入学,设有初中和小学班,改名原真女校。民国二十六年(1937 年),学校停办。1945 年,由当时的援华救济总会杭州分会改办儿童识字班,设二班。次年由基督教会办天水福幼园,设五班,是为办幼儿园的开始。②

---

　　① 天水幼儿园原地址为杭州市下城区中山北路 475 号,后因地名办统一要求,更改为杭州市下城区中山北路 437—1 号。

　　② 杭州市下城区教育局:《杭州市下城区教育志》,284 页,1991 年 11 月—2003 年 5 月编印。

　　从仅有的史料中，我们可以看到对天水幼儿园的前身似乎可以追溯到1883 年，但能够得到证实的是从 1946 年开始叫作基督教天水福幼园。遗憾的是，在此之前的幼儿园历史缺乏有力的证据。为了寻找相关的史料，在2015 年抗日战争胜利 70 周年之际，幼儿园派专人参加"司徒雷登纪念会"等活动，希望同时能积存一些关于幼儿园历史的资料。据杭州师范大学周东华教授[①]介绍，目前史料中对于司徒雷登在中国的事实依据较多，部分材料尚在核实中，但没有见到关于其母亲活动的资料。在美国的图书馆中，周教授看到过一封司徒雷登母亲的亲笔信，但是笔记模糊，不易辨认，很难确认是否有育儿院的表述。由上，对于美国基督教长老会在天汉洲桥开办女书房、司徒雷登的母亲玛丽芙负责育儿院时期的文书资料，研究者尚未找到原件，只能在教育志中看到表述性文字。

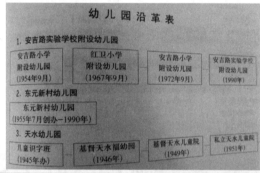

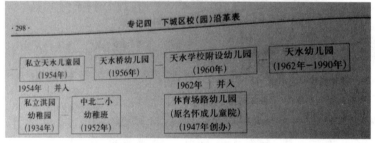

图 3-1　《杭州市下城区教育志》(2011 年编纂)关于天水幼儿园的记载

注：1883 年，司徒雷登母亲玛丽芙在圣经学院开办女书房。

　　　1912 年，育儿院改办培德小学及原真女校。

　　　1937 年，女校停办。

　　　1945 年，当时的援华救济总会杭州分会改办儿童识字班。

　　　1946 年，识字班改名为基督教天水福幼园，设五班[②]。

---

① 周东华教授系杭州师范大学现任教授，近年专注于研究近代史，特别是民国时期司徒雷登生平与教育思想。

② 在目前教育志记录的建园历史中，正式建园从 1946 年计。

二、1946年以后的天水幼儿园

目前，下城区教育志记录天水幼儿园的建园时间从1946年计。1949年，基督教福幼园统称基督教天水儿童院。1951年改名私立天水儿童院，受市民政局社会科领导。1954年，前身为淇园幼稚园的中北二小幼儿班并入儿童院，更名为私立天水儿童园。1956年，由国家接办，改名天水桥幼儿园。1960年，改名天水学校附设幼儿园。1962年，体育场路幼儿园（原名怀成儿童院，桑文澜私人办）并入，始改今名。

由天水园区园舍原是圣经学院旧房，1983年拆除重建。1985年新园舍落成，占地约1600平方米，建筑面积约1832平方米。教学大楼内有由教室、午睡室、卫生间组成的大套房，有音乐室、大厅和供幼儿学习用的活动室。室外有喷水池、假山、浪船、滑梯等活动设施，还有2架钢琴、2架手风琴等教学设备。幼儿园注重从音乐、舞蹈方面培养幼儿的兴趣、爱好、良好品德和美感。1985年开设的钢琴、手风琴学习班颇受好评。[①] 天禾园区占地约3500平方米，建筑面积约2572平方米。两园区均因地制宜地创设了幼儿音乐吧、创意吧、图书吧、游戏吧、健体室等专用活动室，并配有120平方米以上的多功能音乐厅。每班均配置电脑（可上网）、打印机、空调、消毒柜、电视机、DVD、录音机等设备。两园区均有数码相机、投影仪、大屏幕等多媒体教学设备，近年新增的白板教学系统为教学研讨提供了便利。[②]

天水幼儿园自1985年起探索全面发展基础上的音乐特色启蒙教育。历年来，师生多次在全国及省、市、区级文体演出中获奖，天水幼儿园"音乐摇篮、儿童乐园"的形象留在老百姓心目中，社会美誉度高。

体育场路幼儿园的前身是桑文澜私人办的怀成儿童院，早在1935年她就在上海市江湾区举办为职业妇女服务的幼稚园。该园于抗日战争时停办。因战乱原址成废墟，于1946年迁至杭州自己住处恢复开办。1956年由国家接办，以体育场路为园名，园舍在沈家弄1号地近小北门。1958年部分园舍被毁。1962年与天水幼儿园合并后，旧址改为校办厂门市部和教工宿舍。1983

---

①　杭州市教育局：《杭州教育志》，98页，2011年编印。

②　杭州市下城区教育局：《杭州市下城区教育志》，284～285页，1991年11月～2003年5月编印。

年拆去圣经院旧房。1985 年新园舍完全改变了旧的面貌。[①]

三、21 世纪以来的天水幼儿园

2008 年，幼儿园接收天禾园区，成立天水幼儿教育集团。目前幼儿园有天水、天禾两园区。两园区现有大、中、小三个年龄段 16 个班级，在园幼儿共 500 多人。幼儿园目前有教职工 71 人，其中专任教师有 43 人，大专及本科学历占 100%，高级教师有 17 人，市、区教坛新秀有 17 人，教师心理健康教育持证率为 100%。

早在 2003 年，天水幼儿园以市级重点立项课题"奥尔夫原本性原理在本园的实践研究"为引领，进行了奥尔夫音乐教学实践活动，经过课题论证和多年教育教学的实践研究，取得了阶段性的成果，使天水幼儿园音乐艺术特色文化品牌化。近年来，天水幼儿园更是在内涵发展上做文章，2015 年下半年提出"优悦奥音"特色优势项目，"'优悦奥音'特色课程在幼儿园的实践与研究"等科研课题在杭州市立项。天水幼儿园的多项研究成果、论文在省、市、区获奖，艺术特色、教学质量在杭州市享有盛誉。

天水幼儿园是浙江师范大学、杭州幼儿师范学院、杭州师范大学等高校的教学实践基地，经常承担省、市、区级教学观摩任务。获得的荣誉有：浙江省一级幼儿园、浙江省巾帼文明示范岗、浙江省体育示范园、杭州市爱国卫生先进单位、杭州市教育系统先进团支部、杭州市优秀职工小家、杭州市城乡结队先进单位、杭州市合格资源教室、杭州市档案验收达标单位等。各项工作受到了家长的认可和社会的高度评价。

百年老园的证据尚在寻找之中，我们将更加努力，一路前行。

（浙江省杭州市天水幼儿园　胡嫣、钟萍）

---

① 杭州市下城区教育局：《杭州市下城区教育志》，284 页，1991 年 11 月～2003 年 5 月编印。

故事二

厦门市日光幼儿园的前半生

厦门市日光幼儿园始建于 1898 年。该园从产生到发展历经 120 余年，是中国学前教育机构产生、发展的有力见证和历史缩影。

一、"怜儿班"

私立怀德幼稚园肇端于韦玉振牧师娘韦爱莉于 1898 年 2 月在鼓新路 35号牧师楼创办的家庭式幼稚班——"怜儿班"。至于"怜儿班"的缘起，1951 年的《福建省接受外国津贴及外资经营之文化教育救济机关及宗教团体》登记表中这样写道：怀德幼稚园创办的宗旨，韦振玉牧师娘爱莉氏因认清幼稚教育的目的是增进幼稚活泼之精神，及健全之体魄，培养儿童优良习惯，协助家庭教养幼稚儿童，并谋家庭教育改进。当时韦爱莉女士见鼓浪屿幼稚儿童得不到适当的教养，乃邀集少数儿童，在其私人寓所中，亲自施教，为使幼稚教育普及。

当时我国并无设立幼稚园的先例，韦爱莉邀集少数幼儿在其私人寓所中，教以识字、游戏、识数、常识、手工诸科目，躬自施教，未满一年，成绩已略有可观。社会人士渐知幼稚教育的重要。

图 3-2 怀抱小孩女子即为韦爱莉

二、怀德幼稚园

随着幼稚园学生数额日益增加，其寓所狭隘不能容，乃迁于雷正中夫人新建筑的住宅。雷正中是鼓浪屿上的第一位华人西医，在 1910 年岛上的那场重大的鼠疫中为救治病人而殉职，留下雷厝。雷夫人热心教育，但其住所仅能容五六十人。后来生源数增至百余人，雷宅又不能容。初期校址屡经迁移，固定不下，且经费皆归韦爱莉一人承担，韦爱莉深感己力不足，每年靠召开游艺会邀集各界参观，发动募捐集资。1909 年，韦爱莉体衰力弱，感觉难以维持，乃商诸英长老会闽南差会接办。1911 年，英长老会另聘英人吴天赐女士办理幼稚园，幼稚园被正式命名为怀德幼稚园。在怀仁女学在永春路的校舍建好之后，怀德幼稚园暂借其中，校务蒸蒸日上，学生数量增至 200 余人，乃谋建校舍，向华侨及热心教育人士筹募资金于怀仁女学旁，内厝澳西仔路建园舍。1912 年，新园舍建成，可容学生三四百人，幼稚园始迁入，怀德幼稚园在日光岩下扎根。1916 年，学生骤增至四百余人，幼稚园附蒙学堂，即初小一二年级。至 1935 年因校务发展，学生数过多，校舍又苦不能容，乃设分校于鹿耳礁。两年后，因管理上不甚方便，再合二为一。

图 3-3 民国时期怀德幼稚园园貌俯瞰图

图 3-4 民国时期怀德幼稚园正面图

图 3-5 "怜儿班"旧址

图 3-6 蒙学堂旧址说明

　　幼稚园在办立之初，随着生源的增加，校舍不敷使用，数次迁移，在定址于永春路之前，曾在雷正中夫人住处、吴添丁阁办学。

　　1912 年，位于永春路 83 号的新校舍建成。新校舍为一层砖质洋房，后改为二层楼，后又再改为三层楼。在民国办学期间，第三层为怀德幼稚师范学校图书室及学生会办公室，第二层为教室与办公室，第一层为怀德幼稚园教室。

　　1935 年，怀德幼稚园学生数在厦门市各私立幼稚园中居于第一位，占到所有幼稚园总人数的一半左右。

　　在鼓浪屿各学校名称中，这些教会学校的名称多含有为中国人所重视的仁、义、礼、智、德、行等字，如有怀德幼稚园、怀仁女中、毓德女学等。当然，也有说法认为所谓"怀仁"是"怀学校始创者之仁"。至于怀德幼稚园、怀德师范之"怀德"二字的意思，史料阙遗，可能与其创办者韦爱莉有关。怀德幼稚园初期由韦爱莉执掌，后由于校舍、资金问题只能由个人交于教会办理，教会为了感念创办者开创教育之功德，因此取"怀德"之义。也可能因为教会为了与中国文化相接近，给新成立的学校以良好的期望，希望学生能够进德修业，养成良好的品德。当然，这仅仅是我们的猜想。

《论语》中有言："君子怀德，小人怀土；君子怀刑，小人怀惠。"君子所思的是道德，小人所思的是地利；君子终日所思的是如何进德修业，小人则求田问舍而已；君子安分守法，小人则唯利是图，虽蹈刑辟而不顾。

不知怀德幼稚园的"怀德"一词是否与《论语》中此语相关，但不管怎样，"怀德"一词源自中国，寓意学生要怀有美好的德行。

国内很多专业性的教育著述都将私立怀德幼稚园作为在我国建立的最早的幼儿园，将湖北幼稚园作为我国官办的第一所幼儿园，这几乎毫无争议。例如，刘英杰主编的《中国教育大事典：1840～1949》中写道："1898 年，英国基督教长老公会在厦门市鼓浪屿牧师楼举办的一所幼稚园（即鼓浪屿日光幼儿园前身）。入园幼儿大部分是四至六岁的基督教徒子女。这是中国最早的幼儿园。"[①]

中国学前教育研究会编的《百年中国幼教（1903—2003）》将湖北幼稚园作为我国第一个幼教机构。[②] 这可能与湖北幼稚园创立时有明确的章程，即《湖北幼稚园开办章程》有关。有章程即标志着我国幼儿教育制度的建立，而私立怀德幼稚园在这方面有所欠缺。但在《百年中国幼教（1903—2003）》一书中，"蒙养院（园）制度的确立"部分对怀德幼稚园做了专门介绍。该书仅涉及湖北幼稚园、湖南蒙养院、天津严氏蒙养院、上海公立幼稚舍、怀德幼稚园这几个幼儿教育机构。

我们难以辨别教会早期办的幼稚园与慈幼院、育婴堂、孤儿院等具有收容性质的慈幼机构。如论早期的慈幼机构，教会在我国创办的时间肯定早于1898 年。可以说 1842 年《南京条约》签订后，几个通商口岸应该就出现了一些慈幼机构，人们在慈幼机构中肯定会从事教育活动。但是可以肯定的是，怀德幼稚园是我国较早的一所教会幼稚园。因为厦门是我国最早设立通商口岸的城市之一，1843 年开埠，教会势力较早地进入厦门，1898 年成立的怀德幼稚园应该也是我国较早的幼儿园之一。

当然从有明确记载这一角度来看的话，怀德幼稚园的确为我国现在发现

---

① 刘英杰：《中国教育大事典：1840～1949》，546 页，杭州，浙江教育出版社，2001。

② 中国学前教育研究会：《百年中国幼教（1903—2003）》，6 页，北京，教育科学出版社，2003。

最早的幼稚园，这样"中华第一园"的称号也是当之无愧的。

　　民国前期，军阀混战，经济凋敝，全国教会办的幼稚园趁机发展。五四运动之后民主和科学的思潮迫使当时的政府改革教育。1922 年，当时的教育部召开学制会议，通过学制改革系统案，在初等教育阶段规定"幼稚园收受 6 岁以下之儿童"，把幼稚园列入学制系统。20 世纪二三十年代，已有十多个国家在鼓浪屿设领事馆或办事处。基于岛上的特殊环境，早期远涉东南亚的华侨、侨眷、富商等纷纷到此建家立业。从此，鼓浪屿成了中西文化和多元文化交汇的焦点。1927 年后，福建省教育厅已较重视幼儿教育，各地教会幼稚园陆续申请立案。1932 年 6 月，怀德幼稚园向当时的国民党政府备案，园名改为厦门鼓浪屿私立怀德幼稚园。

三、怀德幼稚园的课程

　　怀德幼稚园的创办正值欧美国家普遍开办幼稚园的时期。怀德幼稚园的课程教学活动受德国福禄贝尔和意大利蒙台梭利教育思想的影响较大。在教育教学中，怀德幼稚园采用蒙台梭利的主张，重视幼儿的自由成长及环境对幼儿的影响，强调对幼儿进行感官训练，并使幼儿按照自己的兴趣与技能挑选适合自己的游戏、活动。主要教育形式和内容多采用福禄贝尔的主张，发展幼儿的感觉器官，使幼儿学习数学、自然科学及语言文学、绘画、手工、唱游、宗教。游戏为幼儿的基本活动，作业和游戏是教育教学的根本内容。园里的教具，包括"恩物"、蒙台梭利的感官训练材料等大部分是由英国运载而来的，这在当时是领先于全国的。其中"恩物"占有主要的位置，作业、游戏首先与"恩物"的应用相联系。

图 3-7　20 世纪三四十年代怀德幼稚园老师指导儿童做游戏

在当时的怀德幼稚园中，表现比较明显的就是一般教会幼稚园的特点。当时的教会幼稚园强调以幼儿为中心，一方面，重视幼儿的自由活动和游戏；另一方面，重视幼儿感官和动手能力的发展。

生于1908年的李来荣后来成为著名的园艺学家。他于5岁时随母亲来到鼓浪屿，后来他母亲在毓德女子学校找了份工作，李来荣就进入怀德幼稚园读书，时间大概在1913年的样子。据李来荣回忆：

我上幼稚园了。我们这些从未上过学的孩子，初进幼稚园，整天在学校，被纪律约束，有些不习惯。我刚从乡下来，跟同学们相比，显得土里土气的。因为母亲忙，没有什么工夫管我，我又从小娇惯坏了，所以衣服也经常弄得很脏，常常拖着鼻涕。这样，时常惹得同学们笑。我很不喜欢这个新环境，一个人不时跑到外面石板上，躺在上面乘凉。倒是一些大姐姐喜欢我，经常照顾我，帮我擦鼻涕，整理衣服，叫小同学们跟我玩。[1]

这里的大姐姐应该就是怀德幼稚师范学校的学生。他们半天上课，半天在幼稚园中实习，与幼稚园的生活融为一体，能够关注幼儿的发展，这是那个时候幼稚师范教育的一大优点。

李来荣讲道：

唱歌、做游戏，慢慢地将我们散漫的心收拢了，逐渐习惯了学校的纪律约束，完成了上小学的过渡阶段。我在幼稚园学习了二年。[2]

从李来荣的经历可以看出当时的怀德幼稚园比较重视游戏、唱歌，课程中有了钢琴，这一鼓浪屿教育的特色影响了一大批幼儿的成长。

生于1919年，后在厦门二中任教的朱昭仪4岁入怀德幼稚园。据她回忆："因为我在幼稚园时非常喜欢唱歌，母亲就让我坐在房子窄窄的走廊上。……母亲给我一杯开水，说你喜欢唱，就唱个够。我就把在学校学的歌，在家里放声唱。""在幼儿园还有手工课，有折纸、折船、青蛙、雨伞，等等。还有用干稻草编织小袋子……""我从小最弱的就是手工。我很会唱歌，但是手工就是不太会。"[3]可以看出，当时的幼稚园课程对识字教育应该不太重视，有唱歌、手工课，比较重视幼儿的感官训练与教育。

此时的幼稚园生源已非开办之初招收限于信徒子女了。随着鼓浪屿的开发，鼓浪屿逐渐成为闽南华侨移居的乐土。这样怀德幼稚园招收的生源也大

① 李来荣：《我的童年》，见《科学家的童年》二，94～95页，天津，新蕾出版社，1983。
② 李来荣：《我的童年》，见《科学家的童年》二，95页，天津，新蕾出版社，1983。
③ 詹朝霞：《鼓浪屿 故人与往事》，276页，厦门，厦门大学出版社，2016。

图 3-8 怀德幼稚园早期教学场景——教师让幼儿掌握厦门话罗马拼音字母发音的初级训练

为扩展，多为鼓浪屿当地非富即贵人家的子女。20 世纪 20 年代在怀德幼稚园中读书的朱昭仪回忆："他们有钱人坐轿子回家，我就跟在轿子后面走回家。""社会上层白领的子女居多，穿着漂亮，有些小孩上下学还有佣人伴送。"①看到这种场景我们就可以想象到陶行知当时批判的幼稚园所犯的"富贵病"了。

当然作为教会幼稚园，怀德幼稚园免不了要开展宗教活动。教育家张雪门曾对一些教会幼稚园做过调研，并有精当的描述。

张雪门在《参观三十校幼稚园后的感想》(1926 年)一文中说道：如果我们去参观什么公理会长老会美以美会立的幼稚园，一定可以见到美丽的教室、小巧的桌椅、精致的恩物；在一时自由活动以后，工作以前，孩子们一定要闭一会儿眼睛，他们的小嘴一定还要唱一支祷告的诗曲；早晨相见，放学话别，"上帝祝福"、诗一样的调子，全从他们的舌端，跳到恬静的空中，弥漫到这边。②

作为一所教会办的幼儿园，怀德幼稚园的课程也带有一些宗教的色彩，幼儿需要做祷告或者是主日学。

---

① 詹朝霞：《鼓浪屿 故人与往事》，276 页，厦门，厦门大学出版社，2016。
② 中国学前教育史编写组：《中国学前教育史资料选》，188 页，北京，人民教育出版社，1989。

图 3-9 1920 年，怀德幼稚园女童们正在祷告①

随着幼稚园学生的增加和幼稚园规模的扩大，为了解决幼稚园的师资问题，同时也为解决闽南各地区蒙学堂的师资问题，英公会于 1901 年将怀德幼稚园作为实习基地，开办附设幼稚师范学校——怀德幼稚师范学校。幼稚园除留用少数师范毕业生为专职教师外，大部分由在校的师范生兼职。师范生半天学习，半天实习，轮换上课。

随着怀德幼稚园在鼓浪屿扎根，即使是教会式的幼稚园也开始慢慢吸收中国社会文化土壤的养分，再加上 20 世纪 20 年代后开始的收回教育权运动的发展，不少学校主动变动课程，以迎合我国的需要。

20 世纪中后期开始，反对幼稚园"洋化"成为当时我国幼儿教育的一股重要思潮。陈鹤琴在《我们的主张》（1927 年）中指出："今日抄袭日本，明日抄袭美国，抄来抄去，到底弄不出什么好的教育来……总之幼稚园的设施，总应处处以适应本国国情为主体，至于那些具有世界性的教材和教法，也可以采用，总以不违反国情为唯一的条件。如此则幼稚园的教育，可收事半功倍之效，可充分适应社会的需要了。"②

受幼儿园课程中国化运动的影响，怀德幼稚园的课程也发生了一些变化，如增加了识字和识数的课程。

日光幼儿园保存着一张 1930 年幼稚园第四级甲组新授汉字课的照片。在照片中，幼儿端正地坐在课桌前，在石板上书写汉字，教师在一旁指导。黑板上写着"大鸦大，小鸦小"的汉字。这样的场景要放到现在可能会认为是幼儿园小学化的例证了。除此之外，当时怀德幼稚园还采用世界书局编写的《幼稚园读本》教材，该书配有著名漫画家丰子恺先生充满童趣的插画，颇具幼童

① 图片是由鼓浪屿民间文物收藏家白桦先生提供的。
② 中国学前教育史编写组：《中国学前教育史资料选》，148～149 页，北京，人民教育出版社，1989。

读物的特色。"排排坐，吃果果。哥哥吃大果，弟弟吃小果。大果数一数，一二三四五。小果数一数，一二三四五。"这样的课文既包含了识字的成分，又蕴含了基本的常识和中华传统文化，这也成为怀德幼稚园中国化的重要表征。

图 3-10 教师在教幼儿汉字

在陈鹤琴等人倡导的幼稚园中国化运动的影响下，基于陈鹤琴等人的实验，1932 年 10 月教育部正式公布《幼稚园课程标准》，这个课程标准有这样一些观点：第一，尊重儿童，确立儿童在教育过程中的中心地位，明确教育目的是促进儿童的发展；第二，儿童所有的生活都是课程；第三，重视儿童的直接经验，儿童在生活中学习，即主动作业；第四，主张教材、教法心理化，课程编制和实施按儿童心理发展的顺序来进行；第五，打破分科界限，采用设计教学法。在课程范围上，提出音乐、故事和儿歌、游戏、社会和常识、工作、静息、餐点七项课程内容。同时又规定：在分科的基础上，采用主题式的单元设计课程组织方式。"以上所列各种活动(音乐、游戏、故事和儿歌、社会和自然、工作等)，于实际施行时，应该打成一片，无所谓科目。打成一片的方法，应该以一种需要的材料(应时的如三月的植树节，十月的国庆，秋天的红叶，冬天的白雪等；在环境内发现的如替玩偶做生日，公葬某种已死的益鸟，开母姊会等等)，做一日或两三日内作业的中心；一切活动都不离乎这个中心的范围。"[①]这一标准为我国幼儿园教学单元制的推广奠定了基础，同时，我国的幼稚园课程有了统一的标准，这一标准结合了西方幼儿教育的理论与实践，将其融入我国的土壤，可以说是一个中西合璧式的幼儿园课程范本。

日充幼儿园至今保存着一张 1934 年的幼儿课程成绩表，这为我们了解 20世纪 30 年代的私立怀德幼稚园的课程提供了重要的线索。当时的课程包括言

---

① 宋恩荣、章咸：《中华民国教育法规选编》，230 页，南京，江苏教育出版社，2005。

语、国文、常识、计算、唱歌、游戏、图画、手工等。从中可以看出，私立怀德幼稚园的课程在吸取《幼稚园课程标准》的基础上，又有很大的延续性和独特性。一方面，私立怀德幼稚园保持以往的手工、唱歌、游戏等重视感官训练的游戏活动类课程；另一方面，私立怀德幼稚园增加了国文、计算等较为中国化的课程。

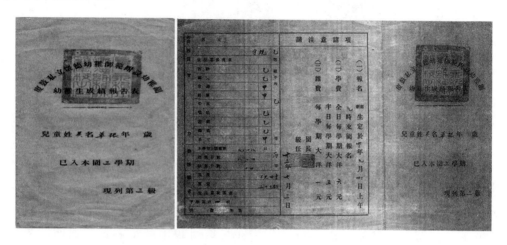

图 3-11　私立怀德幼稚园幼儿成绩

曾在私立怀德幼稚园就读的羽堪讲道：

1938 年，我 4 岁时就就读于鼓浪屿怀德幼稚园，那时校园建设和教学设施很是完善，我们这些学童，也都已经不是当初"穿长袍"的清代幼稚园学童了，而很摩登了，均一身衬衫，吊带短裤，长筒袜打扮。在我的记忆中，我要进幼稚园那阵子，父亲在家里常常和上英华中学的大哥在讨论一本叫《蒙台梭利与家庭教育》的书，现在想起来，大概是父亲崇尚的自由和活动的教育下一代的观念和幼稚园的教育宗旨一致，所以送我进了这所幼稚园。

在怀德幼稚园上学很欢愉，老师不但都是中国人，而且是厦门人，走进幼稚园，老师上课，和学童交流，和学童在一起玩，相互间沟通，一概操厦门话，和在家里一样，毫无语言障碍，不觉得一进校园就进入另一个圈子，挺亲和的。怀德幼稚园的教学同样很本土化，学校里就连教唱歌的歌曲、童谣等也都是厦门话，虽说是外国人办的学校，但并没有强制或要求学童们接受什么本土语言以外的双语教学之类的超前教育，我们当时连句 byebye 都不会讲，放了学向老师和小朋友全都是用厦门话道一声"再会"。

在幼稚园里，我们每天都在听故事，做体操、运动、玩游戏、画画、唱歌、做手工——折纸、剪贴、捏泥土。我的童年就是在这些活动中快乐度过的。

钢琴那个时候还是比较昂贵的乐器，学校教学用的还都是脚踏风琴，其他的教具、设施都是比较新式的，比较齐全的。我们做手工、画画、剪贴的工具都是学校根据教学内容和需要一手准备，统一提供的，不会有让学童回家吵着家长要带什么什么学校要求带的东西去上课的事儿，没有让家长操心的校内事。[①]

可见，私立怀德幼稚园延续了前期福禄贝尔和蒙台梭利的教育思想，重视感官训练，如手工课、折纸、剪贴、捏泥土等。同时，私立怀德幼稚园的课程特别重视音乐教育。例如，每天都有晨唱诗；星期天组织学生到礼拜堂唱诗班轮流上台演唱，开展评比活动；音乐课程的内容包括乐理知识和中外名曲欣赏等。私立怀德幼稚园在继续采用英国幼稚园的教材的基础上还采用世界书局出版的《幼稚园读本》教材和部分乡土教材，如一些改编后的闽南童谣也成为教学内容。

私立怀德幼稚园的这种课程设置基本延续到了新中国成立前。从1946年幼稚园重新备案时提供给上级教育行政部门的课程安排中可以看出，与1938年的课程相比较，两者相差无几。

表 3-1　1946 年私立怀德幼稚园课程

时间	分钟	课程	内容
8:30—9:00	30	户外活动	全是儿童自由活动，如玩秋千、玩滑梯、玩积木、坐摇船等
9:00—9:15	15	谈话	问安、报告、天气表整理、检查整洁
9:15—9:30	15	团训	全校儿童聚会
9:30—9:45	15	识字或识数	识字及其他，识数目及算法练习等
9：45—10:00	15	游戏	锻炼身体游戏、娱乐游戏、模仿游戏
10:00—10:10	10	静息	教师用安静音乐或唱安静歌使儿童静息
10:10—10:30	20	餐点	饼干及牛乳等
10:30—10:50	20	故事或歌谣	教师或儿童讲述
10:50—11:15	25	音乐	律动、节奏、唱歌
1:30—1:45	15	静息	听音乐静息
1:45—2:05	20	常识	社会、自然、卫生
2:05—2:25	20	劳作	图画、剪贴、折纸、泥工、木工、沙滩设计
2:25—2:35	10	户外活动	儿童自由活动
2:35—2:45	10	夕会	再会歌

① 羽堪：《忆儿时，话"怀德"》，载《鼓浪》，2013(1)。

图 3-12　20 世纪三四十年代私立怀德幼稚园儿童活动的场景

从这些照片可以看出，20 世纪 30 年代以后，私立怀德幼稚园的课程基本上走向了规范，受到当时中国式幼儿园的影响，开始注重汉字的教学，出现了现在所认为的小学化的上课场景。

20 世纪 40 年代末，曾在怀德幼稚师范学校读书的黄银霞在私立怀德幼稚园实习，所以对幼稚园的生活较为了解。她讲道，那时候的幼稚园上课有点像学校(小学)，从课程时间安排看，每节课小班 15 分钟，中班 20 分钟，大班 25 分钟。每班有两个老师，一个班主任，一个科任，科任得兼两个班。幼稚园的教材为自己编写的。据她回忆，是园长编写，外国人作画，合编的。幼稚园开设有语言、数学、纸工、折纸、泥工等课，还要去集美买泥，那时候泥还像是灰的颜色，要拌一拌，成泥胚，拿一个篮子装，上面盖上布。如果明天要上泥工课，那么今天要跟阿姨讲明天要做泥工，一个班多少人，她要掰成一块一块的，每个孩子都有一块木板，以前都用木板，然后摆好，上课时摆在桌子上，然后让孩子做，先团圆，然后看看要塑造什么，再做出来。语文就是按照它上面那样，小班、中班、大班，三本小小本。外国人教我们体育，我们再教小朋友。我们上学时，有这个课时，外国人就要给我们上课。[①]

图 3-13　幼儿在户外活动

_____

① 根据 2017 年 10 月 12 日园史工作小组在黄银霞老师家里对黄银霞老师的访谈记录整理。

民国时期幼稚园的教学环境并不理想，以前有条砖路，去楼上有个楼梯。以前小朋友来都是在砖头铺的操场玩耍的，很危险。操场铺得不是很平，有时候小朋友摔了磕到额头，缝隙还有草长出来。

什么事情都是排队，下去小便也是排队，下去之后老师在旁边等，帮忙穿裤子、扣扣子。以前的厕所是挖的长长的坑，上面是木头，男孩子是站着的，一个沟，女孩子是坐着的。阿姨每一天都要洗、擦。那时候还有竹梯，让孩子学爬竹梯。

黄银霞老师终生都在幼儿园中，据她讲述："我是从十八块白银提起，由外国人发，后面三十八块，到后面退休时是六十块五角。那时候很辛苦。"

怀德幼稚园虽然为一所教会式的幼稚园，但在中国政府立案之后，宗教课程内容相对较少。袁雅琴在小说《陪楼》里对怀德幼稚园有一段记叙：维娜的一对儿女和阿秀的儿子都在鼓浪屿上的怀德幼稚园念书，怀德幼稚园虽然是教会办的学校，但在日常教学中，并没有进行什么宗教教育，不掺入宗教内容。不过，礼拜天上午，维娜和阿秀的孩子也跟每个幼稚园的小朋友一样都要到学校上"主日学"，也就是幼儿级的教堂外的"做礼拜"。就是听老师讲一则根据《圣经》编撰的耶稣的爱心小故事，然后祈祷，然后吟唱闽南语的"童《圣诗》"，还有用闽南语唱外国名曲改编的圣歌。[1]

虽说是小说内容，但应该是依据现实的情形写作的。在此就读的学生羽堪也有相似的描述：虽然是教会办的学校，但怀德幼稚园的日常教学中并没有进行什么宗教教育，不掺入宗教内容，不过礼拜天上午，我们幼稚园的小朋友都要到学校上"主日学"，也就是幼儿级的教堂外的做礼拜。在主日学里就是听老师讲一则根据《圣经》编撰的耶稣的爱心小故事；然后祈祷；然后分发一枚被小朋友叫 ang-a-piao（厦门话图画小卡片）的耶稣小卡片，吟唱闽南语的"童《圣诗》"；最后边唱《兑缘歌》，边鱼贯走出场。小朋友把向家长要来的一个铜钱，放在门口站立的礼仪小朋友的托盘里。整个过程二十分钟到半小时。我们当时都很幼稚，对这一切，只当为一种必须遵守的有趣的校规来参与。后来长大后也不见有**多少**成为虔诚教徒的，而在蒙台梭利的自由、活动的幼儿教育理念环境中，我们度过了快乐成长的幼年时期。[2]

此时幼稚园师资来源一如过去，即除留用少数师范毕业生为专职教师外，大部分由在校的师范生兼任。招收的幼儿以 4～6 岁为主，学制分全日制和半

---

① 袁雅琴：《陪楼》，214 页，北京，作家出版社，2015。

② 羽堪：《忆儿时，话"怀德"》，载《鼓浪》，2013(1)。

日制，招生数量较多。例如，1916年学生有360人；1934年学生有315人；1935年，幼稚园招收了6个班，在园学生达384人。

四、日光幼儿园

第二次世界大战爆发后，鼓浪屿被日军占领，英公会在幼稚园的代理人离开鼓浪屿。1941年12月，幼稚园被日本人接管，改名为鼓浪屿幼稚园。园长、教师都重新聘用，教育、生活、活动内容，甚至连幼儿的点心都重新安排。1945年，英长老公会又派其代理人白励志牧师娘接管幼稚园，恢复原名私立怀德幼稚园。教育教学恢复原有做法。

1951年，人民政府接办幼稚园，将私立怀德幼稚园改为厦门师范附属小学附设幼儿园，确定了"向工农开门，为生产服务"的办园方向；1966年，改名为反帝幼儿园。幼儿园受批判，被勒令下马、停办，长达六年之久。教师分流到小学，财产归属小学，工作队进驻幼儿园办公，给幼儿教育造成难以弥补的严重损失。1974年，在群众呼声中，幼儿园复办，原来的教师回到原有的岗位上，财产也重新归属幼儿园。1976年，幼儿园改为厦门市日光幼儿园。党的十一届三中全会以来，厦门市日光幼儿园得以迅速发展。

（福建省厦门市日光幼儿园　王晓虹、张佳佳）

故事三

湖北幼稚园和中国近代
第一个幼儿园章程

湖北幼稚园开办的意义不仅在于它是中国最早的公立幼儿园，中国学前教育的历史是以其创办的时间1903年为标志性起点的，而且在于1904年以其创建为基础制定的《湖北幼稚园开办章程》是我国近代有史料可查的最早的省级层面的幼稚园章程。

一、湖北幼稚园开办

光绪二十九年（1903年）秋，湖北巡抚、湖广总督端方在省城武昌阅马场，即原武昌幼儿师范学校附属幼儿园处创办了湖北幼稚园，该园的创办开中国近代幼儿教育之先河。

图3-14 我国成立最早的公立幼儿园——湖北幼稚园
（新中国成立后为阅马场小学）

湖北幼稚园聘用从日本女子师范学校毕业且具有一定教学实践经验的三名教师为保姆，其中户野美知惠出任首任园长（兼保姆）。户野美知惠于1890

年毕业于东京女子高等师范学校,历任京都府师范、彦根、长野、名古屋女子学校教员,光绪三十年(1904年)应聘来华,此前在母校任教。

湖北幼稚园招收5~6岁幼儿80名,分2班,限1年毕业。以班级形式开展保教活动,为入园幼儿提供服装、图书、保育用品,唯不备饭食。本省幼儿免收学费,外省幼儿每月须纳银洋4元。园内设备较为齐全,是一所初具规模的幼稚园。

湖北幼稚园采取班级的形式开展保教活动。园内设开导室、训话室、游戏室、图书玩具室、保姆助教室、看管小儿仆妇室、会计办公室、接应宾客室等。户外有场,场上有游嬉山,山上有亭,曰"游嬉亭"。园内教具购置于日本,教材也为日本教材。

湖北幼稚园开办时,仿效日本拟定了《湖北幼稚园开办章程》(1904年),发表于当时的《东方杂志》上,这是我国近代有史料可查的第一个幼稚园章程。《湖北幼稚园开办章程》规定办园"专辅小儿自然智能、开导事理、涵养德性,以备小学堂之基础为宗旨"。"幼稚园重养不重学。"其办园宗旨有三:"一、保全身体之健旺,体育发达基此;二、培养天赋之美材,智育发达基此;三、习惯善良之言行,德育发达基此。"保育科目为:行仪、训话、幼稚园语、日语、手技、唱歌、游嬉。使用的教材为日本教材。

1912年蒙养院改为蒙养园,1922年又改为幼稚园。1928年湖北幼稚园改名为湖北省立第四小学附属幼儿园,1947年改名为武昌市中正区第二中心国民学校附设幼稚园,1949年8月停办。

1951年,结合当时的形势需要,响应"为政治服务、为生产服务、解放妇女劳动力"的号召,省教育厅决定在位于武昌阅马场清末湖北幼稚园处,重建湖北省武昌幼儿师范学校附属幼儿园。1991年,幼儿园正式更名为湖北省实验幼儿园,直属湖北省教育厅管辖。

图3-15　幼儿户外游戏

二、湖北幼稚园章程

光绪三十年（1904年），湖北幼稚园拟订了《湖北幼稚园开办章程》。

第一条　幼稚园因家庭教育之不完全而设，专辅小儿自然智能、开导事理、涵养德性，以备小学堂之基础为宗旨。

第二条　幼稚园重养不重学，儿童未及学龄之年，皆其当期（三岁以上六岁以下）。有此蒙养，将来就学自然高人一等。

第三条　设园旨趣有三：一、保全身体之健旺，体育发达基此；二、培养天赋之美材，智育发达基此；三、习惯善良之言行，德育发达基此。

第四条　本园所设场室凡十有一：曰开诱室、训话室、游戏室、陈列图书玩具室；室外有场，曰游嬉场，场有山曰游戏山，山有亭曰游戏亭，凡以资养教育者皆备；其他则保姆助教休息室、看管小儿仆妇室、会计办公室、接应宾客室，亦略具焉。

第五条　本园暂定额八十名，男女均收，限一年卒业后，另有推广办法。

第六条　本园招收小儿，以五岁至六岁为率。

第七条　本园挑选此班小儿，即小学堂之预备科，务须气质聪强、体格一律，方易施功；若身体高下不一、气质暗弱及有疾病者，一概不收。

第八条　本园所定保育课目凡七：大概与日本幼稚园课目有出入，今列于下：行仪、训话、幼稚园语、日语、手技、唱歌、游嬉。

第九条　本园审定保育时间，每日三点钟为度：春分以后早八钟来园，十一钟半归家；秋分以后早八钟半来园，十二钟归家，每星期准十八点钟，归习在外。

第十条　在园年中休业：恭逢万寿并圣诞、本园创立纪念日、清明、中元节，每逢星期，各放假一日；端阳、中秋放节假三日；年假自头年十二月十五日起，至次年正月十六日止，暑假自初伏前五日起末伏后五日止。此外临时休业者至时报告。

第十一条　此班小儿一年卒业，即升入本园初等小学堂，其后另招幼稚则以四岁上下为率，二年卒业。

第十二条　本园一切服装、图书、保育物品，均属官备，惟不备餐饭。本省小儿入园免收学费，外省小儿入园每月须纳学费洋四元。

第十三条　外省小儿入园，首月学费限于受业后五日由其父兄或引证人纳入，其每月学费则以初十为限，一体交纳。

第十四条　小儿愿入园者，须将族贯姓名、生年月日及父母、引证人姓名住所，详细开呈以凭查核。

第十五条　凡经挑选愿入园小儿，于入园之日，务须由其父兄亲填愿书，愿以后令小儿遵守园章，绝不违背。愿书式略。

第十六条　入园小儿不论男女均须有引证人作保，立保证书。保证书式略。

第十七条　入园小儿，其父母及引证人移居之际，务须来园启告。

第十八条　小儿或病或有事故逾三日不能来园者，则须启告其事由。

第十九条　小儿欲退园者，须由其父兄及引证人申明事故乃可，若罹恶疾，应归医治，则宜速退。

第二十条　本园一切施行细则及管理诸务，均另详专章，俟后刊出。

第二十一条　幼稚园添设保育科，本科生徒赖有实地练习保育之方，讲求保育，庶有经验。

第二十二条　保育科为幼稚之先事，初等小学为蒙养之升阶，盖相以为用者，设园为主，二义为辅。

《东方杂志》第十一期 1904 年 11 月①

（湖北省实验幼儿园　夏君、徐金晶、潘小玉）

---

① 转引自中国学前教育史编写组：《中国学前教育史资料选》，103～105 页，北京，人民教育出版社，1989。

故事四

北京第一所中国人自己创办的幼儿园

北京市西城区洁民幼儿园创建于 1903 年，是章宗祥等三人在北京兴办的第一所由中国人自己创办的幼儿园，原名京师第一蒙养院，后更名为洁民幼儿园，是一所具有百年历史的全日制北京市市级示范幼儿园。

一、创建之初和关键人物

清末，清政府面临亡国危险，很多有识之士开始意识到教育的重要性，尤其是儿童教育的重要性，认为儿童是国家的希望和未来。加之当时的日本通过明治维新取得了成功，于是学习日本教育改革的成功经验在有识之士中形成共识。

1903 年，张百熙、张之洞等人拟订了《奏定学堂章程》，并于 1904 年在全国推行，这是我国第一个正式颁布并且实施的近代学制，又被称为癸卯学制。《奏定学堂章程》规定了自蒙养院到通儒院共有三段七级学堂。三段为初等教育、中等教育、高等教育。第一阶段的初等教育包括高等小学、初等小学、蒙养院。[1] 其中，《奏定学堂章程》为学前教育专门制定了《奏定蒙养院章程及家庭教育法章程》，这是我国历史上颁布的第一个关于学前教育的法规。该章程规定了蒙养院的基本性质是蒙养家教合一，确定蒙养院专为保育教导3~7 岁的儿童，每日不得超过四小时；也规定了保育的内容大约为四个方

---

[1]　胡月宁：《河北省、北平市地区学前教育研究(1912—1936 年)》，硕士学位论文，河北师范大学，2016。

面，即游戏、歌谣、谈话、手技。①《奏定学堂章程》的颁布对于推动我国学前教育发展有着十分重要的作用；其一，设立蒙养院，明确了学前教育在中国教育机构框架中的基础地位；其二，对蒙养院的招生范围、学制、课程设置、教学设施、教学方法做出了规定，使得蒙养院的开办有规可依；其三，打破了外国教会控制中国学前教育的局面，开创了中国官办学前教育的先河。②

对京师第一蒙养院有重要作用的关键人物之一是章宗祥。章宗祥，字仲和，出生于浙江湖州，早年留学日本东京帝国大学。当年他去日本时考取的是公费留学生，成为 1898 年南洋公学（上海交通大学的前身）的第一批留学生。当时只有六名佼佼者，其中还有杨绛（中国著名女作家）的父亲杨荫杭（进步学者、律师）。1903 年，章宗祥留学回国，先在京师大学堂任教，后入民政部当差。在晚清官场上，留学归来的章宗祥作为新派人物，甚受重视。清廷赐其进士出身，委派其充任法制编查馆委员、宪政编查馆委员等职。他为清政府编过商法，还参与了清末新政时期的中国法律改革，对于新刑法和商法的改革颇有贡献。光绪二十九年（1903 年），实业救国、教育救国的新思想出现了。在这样的社会背景下，章宗祥、陈彦安（章宗祥妻子）、章继诗在北京创办了京师第一蒙养院。

对京师第一蒙养院有重要作用的另一位关键人物就是严修。严修出生于天津，是中国近代著名教育家、学者，也是革新封建教育、推进教育现代化的先驱。1902 年秋，为了借鉴日本发展教育的经验，严修自费率二子严智崇、严智怡前往日本考察。在日期间，他访问了日本女子教育家大野铃子、教育家伊泽修二等人。1905 年，为了解决师资短缺问题，严修创办了保姆讲习所。大野铃子教授保育法、音乐、体操、弹琴、手工、游戏等，其他英文、算术、化学、生理等课程由张伯苓及其南开学堂教师任教。该所学生半天上课，半天在蒙养院中实习。大野铃子任教 3 年，先后培养了 20 多名毕业生，他们成为我国北方最早的一批学前教育工作者。③ 严智闲生于 1891 年，是严修的女儿，也是严氏女塾和保姆讲习所的第一届学生。严智闲毕业后在京师第一蒙养院任教，是京师第一蒙养院第一任教师，属于我国早期的一批学前

①　中国学前教育史编写组：《中国学前教育史资料选》，93～97 页，北京，人民教育出版社，1989。

②　周宝红：《中国学前教育之蒙养院》，载《陕西教育（高教版）》，2010(Z2)。

③　邵秋菊：《严氏蒙养院创办的背景及意义研究》，载《黑河学刊》，2014(6)。

教育工作者。卢乐山（1917—2017）是严智闲的女儿，由于受家庭背景及父母的影响，卢乐山也成为一名幼儿教育工作者。卢乐山是原北京师范大学学前教育系的教授，是新中国学前教育学学科的重要奠基人。

在洁民幼儿园建园 110 年园庆之际，卢乐山亲笔为洁民幼儿园题词"京师第一蒙养院"，并写下了"愿孩子们快乐地在优质教育的环境中健康成长"的题词。

图 3-16　卢乐山先生亲笔为洁民幼儿园写的题词

京师第一蒙养院的教育主张依循《奏定蒙养院章程及家庭教育法章程》的规定。该章程中写道："蒙养院保育之法，在就儿童最易通晓之事情、最所喜好之事物，渐次启发涵养之，与初等小学之授以学科者迥然有别。"京师第一蒙养院便提出了"启蒙养育幼儿，蒙养家教合一"的宗旨。其责任是辅助家庭教育，涵养儿童德性，保育儿童身心。招收对象为 5～7 岁的儿童，学制两年。京师第一蒙养院遵守的保育教导要旨为如下四项：保育教导儿童，专在发育其身体，渐启其心智，使之远于浅薄之恶风，习于善良之规范；保育教导儿童，在体察幼儿身体气力之所能为，心力知觉之所能及，断不可强授以难记难解之事，或使为疲乏过度之业；保育教导儿童，务留意儿童之性情及行止仪容，使趋端正；儿童性情极好模仿，务专意示以善良之事物，使则效之，孟母三迁即此意也。

二、清末民国时期的教育主张（1890—1948 年）

20 世纪初，清政府实行"新政"，确定了教育要向日本学习的政策，掀起了留学日本和官员对日本进行考察的高潮。清末蒙养院制度基本上仿照了日本明治三十二年颁行的《幼稚园保育设备规程》。在实施中，较正规的蒙养院教员由日本人担任，课程、教法也参照日本，甚至设备也从日本购进，表现出极大的半殖民地半封建教育的特点。

1903 年，章宗祥、章继诗、陈彦庵集资创办京师第一蒙养院，原址为西单北大街甘石桥。从 1906 年起，京师第一蒙养院由京师督学局管理。当时还办有保姆师范，1907 年第 7 期《东方杂志》对此有所记述："京师第一蒙养院系振贝子捐款设立，附设保姆讲习所，蒙养院以五十名为额，无论男女皆可以入学，课以国文、言语、心算等学，为入小学之基；保姆讲习所额二十名，以养成保姆资格、振兴家庭教育为宗旨。"该院所聘院长毕业于日本保姆师范，又聘日本教师二人，对幼儿进行日常教学与照顾。其中较有名气的是毕业于东京府女子师范学校的日本教师加藤贞子。蒙养院的教材也基本上仰仗于日本。[①]

京师第一蒙养院采用日本的教养模式，直到民国初年，依然还在沿用这种模式。"他们将游戏、谈话、手工、唱歌、识字、算术、图画、排板、检查身体、习字、积木分作一个时间一个时间的功课，明明白白地规定在逐天的功课表里，不会混杂的而且也不许混杂，保姆高高地坐在上面，孩子们一排一排地坐在下面。"[②]显然，这种教学模式过于机械、死板，忽视了幼儿天真烂漫的天性，未能注重对幼儿主动性的培养。

五四运动推动了西方新教育思想的传播，冲击了日本的学前教育模式。与之相应，一些欧美国家的先进学前教育思想逐渐被运用到直隶普通幼稚园中。但是，"一切设备教法抄袭西洋成法"的办学路径也逐渐暴露出许多问题，引起了当时一些有识之士的重视。陶行知、张雪门、陈鹤琴等教育家着手探索一条适合中国幼稚园发展的道路。他们剔除了福禄贝尔、蒙台梭利等人的教育思想中"不切中华民族性，不合中国国情"的内容，力图研究、试验中国化的教育。

1922年，教育部颁布《学校系统改革令》，规定幼稚园教育为独立阶段，遂将蒙养院更名为幼稚园，招收6岁以下的幼儿，学制3年。1930年，北平特别市教育局委托试验幼稚园，试验张雪门提出的幼稚园课程，即行为课程，主要采用单元教学法，打破学科之间的界限，将不同内容有机结合。1937年，京师第一蒙养院改称私立洁民幼稚园，招收对象多为富家子女。

三、由私立转为公立（1949—1977 年）

1949年，北平和平解放，中国幼儿教育的大众化之路进入新的里程。洁民幼稚园响应新民主主义教育方针，向大众开放，首先面向工农群众招生，并要求招生应优先录取工人、军人、干部、烈属和职业妇女的子女。另外，洁民幼稚园的教育内容适应当时教育需要，增加了爱祖国、爱人民、爱科学、

---

① 胡月宁：《河北省、北平市地区学前教育研究（1912—1936 年）》，硕士学位论文，河北师范大学，2016。

② 同上。

爱劳动、爱护公共财物的"五爱教育"，实行教养并重、全面发展的教育方针。

1951 年和 1952 年，中央教育部分别颁布了《幼儿园暂行教学纲要（草案）》和《幼儿园暂行规程（草案）》。根据规定，幼稚园一律改称为幼儿园。洁民幼稚园更名为洁民幼儿园，实行全面发展的教育，教养并重，建立幼儿一日生活常规，培养幼儿良好的生活习惯和卫生习惯。

1955 年，洁民幼儿园迁至南榆钱胡同。

1964 年，洁民幼儿园由西城区教育局接收，改为市立幼儿园，教育经费由北京市教育局拨款。洁民幼儿园从此走上新生发展的道路。在党和各级领导的正确领导和亲切关怀下，洁民幼儿园不断充实幼儿教育理论，

图 3-17　教育局接收文案

积极开展幼儿教育实践，大胆尝试幼儿教育改革，勇于开阔幼儿教育新思路。

1966 年，西城区幼儿教育工作遭到破坏。为响应当时的号召，1967 年，洁民幼儿园改名为新生幼儿园，重点开展品德教育和语言教学及卫生保健活动等，并取得了一定的经验，得到了好评。

四、园所名称最终确立（1978—1994 年）

1979 年，新生幼儿园改回洁民幼儿园。洁民幼儿园在原来基础上得到发展，注重体育活动，在有限的环境中为幼儿创设良好的户外活动空间，多次向市、区园所推广经验。同时，在教学活动中，洁民幼儿园开始贯彻北京市幼儿教研室编写的《北京市幼儿思想品德大纲》。洁民幼儿园根据大纲的教育内容和要求制订小、中、大班的教学计划，根据小、中、大班幼儿的特点，通过讲故事、听童话、读诗歌、看图片、情境表演、木偶戏等方法，并结合实际生活事例，向幼儿进行爱祖国、爱家乡、团结、友爱、诚实、勇敢、有礼貌、守纪律的教育，同时教给幼儿具体的友好行为方式。

20 世纪 70 年代末至 90 年代初，洁民幼儿园在南榆钱胡同老北京的四合院里，共有 4 个教学班，18 名教职工。为了响应区里号召，洁民幼儿园重视伙食质量，保证幼儿身体健康，深受周围居民的广泛赞赏。同时，洁民幼儿

园发挥老园的优势，相继开展品德教育、语言教学和体育活动研究，其经验曾向市、区各园所推广，受到家长的好评和领导的表扬。

五、迁往新址，探寻办园特色（1995—2000 年）

1995 年，在市区领导的关怀下，洁民幼儿园从南榆钱胡同迁址到裕中西里小区，面貌焕然一新。完善的硬件设备促进了办园质量的提高。新幼儿园占地面积约 3550 平方米，建筑面积约 2570 平方米，设施十分齐全。有了完善的硬件设备之后，洁民幼儿园能更好地在探索科学办学、科学发展的道路上前行。

1997 年，洁民幼儿园与日本建立了友好合作关系。通过彼此的交流、互访，日本自然的教育理念对教师们有了很大的触动。为了给大都市的孩子们一片自然的天地，洁民幼儿园借鉴日本的教育理念，尽量创造孩子们与自然接触的机会。"小小种植园地"使孩子们从播种到收获有了多种体验，得到了锻炼；"小动物园"使孩子们真正与动物做朋友；充满童趣和散发着自然味道的沙池使孩子们在流沙、挖洞、建城堡的同时体验到了大自然的美好。孩子们在园中能够感受到自然与人的和谐。"以人为本，以自然为本"成为当时的办园特色。

六、实践探索自然教育课程（2001 年以来）

2001 年，教育部颁布了《幼儿园教育指导纲要（试行）》，北京市颁布了《北京市贯彻〈幼儿园教育指导纲要（试行）〉实施细则》。教师们在进一步肯定自然教育价值的同时，对自然教育有了更深的认识，并逐步形成了自然教育的教育理念。"自然"并不仅仅是指大自然、自然界，幼儿在走进自然的同时还要融入社会。因此，幼儿园的教育不仅要体现大自然的美丽，使幼儿亲身感受、体验、探索大自然，还要贴近幼儿的生活，使幼儿在与环境、材料的互动及解决问题的过程中，自然、快乐地获得多种能力。

"十一五"期间，洁民幼儿园结合园所的实际情况进行了课程改革，提出了以自然教育为核心的幼儿园课程体系，并提出了"自然、快乐、发展"的课程理念。"十二五"期间，洁民幼儿园将自然教育课程规范为自然化教育园本课程，申报立项了市区级课题 8 个，不断深化园本课程建设。

2013 年，洁民幼儿园迎来了 110 岁生日。洁民幼儿园不但拥有让人引以为豪的建园历史，而且拥有独特的园所文化内涵。在北京，大多数幼儿园的名字是以地名命名的，而洁民幼儿园的名字体现出明确的育人价值观，老校友北京市教育科学研究院原院长时龙先生曾这样解读洁民幼儿园："育人以著其洁，洁民而洁天下！"这就意味着在这里生活的每一个人都要做一个清洁干净的人、洁身自好的人、心灵纯洁的人……这样的园所价值观和文化在全体教职工解读洁民幼儿园的过程中被广为认同。

在 110 周年庆典中，洁民幼儿园师生自编自演了情景剧《怡蒙·情洁》，通过四个故事展现了洁民幼儿园从 1903 年至今的四个最具代表性的历史阶段及事件，使在洁民幼儿园中的每一位幼儿、家长、教师在回顾幼儿园历史的同时感受到了生活在洁民幼儿园中的幸福。

（北京市西城区洁民幼儿园　张雪红）

故事五

上海市嘉定区清河路幼儿园的百年印记

一、旧中国时期幼儿园的初建与经历

清光绪三十年（1904 年），嘉定县（今嘉定区）练祁河畔的西门老街上有一位学识渊博的老先生叫黄世源，他利用自家住宅余屋做校舍，开办了一个由10 余名幼儿组成的幼稚班，园名为嘉定城西初等小学校附属幼稚园，这就是清河路幼儿园的雏形。[①] 这个简陋的校舍里仅有一位女教师在幼稚班里默默地奉献着自己的青春。幼稚园成立后十多年间，园址随小学两次迁移，先迁于嘉定黄世祚先生宅内，后又迁入嘉定四面堂旁侧的新建校舍内。

随着时间的推移，幼稚园园舍逐渐扩大，入学孩子的人数也随之增加。幼稚园随小学先后更名为私立练西小学附属幼稚园（1909 年校长是秦冕才）、嘉定县第一乡第四国民学校附属幼稚园（1915 年校长是张茵舫、杨叔明，1919 年校长是陈渊如，1921 年校长是沈仲宜）。1926 年，幼稚园更名为嘉定县西门乡第一初等小学校附设幼稚园（校长是沈仲宜）。1928 年，幼稚园更名为嘉定县练西初级小学附设幼稚园（1928 年校长是沈仲宜，1930 年校长是王轩村），当时招收幼儿 60 余人。[②] 幼稚园初具规模。

---

① 《嘉定县教育志》编撰组：《嘉定县教育志》，35 页，上海社会科学院出版社，1995。
② 秦兰编：《清一百年园》纪念册，10 页，2004(幼儿园内部资料)。

图 3-18 幼稚园旧址　　　　　　图 3-19 嘉定档案馆提供的相关资料

1937 年 8 月 13 日，日军大举进攻上海，"八一三事变"造成校园被毁，幼稚园被迫停课。

1938 年，在各界仁人志士的公推下，邹伯言担任小学校长，募集资金修复校舍后小学复课，将学校定名为私立畊西小学校，附设幼稚园也随之恢复。1943 年，幼稚园更名为城中中心国民学校附设幼稚园（1943 年校长是潘少鹤，1945 年校长是陈沐）。1946 年，幼稚园更名为练西乡中心国民学校附设幼稚园（校长是陈沐、陈兴山）。

图 3-20 20 世纪 30 年代幼稚园女教师庄蓓莲照片

二、新中国成立后幼儿园的发展与变化

1949 年，随着新中国的成立，幼稚园更名为嘉定县练西中心小学校附设幼儿园。当时一位毕业于黄渡师范学校的男教师俞世良在参加工作第一年就从事幼儿园教育工作。当时幼儿园开办一个班，有幼儿 100 余名，并开设了语文（认识汉字）、数学（学习数数和简单的加减法）、唱歌、画画等学习科目。①

图 3-21 新中国成立初期幼儿园开展活动照片

1952 年，幼儿园来了一位女教师周曰娟。她一直在幼儿园工作直至她 60 岁退休，在园工作长达 40 年之久。1959 年，练西中心小学被上海市教育局确定为重点小学，附属幼儿园的教师增至 7 名，大多数教师都是幼师学历。幼儿园的规模也随之不断扩大，练西中心上学将其西部棉业工会洋楼底层和前面的园子全部供幼儿园使用，开设大班 4 个班级，招收幼儿近 200 人。幼儿园的办园方针、课程设置、作息制度等逐渐走向规范化。幼儿园逐渐形成了自己的办园特色：开展了汉语拼音教学，开展了创造性角色游戏活动，曾多次在全县范围内举办观摩教学。1961 年，《汉语拼音小报》刊登了练西中心小学校附设幼儿园开展汉语拼音教学取得成功的新闻。

1966 年，幼儿园更名为炼红小学附设幼儿园，虽然受到强烈冲击，但在风雨飘摇中依然存在。1978 年，幼儿园再度更名为嘉定城厢镇中心校附设幼儿园。

图 3-22 20 世纪 80 年代初，教职工修缮校舍照片

图 3-23 20 世纪 80 年代初，幼儿园教师照顾幼儿生活照片

---

① 浦月娟：《追寻百年的希望》，载《嘉定教育》，2004(1)。

1984 年，政府直接拨款建造新园舍。新园舍坐落于嘉定镇梅园路 101号。红墙绿瓦，熠熠生辉，幼儿园迎来了发展的新时期。1985 年，幼儿园从小学中分离出来，独立建园，定名为嘉定县嘉定镇中心幼儿园。1988 年，幼儿园被评为上海市体育先进幼儿园、上海市语言文字先进单位；1989 年，幼儿园被评为市"三八"红旗集体。幼儿园的办园模式、办园质量跃上新台阶。

1990 年，幼儿园更名为嘉定县清河路第一幼儿园，成为上海市教育委员会首批批准的一级一类园。1993 年，嘉定撤县建区，幼儿园也随之更名为嘉定区清河路第一幼儿园。从 1995 年开始，幼儿园尝试开展小班化分组教学，注重因材施教，成为嘉定区实施《幼儿园工作规程》试点园。1998 年，幼儿园合并原嘉定工业局幼儿园、粮食局幼儿园，形成"一园两部"的办学格局。幼儿园共开设班级 12 个，幼儿 390 多人，在编教职工 30 人，其中教师 21 人。

随着 21 世纪的到来，按照《上海市学前教育纲要》《上海市学前教育课程指南》的要求，从 2002 年开始，幼儿园积极拓展课程内容，以激发幼儿想象力和创造热情为目标，确立了以陶艺活动为主要活动形式的陶艺启蒙教育，并逐步形成教育特色。2004 年，幼儿园迎来了百年老园华诞，在嘉定区政府大礼堂隆重举行了嘉定区清河路第一幼儿园百年庆典活动。2006 年 8 月，幼儿园更名为嘉定区清河路幼儿园。嘉定镇政府通过资源整合，合并原嘉定区商业局幼儿园，幼儿园形成"一园三部"格局。幼儿园共设大、中、小班级 15个，幼儿 549 名，在编教职工 41 人。全面改造后的园所面貌更是焕然一新。随后的 10 年里，幼儿园以《3—6 岁儿童学习与发展指南》为发展导向，全面实施学习、运动、生活、游戏四大课程领域相互整合的主题活动。幼儿园尤其关注艺术教育和数学教育的课程发展，并对基础课程与陶艺特色教育的有机结合进行了新的尝试和探索。2009 年，幼儿园被嘉定区教育局批准为区级示范园。

2014 年，幼儿园建立了园史体验馆，并在嘉定区青少年活动中心举办了幼儿园 110 周年庆典活动。如今，幼儿园传承和发展"团结、协作、务实、进取"的"清幼精神"，坚持"以人为本、和谐发展"的办园理念，形成了"严谨、踏实、合作、创新"的教风和"文明、乐群、活泼、探究"的学风。

（上海市嘉定区清河路幼儿园　陈丽）

故事六

从福音堂幼稚园到鲁家园幼儿园

第一次鸦片战争以后，西方传教士大批东来，西方资本主义列强通过和清政府签订一系列不平等条约取得了在华居住和自由设立学校的特权。① 同时，为了改变清政府内外交困的状态，洋务派开始学习西方先进技术，兴办工厂。一部分妇女为生活所迫走出家庭，进入工厂。建立学前教育机构成为亟待解决的问题。为了便利传教，教会便通过建立孤儿院、慈幼院、育婴堂等慈善机构来收拢民心。在此背景下，鲁家园幼儿园的前身浸礼会福音堂幼稚园应运而生。

一、从福音堂幼稚园到司司里亚幼稚园

《巴蜀史志》"百期特刊"载王月所辑《20世纪四川教育大事回顾》（上）：据原在翠屏区政协工作后退休的邱纫兰、刘济川等老人回忆，美国传教士唐彼美在宜宾鲁家园街道美园基督教浸礼会福音堂内开办叙州（宜宾古称）浸礼会福音堂幼稚园，这是近代外国人在四川开办最早的幼稚园。② 另刘吉西、李烁所著的《四川基督教》及罗平编著的《宜宾市翠屏区街道史话》中指出，叙州（宜宾古称）浸礼会福音堂幼稚园开办时间为清光绪三十一年（1905年）。③④ 幼稚园创办之初经费由传教士唐彼美负责筹措，后由教会拨给经费，亦间有私

① 杨素琴：《教会学前教育与中国学前教育近代化》，硕士学位论文，湖南师范大学，2009。
② 王月：《20世纪四川教育大事回顾（上）》，载《巴蜀史志》，1998(6)。
③ 刘吉西、李栋、赵永吉等：《四川基督教》，393页，成都，巴蜀书社，1992。
④ 罗平：《宜宾市翠屏区街道史话》，109页，成都，四川民族出版社，2018。

人捐助者。幼稚园开始只招收少数教友的子女。1910 年后幼儿人数增加,幼稚园聘中国人姜涌汶任教。唐彼美在来华前,本是幼儿教育工作者,主张"规模应小,因此只教幼儿唱歌、做手工、游戏、讲故事等"。

1920 年,唐彼美为纪念其母,改园名为司司里亚幼稚园(Cecilia Kindergarten)。1924 年,幼稚园有幼儿 80 余人,购得毗邻的曾姓公馆,改建成幼儿园,分四班授课。其教学方法悉由美国哥伦比亚大学师范学院研究指导,特别注意培养幼儿的健全身心与耐苦精神。[①] 1925 年 11 月 16 日,北京市政府教育部颁发了《外人捐资设立学校请求认可办法》,规定外国人在华办理的各级各类学校须向中国教育行政部门立案注册,学校名称须冠以"私立"字样。因此,1925 年宜宾市司司里亚幼稚园正式向我国申请立案,办园性质转变为私立,受政府监督指导,但仍享受美国津贴。

据原在司司里亚幼稚园工作的工友之女徐明珠回忆:从 1940 年开始,幼儿园校舍一直位于福音堂旁。幼儿园规模较小,有 6 个班级,每个班级只有 10 余名儿童,多数是教会工作的工人的子女,其余都是一些富裕子弟。幼儿园有一位园长陈俊如,每班有一位教师,除此之外还有工友等。幼儿园课程有唱歌(中文歌)、讲故事、游戏、户外活动等,户外活动时间比较长,户外的玩具有秋千、梭梭板、攀登架、木质汽车、跷跷板等,室内的玩具有洋娃娃、皮球等。除此之外,幼儿园中还有挂图、儿童图书等。儿童游戏主要由教师组织,如丢手绢、老鹰抓小鸡等。幼儿还要在幼稚园中吃点心,但是不吃午餐,由教师每天接送上学。幼儿每周会到婴孩礼拜堂进行一次礼拜。[②]

二、转为公立并更名为鲁家园幼儿园

1949 年 12 月 11 日,宜宾解放。1950 年 1 月,川南行署宜宾行政督察区专员公署设立。1951 年 2 月,川南行署宜宾行政督察区专员公署发布《川南人民行政公署指示:关于处理私立小学幼稚园班托儿所呈请接办的指示》。按照该指示处理要求,宜宾市人民政府于 1951 年 2 月接收宜宾市司司里亚幼稚园。幼稚园由私立幼儿园转变为公立幼儿园,地址位于宜宾市鲁家园街 2 号。

---

① 刘吉西、李栋、赵永吉:《四川基督教》,393 页,成都,巴蜀书社,1992。
② 2017 年 12 月 7 日,徐明珠老人于宜宾市鲁家园幼儿园参加"百年老园样态研究访谈会"时讲述。

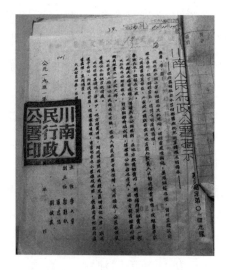

图 3-24 《川南人民行政公署指示：关于处理私立小学幼稚园班托儿所呈请接办的指示》

1952 年 8 月，四川省宜宾师范学校从李庄迁到现宜宾九中，接收宜宾市司司里亚幼稚园。幼稚园更名为四川省宜宾师范附属幼儿园。幼儿园所有教师享受省师范教师待遇。1956 年 9 月，四川省宜宾师范学校又从现宜宾九中迁往江北。四川省宜宾专员公署发布《关于宜宾师范附属幼儿园划给宜宾市人民委员会领导的通知》，认为宜宾师范学校没有幼师班，在幼儿教育业务上也无法进行具体领导，因此根据四川省教育厅指示，将四川省宜宾师范附属幼儿园交予宜宾市人民委员会管理。幼儿园更名为鲁家园幼儿园，隶属于宜宾市文教局，地址位于宜宾市鲁家园街 43 号。

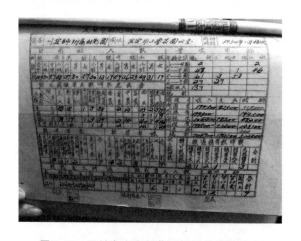

图 3-25 四川省宜宾师范附属幼儿园调查表

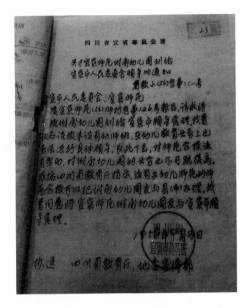

图 3-26　《关于宜宾师范附属幼儿园划给宜宾市人民委员会领导的通知》

1967 年，鲁家园街更名为拥军街。幼儿园被当时的群众组织自行更名为宜宾市拥军街幼儿园，隶属于宜宾市革命委员会文教局。1972 年，宜宾市革命委员会指示幼儿园恢复为宜宾市鲁家园幼儿园，园址至今一直为鲁家园 60 号。

（四川省宜宾市鲁家园幼儿园　陈彬）

故事七

小摇篮，摇百年，你是南开二幼园

2008 年，南开区第二幼儿园成立一百周年，邀请了在幼儿园工作过的教师一起回顾百年历史，筹建了园史陈列展馆，举办了以"笑脸穿越百年"为主题的百年庆典活动，邀请在南开区委宣传部工作的 66 届毕业生孔令哲和 85 届毕业生马岩共同创作了南开二幼园歌《二幼，百年的摇篮》。歌中唱道："小摇篮，摇百年，你是南开二幼园……"

天津市南开区第二幼儿园是天津市成立的第一所幼儿园，拥有天津市第一张幼儿毕业照、第一张幼儿毕业证和第一套系统的幼儿园作息时间和幼儿活动安排。在百余年的历史长河中，她曾几易其名，每一次易名都记录着历史的变迁。1908 年（清光绪三十四年），朝阳观蒙养院成立；1922 年，幼稚教育被列入学校系统，蒙养院正式定名为幼稚园；1933 年，更名为天津市立师范学校附属幼稚园；1950 年，被天津市人民政府接管，更名为天津市第一幼稚园；1952 年，更名为天津市第一幼儿园；1956 年，更名为城厢区第一幼儿园；1959 年，更名为天津市和平区第四幼儿园；1961 年，更名为天津市南开区第二幼儿园，一直沿用至今。

一、朝阳观蒙养院

据《天津市南开区志》记载①，1908 年（清光绪三十四年），朝阳观蒙养院成立（据说当时的朝阳观是一座庙），位于户部街与龙亭西箭道交口，坐北朝

---

① 天津市南开区地方志编修委员会：《天津市南开区志（1979—2010）》，558 页，北京，方志出版社，2018。

南，建筑是旧式结构和雕刻工艺的房间，占地近 1000 平方米。人们进院后上高台阶(长七八米)，推开两扇门进入走道。这个走道约有 1.5 米宽，直通大厅。大厅中陈设有一架钢琴，两边设有长椅。大厅是孩子们集体游戏的地方。大厅北面有个门，直通后院操场。走道的东侧和西侧各有一间约 20 平方米的房间，房间是活动教室。

幼儿园初期仅有两位教师，这两位教师毕业于严修创办的严氏保姆讲习所(相当于现今的幼儿师范学校)。幼儿园招收 3~7 岁幼儿，采用半日制教育，每天授课不超过 4 小时。当时蒙养院已经开始注重创出教育特色，尤其注重幼儿的身体健康发展，同时开发幼儿的智力，培养幼儿良好的品德、行为习惯，保育方法以幼儿易懂、喜欢为原则，保育教导内容有游戏、歌谣、谈话、手技(手工)等。

20 世纪初，严修在天津兴办新式教育，取得了很大成就，引起了当时直隶总督、参与政务大臣袁世凯的注意。1922 年，随着幼稚教育被列入学校系统，蒙养院正式定名为幼稚园。在严修对改良旧式教育和创办新式学堂的积极推动下，幼稚园开始采用福禄贝尔教学法和蒙台梭利教学法。当时所学科目有音乐课、体育课等有利于幼儿身心健康发展的科目。该幼稚园成为天津幼儿教育史上第一颗璀璨明珠。[1]

二、市立师范学校附属幼稚园

1933 年，蒙养院由国民市政府接管，更名为天津市立师范学校附属幼稚园，是当时天津市唯一一所市立幼稚园。这年，天津市立师范学校幼稚班学员首届毕业生毕业后开始筹备幼稚园的工作。1934 年 3 月，幼稚园正式开学。幼稚园成为当时天津市立师范学校幼稚班学生的实习场所，由该校配备师资并派人管理、分配教师。李邦翰(字藩侯)任校长，刘宝常任主任，教师由师范学校幼稚班毕业的专职学员担任。[2] 天津市社会局教育专款保管局每年拨付资金 1922 元，其中用于教师工资 1560 元，办公费 288 元，杂费 20 元，煤炭费 50 元。学生每学期每人交费 1 元。幼稚园共有校舍 20 间，校具 256 件，教具 210 件，学生 67 人，每学期体检 1 次，这些都在《天津市市立师

----

[1]　天津市南开区教育局教育志编辑委员会：《天津市南开区教育志》，27~28 页，津新出图字(91)第 001217 号。

[2]　同上。

范附属幼稚园概况》里有记载。

图3-27　1950年幼儿毕业证

图3-28　民国二十五年幼稚园师生合影

　　《天津市市立师范附属幼稚园概况》是一本已经变黄的小册子，封皮上印有"民国二十五年"字样。这本小册子谈及了幼儿园的办园宗旨："增进幼稚儿童的身心健康，力谋幼稚儿童应有的快乐和幸福，培养人生基本的优良习惯，协助家庭教养幼稚儿童，并谋家庭教育的改进。"从这个宗旨可以看出，注重幼儿的心理健康、发展幼儿的兴趣、配合家庭教育等如今人们常说的教育的内容，当时就已被运用到早期教育中了。小册子还记录了1936年幼稚园一天的生活：8:00入园，亲近花草，可以自带蔬菜喂小动物；9:00进入游戏室，根据自己的兴趣选择游戏内容；9:30观察天气，做晴雨表；9:35进音乐室，唱歌、表演；10:10加餐时间，扮演主人与客人，学习宴会礼仪；10:40游戏时间，选择自己有兴趣的活动，如绘画、跳舞等；13:00入园，根据自己的喜好选择午休的地方；13:55户外活动，特别安排竞争、打斗类游戏，培养幼儿的对抗和解决问题能力；14:10手工时间，学习缝纫、木工、泥工等；14:30唱再会歌，与小朋友、老师告别。幼儿园工作安排之细致有序、丰富多彩，至今仍令不少幼儿教育专家称赞。

图 3-29　《天津市市立师范附属幼稚园概况》

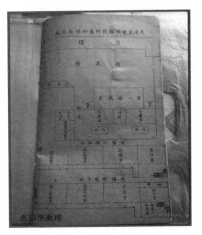

图 3-30　老园平面图

图 3-31　办园宗旨和课程范围

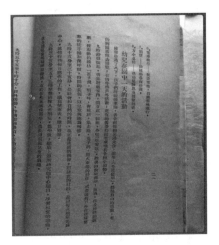

图 3-32　幼儿在园一天的活动

　　当时，幼儿园还是达官显贵、追求时尚生活人家的子女的乐园。一些新潮的家长纷纷把孩子送到幼儿园，这在当时的上层社会算是一种时髦的生活方式。能上得起幼儿园的孩子很少，在园孩子不到 20 人，有 3 位教师。每天这些有钱人家的"小少爷""小小姐"都由保姆陪着上蒙养院。幼儿园的院子里有一个很大的保姆休息室，保姆把孩子们带来并不马上离开，而是留下来随时伺候孩子。

　　幼稚园共有 3 位教师，被称为先生，分别是陈咸荣(女)、吉玉珍(女)、窦蕙兰(女)，另有一位男性是庶务董恩祺。活动内容主要为：陈先生或吉先生教幼儿玩游戏，如捉迷藏、老鹰捉小鸡、小孩戏灯台、模仿动作(小燕飞、小鸡吃米)丢手绢、过家家、折纸等。幼儿下午入园后先趴在桌上睡觉约 20 分钟，然后先生看着幼儿自由活动，有时发给糖块或水果等午点。

幼稚园以开发幼儿的智能、培养幼儿良好的品德及行为习惯的养成教育为特色，以幼儿的身心健康发展为原则，开展幼儿易懂且喜欢的游戏智能活动，如歌谣、舞蹈、手工制作、绘画等文体活动。由于幼稚园是全市第一个幼儿园，既没有大纲，又没有教材，因此园里仅有的 3 位教师就自己找故事、歌曲和游戏内容。3 个人由于要准备教学活动，因此经常居住在幼儿园中。有时她们做不好教具，陈咸荣就经常带回家找她哥哥帮忙，如画故事的插图、看图说话的图片，以及做各种头饰和晴雨表等。陈咸荣为了提高自己的弹琴水平，搞好教学，还用微薄的工资自费购置了一架风琴进行练习。这期间幼稚园从北京师范大学调来了毕业于学前教育系的施养淑当副主任。

据 1942 年上幼稚园的王云海回忆，当时幼稚园的全称是天津特别市师范附属幼稚园。时任主任是刘宝常先生，正式教师有 3 人。幼稚园实行全日制教育，但中午没有饭，孩子们都由家长或仆人接回家吃饭，下午再送回幼稚园。孩子们统一穿白色、有口袋、带有雪青色斜条纹图案的围裙，显得很整齐。幼稚园的教学以唱歌、表演、手工、写字为主要内容。手工课上，孩子们学折纸，用的是电光纸和彩纸；写字课上，教师给每人发一块石板，孩子们用"滑石猴"（一种石头）在上面写，教师手把手地教，帮助孩子们规范动作，讲解写字的笔顺。孩子们做游戏时常玩老鹰捉小鸡。那个时代孩子们不拥挤，不打闹，讲礼貌，守规矩，大家关系特别融洽。新中国成立前，从幼稚园毕业的学生有 15 届，约 350 人。

新中国成立前，幼稚园实行全日制，孩子们上午上课，下午游戏，不在园里吃饭。课程设置有故事、儿歌、音乐、自然、美工，教师采取单元制教学，每学期有教学大纲。

三、新中国成立初期的幼儿园

新中国成立后，幼儿园学习苏联的幼儿教育，仍实行全日制。幼儿开始在幼儿园里吃三顿饭、一次餐点，中午在幼儿园午睡。1950 年至 1957 年，班数增加到 6 个班。1958 年后的几年中，幼儿园实行寄宿制，各年龄班都尽量多地招收幼儿，每年两个班毕业幼儿均在 50 人左右。

据 1952 年参加工作的李福泉回忆，幼儿园当时还是叫第一幼稚园，在老城里的户部街朝阳观，坐北朝南，青砖瓦房，进大门是一道小院，后面还有一个大院。人们进大门就能看到花木，闻到清香。庭院别致优雅，形成了绿化、美化的育人环境。西边是锅炉房、传达室、会计室、女教师宿舍。前院有两间大教室，都朝阳。从两间教室门前过道穿过就是大游艺室，游艺室里放着一架钢琴，周围放着一排小椅子。孩子们在这里上唱歌课，做游戏，开展活动。大游艺室的后门可以通往后院。两间教室的前面各有一个花池，每个花池面积大约 6 平方米，前面砌着不到一米高的砖墙。走进后院，两面是教师与孩子们公用的卫生间，北面与它相邻的是孩子们的午睡室，正北面是连三间的大教室，东北角是厨房，最东面有午睡室、储藏室及教师办公室。全园庭院大约有 1500 平方米。除了种植的花草树木，还有儿童体育器械，像压板、转椅、滑梯、秋千等。校园北面是三间教室，正房朝阳，明亮宽敞。最西边的那间教室面积最大，也被称作第二游艺室。孩子们可以在里面上课，做游戏，跳舞蹈，自由活动。教室里还装有一间活动小房，孩子们可以进去玩耍。校园东面的一排房是厨房和孩子们的午睡室，屋里摆放着一排排儿童上下两层的单人床。床上的被褥、床单、枕头、枕巾都洗得干干净净，叠得整整齐齐，这都是保育员阿姨们付出的辛劳。夏季，校园里搭起天棚，能遮阳光。校园清净、美观、整齐。

（天津市南开区第二幼儿园　　侯杰）

故事八

百年烟幼，一路飞歌

　　2016 年 9 月，为了追溯幼儿园百年历史，梳理园所发展沿革，深挖文化内涵，让其成为烟幼人传承优良传统、爱园爱家的德育基地，让每一位烟幼人都知道"我从哪里来"，广州市烟墩路幼儿园将创建园史陈列区作为五年规划的重点工作之一，还特别组成了"烟幼寻根团"。"烟幼寻根团"怀着对园史的尊重和敬畏，前往各级档案馆、文献室等查询与烟墩路幼儿园相关的文献，召集和组织老前辈讲述烟幼老故事，举办"师德代代传"专题讲座，开展"烟幼老照片展览""寻找烟幼老园友"等活动，征集并抢救了一批珍贵的史料和照片，逐渐明晰了烟墩路幼儿园的园址变迁、历任园长、特色发展等。

一、从东山幼稚园到培灵幼稚园

　　烟墩路幼儿园成立于 1909 年秋[①]，是广州市现有建园最早、最具历史感的百年老园。"1909 年美国南部浸信会传道部教士时乐士夫人创办幼稚园，当时借东山浸信会堂（东山堂房屋）上课，名曰东山幼稚园。学生 30 余人，大多为牧师与传道人子女及孤儿院与暮光（指当时在寺贝通津的暮光瞽目院，即盲人学校）之学生。不收学费，当时并设一幼稚师范班，有学生 4 人。翌年该班即暂停。1910 年，时任夫人休假回美，在美筹款建筑校舍，幼儿园由湛夫人主持，最终在培正路入口的东边建成园舍。[②] 最初"仅为一篷厂，设备简

---

　　① 李炎玲：《东山四十年来之浸会教育事业》，载《朝曦——东山浸信教会四十周年纪念专号》，东山浸信教会出版编辑部，中华民国卅八年五月一日，第四五期第二十卷第 63 页。

　　② 同上。

陋。除园长外聘了一两个中国女性作老师，收儿童二十多名。教材大多数是翻译外国幼稚园的歌曲、舞蹈、游戏等。一九一六年在原址用砖瓦建平房一座，设备稍有增加"[①]。

1912年，东山幼稚园聘任了安老院院长卢连先生的夫人为园长。1927年，卢连夫人年老辞职。凌履端女士从美国受聘到园，接任园长，并将幼稚园更名为培灵幼稚园。这时的培灵幼稚园入园幼儿逐渐增至二百多人，园舍明显不够用。1934年，凌履端园长发起建园募捐，得到美国南部浸信会国外传道部捐赠新园舍地段（现址）。幼儿家长及社会热心人士慷慨解囊，新园舍于1935年春落成使用。新园舍是二层砖木结构的房屋。1935年至1937年，幼儿入园人数增至三百多人，教师除在新园上课外，还需借助浸信会东山堂上课。此时的东山堂不再是草堂，已建成现今看到的东山堂模样。

1937年秋，受抗日战争影响，培灵幼稚园随广州大疏散迁至香港继续办学。1941年12月，香港沦陷，培灵幼稚园不得不停办。

1946年春，凌履端园长自美回穗，立即组织人力物力，将被毁坏的园舍修复。同年9月，幼稚园复行开学，幼儿入园人数为二百多人。[②]

二、从东山区第一幼儿园到烟墩路幼儿园

1953年，广州市东山区人民政府接管了培灵幼稚园，幼稚园改名为广州东山区第一幼儿园；1957年，更名为烟墩路幼儿园；1972年4月，更名为烟墩路幼儿园，并一直沿用至今。

1965年，幼儿园更名为工农兵幼儿园。幼儿园的管理模式是集体领导，发动群众管理学校。领导班子由干部、群众、教师及工友组成。1970年，教职工和幼儿人数最多，教职工有60人，幼儿有500多人，共17个班。幼儿园进行了一系列音乐教学的探索。

1972年，东山区教育局将东华东幼儿园、光东幼儿园、达道路幼儿园、工农兵幼儿园四园合并，更名为广州市东山区烟墩路幼儿园，教职工约40人，幼儿约360人，共11个班。

---

① 叶农：《美南浸信会与广州东山口——一个历史宗教地理学的典型范例》，载《世界宗教研究》，2012(2)。

② 李炎玲：《东山四十年来之浸会教育事业》，载《朝曦》，东山浸信教会出版编辑部，中华民国卅八年五月一日，第四五期第二十卷第63页。（《朝曦》为东山浸信会出版的月刊）

20 世纪 80 年代，烟墩路幼儿园以"一切为了孩子，为了一切孩子，为了孩子的一切"为办园目标，努力提高幼儿园的办园质量。

20 世纪 90 年代，在原有成绩的基础上，烟墩路幼儿园坚持开展音乐教研活动。每月各年级都组织一次全级的音乐联欢会，通过唱歌、跳舞（以集体舞为主）培养幼儿活泼、开朗的性格。

如今的烟墩路幼儿园已是越秀区教育部门主办的全日制公办幼儿园、广东省一级幼儿园、广州市示范性幼儿园、广州市规范化幼儿园、广州市绿色幼儿园、广州市首批艺术重点基地幼儿园、广东省和广州市首批《3—6 岁儿童学习与发展指南》实验园、广州市首批学校战略发展研究基地幼儿园、广州市食品卫生 A 级单位和档案综合管理省特级单位。幼儿园占地面积约 4338 平方米，建筑面积约 4221 平方米。环境古朴优雅，充满艺术气息，承载了百年历史的底蕴，又注入了现代元素。幼儿园共有 300 多名幼儿，9 个教学班，小、中、大班各 3 个班。各班设施设备配置及室内外功能区域齐全。与此同时，烟墩路幼儿园现有的 57 名教职工全部持证上岗，学历达标率为 100％。这支队伍中涌现出了一批广东省特级教师、南粤优秀幼儿教师、南粤教坛新秀、省和市"百千万人才培养工程"名教师培养对象、广州市优秀教师、广州市名教师、广州市骨干教师、广州市音乐教坛新秀、东山区首届名师、东教新星等。

展望未来，烟墩路幼儿园将继续在传承、创新、发展的改革道路上，坚持以"为幼儿打造一个和、乐、精、灵的学园、家园、乐园"为办园理念，建构并实施以高瞻课程及瑞吉欧教育为理念支撑的幼儿自主成长课程，努力打造凸显音乐特色、彰显快乐童年的双乐文化。

（广东省广州市越秀区烟墩路幼儿园　陈永莉）

故事九

我们从莲花桥幼稚园走来

一、莲花桥幼稚园的创建与发展

据说，珠江路小学附属幼儿园前身为莲花桥幼稚园，创建于清末宣统年间(1909—1911年)。莲花桥位于南京市玄武区珠江路北进香河路南端，因桥东南有莲花庵而得名。[①] 莲花桥幼稚园位于南京市玄武区的莲花桥附近。莲花桥幼稚园的办园理念和课程设置受到西方教育思想的影响，福禄贝尔的"恩物"开始成为园内幼儿的常规玩具。

1920年，莲花桥幼稚园并入莲花桥小学。[②] 1932年，国民政府教育部颁发《幼稚园课程标准》。莲花桥小学幼稚园开始重视幼儿的身心健康发展，培养幼儿良好的生活、学习习惯，强调幼儿的游戏，谋求教育实践与《幼稚园课程标准》的理念相契合。到1935年，莲花桥小学幼稚园在园幼儿共计105人。在那个年代，这样的招生规模已算相当庞大，位居全市第二。政府每年拨予经费912元。

1937年12月，日本入侵南京，莲花桥小学幼稚园被迫停办。

---

① 据王玉璋园长本人介绍说，1982年她赴南京原古籍图书馆查阅《南京市市志》的教育志，发现记载如下：珠江路小学附属幼儿园前身为莲花桥幼稚园，创建于清末宣统年间。王园长手抄了相关信息，但手稿已经丢失。相关查证正在进行中。

② 据莲花桥小学史料《一个小学十年努力纪》记载：民国九年五月杜威院落成。杜威院是供幼稚园、一二年级的小学生用的。幼稚园即于是年秋季迁到杜威院里边去了。见：《一个小学十年努力记》，44页，中华书局印行，民国十七年四月。这一段记载可以说明，莲花桥幼稚园是在1920年以前建立的。

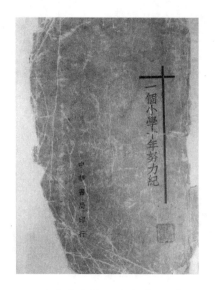

图 3-33　中华书局版《一个小学十年努力纪》1

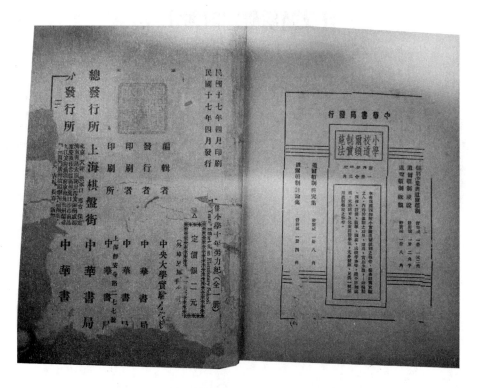

图 3-34　中华书局版《一个小学十年努力纪》2

　　1958 年，莲花桥小学幼稚园重建，因莲花桥小学更名为珠江路小学，幼儿园也更名为珠江路小学附属幼儿园，园址在紧邻莲花桥的南京市玄武区珠江路 217 号内。幼儿园隶属于南京市玄武区教育局，是一所公办幼儿园，经费来源于南京市教育局。幼儿园办学初期规模较小，只有 2 个班，70 多名幼儿。首任园长为王枚，全园共有 6 位教师。园舍简陋，由三间平房组成，园内仅有一个木马和一个转椅。这时期，幼儿园采用分科课程的模式，开展体育、语言、认识环境、图画手工、音乐、计算 6 门课程，在实施中按照集中统一的教学大纲，通过有计划的作业学习，把各科内容分门别类地、系统地传授给幼儿。

1966 年 5 月至 1976 年 10 月，正常的教育教学工作受到影响，仅有个别教师留守幼儿园看护幼儿。

二、多园并入，与另一所百年老园汇合

改革开放初期，南京市第九届人民代表大会通过了有关珠江路小学和珠江路小学附属幼儿园布局的提案。1982 年 7 月，四牌楼小学并入珠江路小学，珠江路小学附属幼儿园迁入原四牌楼小学校址，即现珠江路小学附属幼儿园园址（南京市玄武区老虎桥 16 号）。

1994 年 4 月，经玄武区政府统一规划，玄武区机关幼儿园并入珠江路小学附属幼儿园。

1999 年 7 月，创建于 1919 年的南京师范大学附属小学实验幼儿园（原南京高等师范附属小学幼稚园）[①]并入珠江路小学附属幼儿园。南京师范大学附属小学实验幼儿园的杜威教育思想也为珠江路小学附属幼儿园的发展注入了新鲜血液，促进了教师之间教育理念的碰撞。

2000 年以后，珠江路小学附属幼儿园初步形成了主动发展活动课程的基本架构，包括主动发展活动课程的目标、基本原则、过程与实施策略、评价等，使得幼儿园的课程能够反映本园幼儿的生活经验，与幼儿的一日生活相结合，为幼儿的生活和学习带来快乐。

从 2011 年开始，珠江路小学附属幼儿园进行园舍改造。全园共有三幢主楼、两个供全园幼儿户外活动的场地。幼儿园共开设小、中、大 12 个班级，招收幼儿 350 名。全园教师 39 名，大专率为 100%，本科率为 96%。全园教职工 100% 持证上岗，先后有 10 多人被评为江苏省、南京市优秀教育工作者，市、区骨干教师占 28%，形成了一支较高水平的教职工队伍。幼儿园配备美

---

① 南京高等师范附属小学幼稚园成立于 1919 年，招收 3～6 岁儿童，多半系教员子女，是半日制幼儿园。游戏运动器具和具物设备齐全。见唐淑：《中国学前教育史》，142 页，北京，人民教育出版社，2015。

术室、建构室、图书室、木工坊、心育室等功能室，户外种植园地约 400 平方米，能满足幼儿各类活动的需要，促进幼儿主动和谐地发展。

2018 年 8 月，珠江路小学附属幼儿园更名为南京师范大学附属小学实验幼儿园。

（南京师范大学附属小学实验幼儿园　严文琪）

故事十

协力同心，和衷共济

20世纪初，欧美各国的生产力飞速发展。凭借着强大的综合国力，欧美各国的政治、经济、文化等各方面正以前所未有的广度和深度影响着世界。此时的中国处在一个新旧交替的时期。1911年，孙中山先生号召的民主革命正在轰轰烈烈地展开。中国的有识之士掀起了向西方学习的又一轮热潮，不仅在政治和经济方面大力学习西方，也在文化和教育方面大力学习西方。

一、协和幼稚园的始创

1911年9月，美国幼稚教育家碧卢夫人和她的几位朋友到达广州，在广州市南关（现在的北京南路和天字码头一带）创办幼稚园，自任校长，培育幼童，开创了中国华南幼儿教育近代化的先河。这年12月5日，幼稚园正式开学上课，标志着协和学校诞生。幼稚园不久迁到西关逢源街。1912年，学校得到美国长老会的资助，长老会按年拨助经费，学校开始扩充校务。①

1915年，全校20多名师生被接纳到仁济街真光书院上课。1916年，由真光书院的那夏理女士建议，慈爱幼稚师范学校与真光书院师范班合并成为协和中学，加设小学师范科。双方本着"协力同心，和衷共济"的精神，重新组办学校，协和精神从此扎根在协和人心中。学校由那夏理女士担任董事长，罗刘心慈任校董。1916年，罗刘心慈将校名改为私立协和女子师范学校，将幼稚园易名为协和女子师范学校附属幼儿园。到1916年，学校得到了纽西伦

---

① 广州协和校友会：《"爱国教育家廖奉民生平陈列室"纪念册》（2011年11月12日），广州市协和中学档案室，档案号：Y20111209。

长老会、美国同寅会、美国公理会的资助。资助方多了起来，学校成立了董事会，学校事宜由董事会商议决定。这时的幼儿园属于外国教会在华办学。1922 年，学校迁入新建的西山校区，幼稚园依然留在西关原校址，以方便师范生实习。1932 年，廖奉灵就任校长，这是本校的第一任华人校长。也在这一年，广东教育厅核准本校校董事会立案和本校的设立。1933 年，广东省教育厅核准私立协和女子师范学校的开办。1935 年 2 月，奉教育部令，学校改办中学。同年 11 月，教育部特准学校可以连续办理幼稚师范科。[①]

图 3-35　20 世纪 30 年代幼儿户外活动场景

图 3-36　协和第一任华人校长廖奉灵

二、曾经的西村幼儿园

1952 年，广州市政府开始接管学校，幼儿园开始属于公办园，归广州市教育局管理。1960 年，幼儿园被评为广州市教育先进单位。1969 年，因广州市幼儿师范学校要搬迁到沙河瘦狗岭，幼儿园交由荔湾区教育局接管，更名为荔湾区西村幼儿园。在幼儿园办园理念和课程设置上，1957 年，幼儿园大胆改革单元教学，创立综合性的教育。1959 年，幼儿园积极贯彻《幼儿园教育工作指南（初稿）》，充分利用园内活动场地充足的条件，积极开展幼儿体育游戏活动和各类创造性游戏活动，以促进幼儿的健康，培养幼儿友爱、守纪、合作等良好的思想行为品质。1971 年，幼儿园贯彻执行全国教育工作会议精神，开展"创四好"活动。1972 年，幼儿园通过木偶剧对幼儿进行革命传统教育。教师自编剧本、自制木偶，指导幼儿表演。1973 年，幼儿园开展模仿游

---

① 　许峡、何小雅、关佩珠：《广州市协和中学、广州市师范学校编年史》（2011 年 8 月 30日），广州市协和中学档案室，档案号：Y20111103。

戏的教育实验，指导幼儿玩人民汽车、百货商店、动物园、电影院、书店等游戏。1976年，幼儿园重视开展劳动教育，除每周安排幼儿参加园内小菜园的种植管理劳动之外，还安排教师每人每月轮流到幼儿园的挂钩点或基地劳动半天。

1978年，幼儿园开展了幼儿游戏的研究。1980年，幼儿园深入开展幼儿创造性游戏的研究，大胆进行打破班界游戏活动的尝试。1983年，幼儿园确立了创办儿童乐园式的幼儿园的办园目标，让幼儿在快乐中健身体、长知识、增才干。

1993年，幼儿园积极推广幼儿游戏经验，开办了幼儿角色游戏培训班。2002年，幼儿园实行全园经费集体承包制，实行经费自支自收。2008年，幼儿园重视家庭教育，树立家、园、社区三位一体的大教育观，创建"五优乐园"，以促进师幼、家长共同成长为目标，从管理、环境、设备、教学、质量五个方面对幼儿园家长学校的建设进行了创新思考与实践。

三、协和幼儿园的发展

2011年正值幼儿园百年校庆之际，幼儿园复名为广州市荔湾区协和幼儿园，协和幼儿园重回了协和的"姊妹学校"大体系。2014年，协和幼儿园积极走上了幼儿园特色创建之路，进一步深化幼儿园教育特色品牌的实践与思考，和乐特色办园理念凝练而成。

一个世纪的沧海桑田，协和幼儿园始终与时代同命运，与民族共荣辱，筚路蓝缕，沐风栉雨，凤凰涅槃，其命维新，其翔高远。从碧卢夫人到如今的协和人，从慈爱传习所到如今的广州市荔湾区协和幼儿园，每一个阶段都离不开"协力合衷，作育英才"理念的薪火相传，更离不开对立于幼学的孜孜追求。站在新协和的节点上，我们将一如既往地遵循"尔识真理，真理释尔"的感召，朝着"和风协济，乐育童心"的共同愿景，在和而不同的文化土壤里悉心躬耕，播下和乐种子，面向未来，共同守望由爱而乐、由健而乐、赏美之乐、享玩之乐的和乐之园。

（广东省广州市荔湾区协和幼儿园　周志芬）

故事十一

"爱德·求真"，百一十年

一、江震第一蒙养院

1911 年 7 月（清宣统三年），著名社会学家费孝通先生的母亲杨纫兰女士在江苏吴江松陵镇积善弄创办了江震第一蒙养院[①]，这是吴江县有史以来第一家蒙养院。蒙养院开一个班，入园幼儿 24 人，教师有杨纫兰、杨秋纨（杨纫兰之妹）、沈亚俊 3 人。[②] 弄内办院虽然只有两年，但从蒙养院走出去的学生中有费孝通和他的三个哥哥费振东、费青和费霍，有我国著名天文学家、北京天文馆研究员、对我国天文事业做出突出贡献的九位元老之一李鉴澄教授，有原邮电部高级工程师钱家鳌等人。杨纫兰因在积善弄的创举被后人誉为"中国幼师工作的创始人之一"。费孝通在《我的第二次学术生命》中说："我母亲是首创蒙养院即幼儿园的当时妇女界先进人物。"

蒙养院创办之初是一所对幼儿进行学前启蒙教育的私立学校。当时，许多人还不愿意将自己

图 3-37　杨纫兰女士与孩子们的合影，杨纫兰女士怀中所抱的是 8 个月大的费孝通

---

①　现为费孝通江村纪念馆。
②　顾春荣：《松陵旧事》，32～35 页，北京，光明日报出版社，2013。

的孩子送到蒙养院就读。为了办好蒙养院，杨纫兰率先示范，将自己的子女费青、费霍、费孝通先后送到蒙养院就读。她既当院长，又当教师，全力做好蒙养院的管理和教学工作。[①] 当时蒙养院的课程完全是新式的，入院幼儿除了学识字，还做游戏，学跳舞，学唱歌等。唱歌时还有脚踏风琴伴奏，这在百年前的中国是很新鲜的。她还为蒙养院的孩子们设计了统一规范的院服，这在当时也是一个时尚之举。江震第一蒙养院持续了两年左右的时间。

图 3-38　杨纫兰女士和孩子们在一起活动的情景，孩子们穿着统一的院服

二、爱德女校附设幼稚园及其后的更名

1913 年，蒙养院并入吴江当时著名的爱德女校（1904 年，王葵创办于松陵镇三多桥），成为爱德女校附设的幼稚园。是年，爱德女校幼稚园设有大小混合班 1 个，有教师 3 人，入园幼儿 50 余人。教室设在校内八角楼的底层。当时幼稚园引进了蒙氏教具，进行蒙氏教学实践。

图 3-39　爱德幼稚园使用蒙氏教具开展活动，摄于 1915 年

① 　顾春荣：《松陵旧事》，32～35 页，北京，光明日报出版社，2013。

1923 年，爱德女校更名为城西女校，幼稚园附设其中。1939 年，城西女校与城西小学合并，改名为吴江县立实验小学，校址仍在三多桥，仍附设一个幼稚班。1946 年，学校更名为松陵镇中心国民学校，小学部扩至 6 个班，幼稚园扩至 2 个班。

三、新中国成立后幼儿园的发展变迁

新中国成立后，松陵镇中心国民学校先后更名为城厢区首席中心小学、三多桥中心小学、下塘街小学，附设幼儿园，均为公办性质。1964 年，学校迁至雷尊殿（吴江县松陵镇中心北巷 8 号，现为幼儿园城中园区），更名为松陵镇中心小学。这段时间，学校附设的幼儿园有 2 个班，约有 130 名幼儿。

1966 年至 1972 年，幼儿园仍有 2 个班，100 名左右幼儿。1969 年，学校改名为松陵镇工农五七学校，附设 2 个幼儿班。1972 年，学校改名为松陵镇第一小学，附设 2 个幼儿班。1973 年，增至 3 个幼儿班。

1981 年，学校改名为吴江县松陵镇实验小学。校园内新建了一幢四层的幼儿教学楼（现为城中园区南教学楼），增添了幼儿教育专用设备，开设了大班、中班各 2 个班，约有 200 名幼儿。之后，幼儿园稳步发展。1984 年，学校改名为吴江县实验小学，幼儿园附设其中。1990 年至 1993 年，幼儿园均有 6 个班，幼儿数保持在 300 名左右。1992 年至 1993 学年，幼儿园有 6 个班，342 名幼儿。1992 年，幼儿园更名为吴江市实验小学幼儿园，仍附属在小学中，性质为公办。1993 年，幼儿园获评吴江市合格幼儿园。1993 年 9 月，市政府把吴江市实验小学与吴江师范附小（于 1989 年新办）两校合并，两校附属幼儿园也相应合并。1999 年，幼儿园获评苏州市常规管理先进幼儿园。2000 年，幼儿园获评苏州市基本现代化幼儿园。

2003 年，吴江实验小学创办了吴江爱德双语实验小学，同时开办了附设幼儿园，规模为 4 轨 12 个班。2008 年 9 月，学校创办了亲亲宝贝早教中心。2009 年，学校在城南新建太湖园区，规模为 6 轨 18 个班。幼儿园初步完成了园本课程《多元主题活动课程》的构建工作，制定了 3～6 岁多元主题活动课程目标体系和内容体系，形成了具有园本特色的探究、互动、开放三位一体的区域活动操作模式，创建了多元、丰富、开放的教育环境，探索出一套多元、全面、开放、系统的幼儿发展评价方案。

2016 年 9 月，吴江实验小学幼儿园又开一个新园——苏州湾园区，规模为 6 轨 18 个班。2018 年 8 月成为独立建制幼儿园，更名为苏州市吴江区实验幼儿园。至此，幼儿园形成了一园四区的新格局。幼儿园实施和融管理，各园区的执行园长在园长的领导下，形成统一协调的管理团队，围绕共同的办园目标，践行共同的办园理念，遵循共同的核心制度，统一人、财、物配置，促进各园区健康、和谐发展。幼儿园逐渐完善了《"爱德·求真"课程》。其中，生发的以主题性科学探究活动为主体、以偶发性科学探究活动和日常性科学探究活动为两翼的探究式科学启蒙教育课程颇具特色。该课程的核心理念为：顺应幼儿天性，回归教育本真，让幼儿真正成为体验与发现的主人，让幼儿园真正成为开启幼儿智慧之门、满足幼儿探究需要、点燃幼儿探究激情的探究乐园。

回顾百余年的历史，从 1913 年蒙养院并入吴江当时著名的爱德女校开始，爱德女校的校训"爱德"传承至今。20 世纪 90 年代初期，幼儿园跟随小学一起进行科学启蒙教育的研究，科技特色日益明显。基于此，"求真"精神与"爱德"共同构成幼儿园的核心价值体系。面向未来，我们将在"爱德·求真"精神的指引下，在传承中创新，在创新中发展。我们的发展方向和愿景为：回归教育本真，办"真"的教育，实现幼儿、教师、幼儿园的全面、和谐、可持续发展，真正让每个人都沐浴在爱与希望的阳光中！

（江苏省苏州市吴江区实验幼儿园　肖菊红）

故事十二

昆明的百年老园

一、省立女子师范学堂附属小学附设蒙养园

清光绪三十四年(1908 年),云南当局在昆明建立了一所女子师范学堂。宣统二年(1910 年),女子师范学堂开设保姆讲习科一班,学制一年。[①] 同年 12 月,云南提学史叶尔恺奉云南总督李经羲批札委任陈文政为蒙养园办事官,筹办成立蒙养园,园址在省立女子师范学校(现昆明市幼儿师范学校)。因地方狭小,仅招收幼儿一个班,约 30 人。清宣统三年(1911 年),省立女子师范学堂附属小学附设蒙养园正式成立,招收 3~7 岁儿童,儿童每天在园时间为 4 小时。蒙养园办事官(园长)由陈文政担任,蒙养园聘任师范学堂保姆讲习科毕业生担任教师,主要开设课程为谈话、手技、唱歌、游戏。这是云南最早的幼儿园,也是当时全省有文可证的唯一一所官办幼儿园,它的诞生意味着云南省学前教育从此开始。[②]

1912 年,政府仍委托陈文政为蒙养园办事官。蒙养园扩大招生二班,地址搬迁至熟皮坡镇统旧署(长春路中段)。蒙养园改称幼稚园,蒙养园办事官改称园长。1913 年,政府仍委任陈文政为园长,推广招生三班。1914 年,照教育部通令,奉民政长令,幼稚园又改称蒙养园。[③] 至此蒙养园有教员 6 人,

---

① 刘光智:《云南教育简史》,69 页,贵阳,贵州人民出版社,1993。
② 刘光智:《云南教育简史》,70 页,贵阳,贵州人民出版社,1993。
③ 云南省民国档案:《军政部学政司关于委聘陈文政充任女子师范学校附属幼稚园办事官的委任状》(1106-005-00918-005),军政部学政司,1912 年 1 月 8 日。

管理员 1 人，在园人数 333 人（其中男孩 177 人，女孩 156 人），年开支经费 2700 元（银元）。

1914 年，在园长陈文政的主张下，蒙养园进行了全园男女幼儿气质测评，并将结果上报云南巡按使，称"气质因年龄、男女而异，儿童天性活泼、兴奋迅速、而身心脆弱、持续最难……"[1]。1915 年，因经费锐减，蒙养园只保留一班 35 人。[2] 陈文政于该年卸任，任期 4 年。女子师范学校校长钟庭樾评价："惟蒙养教育现方萌芽，一切规章尚未完备，该园长即能从事于此见认真。"[3]由此可见，蒙养园建园四年来，留日归来的陈文政园长具有较为先进的教育理念，以及对学前教育的热忱，这些体现在他对蒙养园的日常教育管理和课程设置过程中。陈文政被称为"云南幼教第一人"。

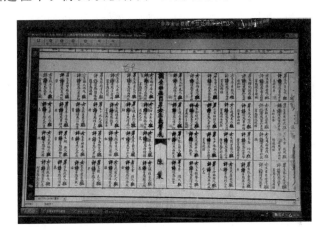

图 3-40　蒙养园儿童气质测评

1916 年，教育部发布《国民学校令施行细则》，其中对蒙养园的生活、师资、教学目的、课程设置、组织经费等都有详细规定。云南省的幼儿教育相继得到发展。[4] 1922 年，《教育行政大纲》规定蒙养园改称幼稚园。蒙养园改名为省立女子师范附设幼稚园，1930 年改名为省立昆师附小实验幼稚园，试图率先在幼儿教育方面做出改革和示范。

1946 年，幼稚园有幼儿 1 班 60 人，教师 1 人，勤杂 1 人。教学内容主要

---

[1]　云南省民国档案：《云南巡使关于给女子师范学校详蒙养园调查男女生气质表由给女子师范学校的批》(1106-005-00198-007)，云南巡按使，1914 年 9 月 23 日。

[2]　云南省教育志编纂委员会办公室：《云南教育大事记》，34 页，昆明，云南大学出版社，1989。

[3]　云南省民国档案：《云南巡按使关于省会师范学校北蒙养园长陈文政选任师范教员由的饰》(1106-005-00899-004)附件 1，云南巡按使，1915 年 1 月 19 日。

[4]　昆明市地方志编纂委员会：《昆明市志　第 9 分册》，16 页，北京，人民出版社，1999。

是讲故事、游戏和唱歌，作息时间与附小相同。幼儿只在园内吃午饭，饭后趴于桌子上午睡。彼时园内没有床铺，设备简陋，房舍陈旧不堪。

二、昆明师范学院附属幼儿园

1950 年，人民政府接管后的昆师附小实验幼稚园贯彻暂维现状逐步改革的方针，保留原有教师及校舍现状。1951 年，昆师附小实验幼稚园与昆明市妇联 6 支部下属第三幼儿园合并，改称昆明师范学校附属幼儿园，直属于省教育厅。负责行政管理的园主任是李灿珍，保教组长是赵宝恕，时有教职工 12 人，幼儿 100 余人，其中全托 30 人。1953 年，应广大妇女参加工作的需求，幼儿园扩大招生，凡适龄入园幼儿及有需求的家庭的幼儿均可入园。教育厅出资购买潘家湾 38 号三户私人宅院，幼儿园搬迁到此。1955 年，幼儿园继续扩大招生，开办全托、半托各三个班，职工增至 21 人。1958 年，为适应当时形势，在不增加人力的情况下，幼儿园增设婴儿班，孩子可从 56 天入园直到幼儿园毕业。1964 年，幼师科停办，幼儿园划归市教育局管辖，业务仍由昆明师范学校管理和领导。幼儿园有教职工 21 人，幼儿 180 人。

"文化大革命"时期，教学内容"成人化""政治化"，严重影响了教育教学和保教工作，保教质量下降。

三、昆明市教工第二幼儿园

1972 年，幼儿园改称现名昆明市教工第二幼儿园。十一届三中全会以后，幼儿园建立了党支部，加强了园内管理，保教质量稳步提高。同年，幼儿园新建了一幢三层约 720 平方米的教学楼，添置了各种设备，有专职教师 30 人，专职医务员 2 人。1980 年，昆明幼儿师范学校成立，幼儿园也随之恢复了对幼师学生的见习、实习指导工作。改革开放时期，昆明市教工第二幼儿园也迎来了发展的春天，教师长期辅导实习生，促进了实习生专业理论及技能技巧的提高。多数教师业务能力强，特长突出。园内教研氛围浓厚，教师普遍动手能力较强。

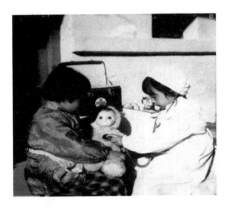

图 3-41　儿童游戏

1993 年暑假,原有旧房被拆除。1993 年 7 月,新教学楼开工,于 1994 年 8 月竣工,1994 年 9 月新学期(年)开始使用。当时幼儿人数为 235 人,教职工有 53 人。1990 年至 2000 年,园舍硬件和设施设备得到大幅改善,幼儿园办园规模逐步扩大,社会声誉得到广大家长认可。幼儿园有较大发展,但教育教学仍停留在六科教学法。作为幼儿师范学校的教学示范基地,幼儿园在教育科学研究方面有待进一步发展。

2001 年至 2010 年,幼儿园完成了新老班子的交接过渡。新一任领导勇于创新,更具活力和领导能力,合理调动经费,大胆改造园舍,投入现代化的设施设备,使幼儿园拥有了现代化的硬件设施。

2011 年至今,幼儿园又增加了三所民办公助形式的分园,成为云南省内集团化办园的大型幼教机构,公办、民办模式并存。幼儿园发展的方向更加明确,管理体制日臻完善。幼儿园以总园管理团队为核心,形成了管理网络。目前幼儿园正在不断摸索集团化管理的模式与管理策略。

人物故事

陈文政(1867—1937 年),字佐轩,大理中和镇人。清光绪三十年(1904 年),官费赴日本留学。清光绪三十二年(1906 年),毕业于日本东京弘文学院速成科。回归故里后,他曾同邑人周总洛创设女子师范学堂,同时设两等女子学堂。1909 年赴昆明,任云南省立女子师范学堂国立教习。1911 年省立女子师范学堂附属小学附设蒙养园(云南省第一所幼儿园,现更名为昆明市教工第二幼儿园)成立,他成为首任蒙养园办事官。蒙养园后改名为幼稚园，他又任幼稚园园长，在幼儿教育上成绩卓著。1921年，回大理，先后执教于省立第二师范学校、大理市立女子师范学校、大理等八县共立女子师范学校、省立大理中学，在教育界服务30余年。

（云南省昆明市教工第二幼儿园　赵娅捷）

故事十三

前世来自女青年会幼稚园

一、广州基督教女青年会幼稚园

广州基督教女青年会幼稚园成立于 1912 年，隶属于广州基督教女青年会，园址在广州市丰宁路 104 号西瓜园女青年会会所内（现广州市人民中路 322 号）。女青年会会所面积约 4900 平方米，内有妇女职业学校、办公楼、公寓、礼堂、图书馆、活动室、幼稚园、托儿所、游泳池、义务医疗室、妇女游乐场、厨房、洗澡房、厕所等。根据罗有节总干事所著的《七年之回顾》介绍，在女青年会筹备时"乃先设幼稚园，为全市幼稚园之先导"。义务教员为碧卢夫人，后由于碧卢夫人辞职，而当时本市未有受过这种专业的幼儿教育训练的人可以继其职，于是暂行停办。到 1924 年春，应会员之要求，女青年会继续开办幼稚园。幼稚生人数由 17 人至七八十人。至 1930 年止，曾经举行毕业会 6 次，毕业生 53 人。幼稚园在女青年会的资助与管理下，聘"卓识博学教员，用最新法"，而且根据幼儿的特性"科学以导"，教学内容、教学方法和师资水平处于行业领先地位，为幼儿园日后的发展奠定了坚实的基础。①

1938 年 10 月 21 日，日军侵占广州，女青年会于广州沦陷前夕迁往香港。沦陷期间，日军占领女青年会广州会所，破坏了房屋、泳池，建造了日军驻地平房。女青年会在广州的工作被迫中止，广州市基督教女青年会幼稚园

---

① 广州基督教女青年会：《百年会史，尔乃世之光——广州基督教女青年会成立 100 周年纪念特刊》，14 页，2012 年 10 月编印，粤内准字 2012 第 0086 号。

停办。

1945年抗日战争胜利后，女青年会回到丰宁路原会址组织重建工作。当时的董事会包括协和女中校长廖奉灵、仁济医院副院长梁毅文等。通过筹集款项，1946年复办了托儿所、幼稚园等组织。托儿所当时招生名额只有30名，所址在女青年会会所内。入所资格包括：年龄2足岁至4足岁；母亲有职业而无暇管教小孩者；经本所医师检查无传染病者；如有特殊情形经本所调查审核认可者。简章附则：委托管理应先到本所填写登记，额满不收，惟遇出缺时以登记先后循序递补之。

图3-42 幼稚园文件

二、广州市教工幼儿园

1952年，根据国务院关于接受美国津贴的宗教团体会议要求，本着"三自爱国运动"（自治、自养、自传）精神，广州市基督教女青年会幼稚园由广州市教育总工会接管（鲍康裕为时任市教育总工会主席），更名为广州市教工幼儿园。女青年会把长期以来的幼儿园设施全部送给教工幼儿园，办园经费由政府全额拨款。当时幼儿园有幼儿120名。"大跃进"时期，人们创办了广州市教工第二幼儿园。广州市教工第二幼儿园以全托为主，幼儿有120名，原广州市教工幼儿园更名为广州市教工第一幼儿园。1958年，广州市教工第一幼儿园增设了白薇街分园，幼儿有180名，教职工有15名；广州市教工第二幼儿园增设了文德路分园，幼儿有250名，教职工有25名。

1971年，广州市教工第一幼儿园与广州市教工第二幼儿园合并，更名为广州市文教系统教工幼儿园，有11个寄宿制班。幼儿约有300名，教职工有

75 名，经费由政府全额拨款。在特殊历史条件下，教职工仍坚持自觉工作，以保证幼儿身体健康为目的，对英语教学进行了大胆尝试，并尝试开门办学，带领幼儿走进大社会体验生活，让幼儿学习简单的生活技能，积累丰富的生活经验。

三、广州市幼儿师范学校附属幼儿园

1980 年，幼儿园由市教育局接管，更名为广州市幼儿师范学校附属幼儿园，有 7 个全日制班，200 余名幼儿，36 名教职工。办园经费由政府全额拨款。1983 年，幼儿园被确定为首批广州市示范园。

1990 年，幼儿园被定为国家教育委员会《幼儿园工作规程（试行）》试点园。在国家教育委员会等各级领导直接指导下，幼儿园努力确立先进的教育理念，因地制宜地发挥园内外环境的教育功能，积极探索小组活动、集体活动与区域活动等教学模式，促进幼儿在各自水平上得到发展。1993 年，幼儿园在广州市天河区开设分园，全园共有 14 个班，400 多名幼儿，60 余名教职工。办园经费由政府全额拨款。

2002 年，广州市幼儿师范学校附属幼儿园和广州市幼儿师范学校附属天河幼儿园合并，定名为广州市幼儿师范学校附属幼儿园，设北京路园区、天河东园区和海琴湾园区。全园共有 16 个班，教职工 85 人。2003 年 8 月，北京路园区结束办园，幼儿园设天河东园区（位于天河区）和海琴湾园区（位于海珠区），共有 14 个班，458 名幼儿，79 名教职工。

2012 年，广州市幼儿师范学校附属幼儿园站在百年的起点上，成为教育部、财政部幼儿教师国家级培训计划教学实践基地，广东省幼儿园园长培训实践基地，广州市幼儿园园长继续教育实践基地，广州市教育系统实打实干服务教职工模范单位，广州市学校民主管理工作三星级单位，广州市艺术重点基地学校，广州市学校工会"先进教职工之家"，天河区好园所等。

2016 年 1 月 1 日，按广州市委、市政府的部署，所有市属公办幼儿园移交属地教育局管理，广州市幼儿师范附属幼儿园跨两区两址的局面结束。天河东园区移交天河区教育局管理，定名为广州市幼儿师范学校附属幼儿园；海琴湾园区移交海珠区教育局管理，定名为广州市幼儿师范学校附属海珠幼儿园。

寻根之旅

2012年，在筹备庆贺百年华诞之际，我们拜访了广州市基督教女青年会，并对曾在女青年会幼稚园工作过、现已退休的古玉婵女士、李奕新女士（幼儿园原园长）、已离休的余小平女士、当时任女青年会总干事的林锦儒女士、新中国成立后负责接收幼稚园的市总工会文教办主席鲍康裕先生进行了访谈。前辈们娓娓道来的经典故事，加上广州市国家档案馆有关史料的互证，让我们跨越尘封的岁月，回眸幼儿园历史的跌宕起伏，对幼儿园所走过的百年历程及意义有了进一步的认识。遗憾的是，我们能找到的历史资料不多。据几位老前辈的回忆，幼稚园的产生是为了解放妇女，当时能到幼稚园就读的孩子都是家庭条件比较富裕的。在幼稚园里，老师们能优雅地弹着钢琴带着孩子们唱歌。他们一起跳舞，喝茶。抗日战争胜利初期，幼儿园物质匮乏，条件艰苦，要到处筹款，依靠外国慈善机构提供奶粉、罐头、救济米等。幼稚园主要的特色是管理规范，教职工非常团结，互相合作，爱学校，爱教师，爱学生，想办法克服困难服务妇女，服务社会。

关于幼稚园园址，广州市国家档案馆一份中华民国三十六年四月十六日中央信托局粤桂闽区敌伪产业清理处的报告提道："该楼房系钢筋石屎（粤语，即水泥，编者注）一层楼建筑该会现用作楼下设幼稚园二楼暂作宿舍……"信函后附一草图标示了"现幼稚园"的位置。同年七月三日粤桂闽区处理敌伪产业审议委员会电南京行政院的一份报告提出："广州市丰宁路女青年会在沦陷期内被敌伪占用为日本女子高等学校，在会内建有楼房乙座系以钢筋三合土建筑请予没收处理等情当经本区敌伪产业清理处派员调查复称该楼房现为女青年会用作幼稚园课室计共两层似属敌伪但建筑材料单薄楼面已有裂痕等语正核办间……"这两份文件所提到的幼稚园园址与几位前辈的回忆吻合。

（广东省广州市幼儿师范学校附属幼儿园　林咏瑜）

故事十四

幼吾幼以及人之幼

一、私立幼幼小学堂附属蒙养园

1910 年 8 月，蒋葆仁女士赴日本考察小学教育。她回国后和妹妹蒋泰素（字岱荪）献私蓄，当首饰，在当时的南区冯家湾私宅园圃中建设校舍两间，根据《孟子·梁惠王上》中"老吾老以及人之老，幼吾幼以及人之幼"一语，将学校命名为幼幼小学堂。幼幼小学堂于 1910 年 10 月开学，蒋葆仁自任校长，其妹任主任教员。1912 年 8 月，增办了蒙养园（幼稚园）。当时规模极小，仅招收学龄前儿童 8 名，聘用保姆 2 人。蒙养园附属于幼幼小学堂。[①] 为提高保教质量，蒋葆仁任命其弟蒋六吉（字谦荪）为校长，自任主事兼主任，潜心研究教育教学。初办时，蒋葆仁女士确立了发展儿童身心、培养公民资格、陶冶善用余暇能力、养成优良习惯的教学目标，主张中学为体、西学为用的办学思想。她打破旧教育模式，锐意创办新教育，主张男女同校及女子充任教师。她的办学理念在当时是全省独一无二的。

1914 年 8 月，蒋葆仁女士偕蒋受文、蒋宝山（后曾任校长）第二次东渡日本考察，历时 3 个月。回到长沙后，蒋氏兄妹更感责任在肩，为办好教育殚精竭虑，奠定了"幼幼"良好的办学基础，志气可敬。1915 年 4 月，当时的奉令部（国家教育部）核准第二任校长蒋六吉先生获得"兴学热心"奖。

据 1927 年在幼稚园任教的戴静慧老师回忆，园址搬至长沙市南门口社坛

---

① 田景正、周丛笑、刘美罗：《湖南省学前教育发展研究》，2 页，长沙，湖南科学技术出版社，2010。

街，当时有 2 个幼稚班，招收了 30 多名幼儿，修业年限为 2 年。对于保育期满或年龄已长经考查及格者，幼稚园给予出园登记。幼儿可免入学测验，入幼幼小学堂一年级。当时的幼幼幼稚园开设了游戏、音乐、故事、手工、图画和儿歌等课程。①

1938 年，园舍被毁。后日军入侵湖南，幼幼小学堂整体迁往农村，幼稚园与小学部合并。1946 年，经社会各界资助，幼稚园得以在旧址废墟上重建。幼稚园增设到 3 个班，收托幼儿百余人，全系白托。

新中国成立初期，幼幼幼儿园为辖区内唯一的一家私立幼儿园。1952年，因修建劳动路，幼幼小学及幼幼幼儿园拆迁到裕敏里，当时仅有一栋八间的园舍。这一时期的幼儿园非常重视幼儿在园的生活情况和作业活动，制定了《幼儿在园生活记录表》和《幼幼幼儿园儿童在园生活学习情况报告表》，记录幼儿在园生活、学习情况。

图 3-43　湖南幼幼学校初等小学附属幼稚园师生合影（民国元年十二月）

二、成为公立园后几次更名

1956 年，长沙市人民政府接管幼幼小学时，将幼幼小学更名为裕敏里完全小学。幼幼幼儿园也随之更名为裕敏里幼儿园，由南区文教卫生科领导，与幼幼小学终止隶属关系。幼儿园设园长一人，总揽园务；增设副园长一人，负责管理保教等业务工作。各班配置教养员和保育员，另设医务、财务、炊

---

① 　资料出自幼儿园留存文稿：1992 年 10 月时任《湖南时报》记者刘汉斌对戴静慧老师的专访文章《耄耋老人话"幼幼"》。

事、勤杂等人员。1958 年，为了解决双职工的困难，幼儿园开始举办全托班，除配置教养员、保育员外，还增设了晚班教师。入园幼儿有 100 余人。

"文化大革命"时期，幼儿园原有的工作条例、教学大纲及教材被废弃。1974 年，幼儿园更名为南区教工幼儿园。1979 年以后，幼儿园根据南区托幼办设立的幼儿园教学研究组编制的教育教学工作计划，重新调整了课程设置，按动静交替的原则安排幼儿在园一日生活活动，开设了体育、语言、常识、计算、音乐、美术 6 门课程。

1984 年，园舍被列为危房，停止使用，幼儿园将南区少年之家借为临时园址。1989 年，幼儿园建成约 2360 平方米综合楼教学楼一栋，共计大小房间 45 间，可开设 6 个教学班；同年，幼儿园恢复原名幼幼幼儿园。1990 年，幼儿园开设班级 5 个，入园幼儿达 220 名，教职工 18 名，其中专任教师 10 名。

2002 年 1 月，幼儿园整体搬迁到紧邻湖南省第一师范学校的天心区青山祠 23 号（原青山祠小学）。

2015 年之前，幼儿园在实施全员发展、全面发展教育的同时，充分挖掘园所传统教育特色，本着教科研引路、特色求发展的办园理念，以园本教研工作为基点，着力抓好队伍建设和提升保教质量，积极开展以艺术教育为特色的园本教研活动，构建了以主题活动为主的课程体系。幼儿园围绕"一切为了孩子、为了一切孩子、为了孩子的一切"的办学宗旨，以健康、聪明、自信、善美为幼儿的发展目标，努力贯彻保教结合、因材施教、适度超前、全面发展的教育原则，全面推进素质教育，努力形成艺术、语言的教育特色。幼儿园通过设置环境有艺术风格、园所有艺术特色、教师有艺术才能、幼儿有艺术素养的园所发展目标，凸显"幼幼"艺术教育的特色。

2018 年 6 月，幼儿园实现集团化发展，成为天心区首个公办幼教集团。至此，幼儿园形成了一园五址的发展格局。集团秉承幼幼幼儿园"幼吾幼以及人之幼"的办学精神，凝练"仁爱"文化，引领园所发展。

（湖南省长沙市天心区幼幼幼儿园 蔡宇虹）

故事十五

曾经的成都树基儿童学园

1914 年 8 月 21 日，华西教育会下属的北方美以美会之外国妇女传道会、加拿大美以美会之妇女传道会、美国浸礼会之外国传道会、朋友会之外国传道会四教会联合设立私立成都协和女子师范学校[①]，以解决教会学生升学与小学师资缺乏问题，使一般妇女有志于小学教育，能获相当的师范训练，以供当时社会的需要。私立成都协和女子师范学校（以下简称"协和女师范"）位于成都干槐树街 1 号，国外董事会掌握管理权，成都设一执行委员会，傅瑞芝任校长。协和女师范是树基学校的前身，开启了树基学校在成都的发展历程。

一、作为成都幼儿师范实习基地的树基儿童学园

协和女师范最初为初等师范性质，招收高小毕业和初中或同等学历者，进行一年或两年的小学师资训练[②]；后逐渐设立师范科和幼稚师范科，学制改为三年，扩展为中等师范学校。为了满足师范生的实习需要，1916 年，协和女师范在校内的树基小学专为师范生提供实习场所。1921 年，树基小学内设立树基幼儿园，作为幼稚师范科学生实习场所。1933 年 9 月，留学海外的蒋良玉女士归国，担任协和女师范的校长。1939 年，又增设婴儿园，招收

---

① 明德馨：《1924 年华西协和女师范学校上华西教育会董事部的报告》，载《华西教育季报》，1925，3(1)。

② 凌兴珍：《民国时期的基督教师范教育——基于以四川为中心的考察》，载《四川师范大学学报(社会科学版)》，2005(6)。

2～4岁的幼儿。从1938年起，日本开始对成都进行大轰炸，一些教育机构开始向周边疏散，树基小学和婴儿园曾一度停办。1939年5月，协和女师范疏散至仁寿胜景桥（今文林镇铜锣街南侧），1941年迁返成都。

1942年秋，为满足社会对幼稚园教师的需求，四川省教育厅立即行动，在成都市吉祥街设立四川省立幼稚师范科，成立了省立幼稚师范学校。1943年7月14日，教育部发出限制私立师范学校的代电，电文云："依照《修正师范学校规程》，私立师范学校应加以限制。如已立案，确有成绩，且为省市所需，即由省市收归公办；未经立案，应限期停办。"故此，1943年8月，四川省教育厅勒令协和女师范停办，将其合并于新成立的四川省立幼稚师范科，正式更名为四川省立幼稚师范学校，蒋良玉仍任校长。该校办学章程指出，以养成婴儿园、幼稚园及国民学校低年级健全师资为宗旨。具体训练有锻炼强健身体，陶镕道德品格，培养民族文化，充实科学智能，养成勤学习惯，启发研究儿童之兴趣，培养终身服务教育之精神。可以说四川省立幼稚师范学校的创立，当时对全四川省乃至全国都具有很大的影响。至此，协和女师范结束了其历史使命，存在虽然仅22年，但毕业人数不下千余人，服务区域遍布全四川。抗日战争以后，甚至有服务于上海、南京、北京、苏州等地者，全校师资之举办几乎为当年全四川之先锋。

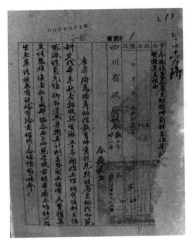
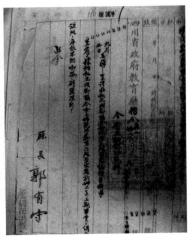

图3-44 勒令私立成都协和女子师范学校停止招生文件

新成立的四川省立幼稚师范学校（位于成都现致民路）虽校址并未沿用协和女师范校址，但是人员和管理制度等多沿用后者。新中国成立后，省立幼稚师范学校与成都女子师范合并，更名为四川省成都第一师范学校（女师），1956年又更名为四川省成都幼儿师范学校，2006年并入成都大学，成为成都大学学前教育学院。

虽然成都幼儿师范学校并非树基儿童学园的主办单位，但一直以来与树基儿童学园有着紧密的联系。卢乐山在其回忆录中曾写道："抗战期间，因为国家要办省立的成都幼稚师范学校，加拿大女会就把协和女师取消了。可是原来协和女师的校长蒋良玉，仍做成都幼稚师范学校的校长，地址是搬迁了，管理的许多办法还延续协和女师。并且这个叫树基儿童学园的附属幼稚园还在，因为校长是同一人，所以，成都幼师的学生还回树基学园来实习。就等于在协和女师取消了之后，树基儿童学园又成了成都幼稚师范学校的附属幼稚园。"[①]其实不只在当时，在成都市第三幼儿园后继的发展过程中，成都幼儿师范学校也与成都市第三幼儿园有着密切的联系，如成都幼儿师范学校的师范生多在成都市第三幼儿园实习，成都市第三幼儿园的绝大多数教师都由成都幼儿师范学校培养。

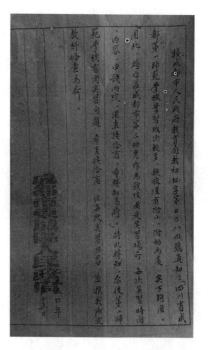

图 3-45　1954 年成都市东城区政府将成都市第三幼儿园列为成都第一师范学校的固定实习场所

---

① 卢乐山：《卢乐山口述历史：我与幼儿教育》，114 页，北京，北京师范大学出版社，2012。

图 3-46 1946 年四川省立幼稚师范学校学生毕业留影，前排左起第 11 位为卢乐山女士

二、自成体系的树基儿童学园

为适应学校师范生实习的需要，协和女师范成立了树基小学和树基幼稚园。此后为适应抗战的需要，又不断增设树基婴儿园、树基托儿所、树基保训班、树基福幼园等。至此，树基学校成为一个培养 2～12 岁儿童的综合性教育系列。

图 3-47 树基儿童学园图标

（一）树基小学

1916 年，私立成都协和女子师范学校附属私立树基小学成立，成为小学师范生的实习之所，为师范科学生参观与试教之用。

图 3-48 儿童毕业证书

（二）树基幼稚园

1921 年，协和女师范增设幼稚师范科，以培养幼儿教育师资。同年，树基幼稚园成立，作为幼稚师范科学生实习、参观与试教之用。树基幼稚园位于成都市干槐树街 13 号，其东北方向不远处便是加拿大英美会兴建的恩光堂，及其教会办的四圣祠医院（现成都市第二人民医院）。树基幼稚园环境十分优美，建筑样式中西合璧，园内有各种树木与花草。女贞树、白果树、黄桷树、苹果树、石榴树、葡萄树应有尽有，每个季节都有各式的水果与花朵，学生每日都生活在花海之中。幼稚园各班均按年龄大小设置桌、椅、床、风琴和各种玩具，玩具丰富。在游戏中，每个幼儿都有玩具玩。幼稚园有图书室、乐器室、幻灯室、木工房、缝纫组。图书室中的教育参考资料颇多，卢乐山当时在燕京大学做硕士毕业论文就利用了树基儿童学园中的图书资料。乐器室内设置儿童打击乐器，有小鼓、小锣、小钹、三角铁、碰铃、木鱼等上百件乐器。幻灯室内的幻灯机是反射幻灯机，只需将儿童图画书放在幻灯机上，即可在墙上映出图像，不需特制幻灯片，教育教学使用非常方便，各班儿童每周均可以看幻灯片。园内各场地均有大型玩具，如滑梯、攀登架、浪船、秋千、转马等；还有许多中型户外玩具，如摇马、摇鸡、摇椅、滑冰车、手推车等。木工房和缝纫组负责制作木制玩具和布制玩具（缝纫组设置了手摇缝纫机、足踏缝纫机、电动缝纫机），除供给本园使用外，还向外出售，以增加学园收入。树基幼稚园的课程实行单元制教学，每月都有一个主题单元，课程围绕这个主题展开。例如，冬季的主题有国父诞辰、水里的小动物、几位可敬佩的伟人、生火取暖、初冬的花、动植物怎样过冬、圣诞节和复兴节、过新年开玩具店、冬天的卫生、寒天的景象、小朋友过生日、送信、各国小朋友的生活、马牛羊猪、我们分别了这样 15 个主题，每个主题又分为常识、故事、儿歌、谜语、游戏、律动、音乐、工作，还有一定的教室布置。

（三）树基托儿所

由于丈夫外出抗战，妇女需外出谋生路，为解除妇女后顾之忧，树基婴儿园于 1939 年春设立，招收 2～5 岁的幼儿。1942 年，增设了树基托儿所。

（四）树基福幼园

1943 年春，时任树基儿童学园教师的加拿大人丁玉成教士鉴于附近街头巷尾有不少流浪儿童，经调查后始知他们因家庭贫困不能上学，又因居住地狭小，故而只能在街头嬉戏，养成了许多不良习惯。嗣后，学校展开募捐。儿童家长、成都市扶轮社、国际妇女会及社会人士捐资，为贫困儿童设立免费游戏场，增设玩具与各种设备。学校募款修筑儿童盥洗室及澡堂，免费供给午点。初为平儿园，后因平等之"平"与贫富之"贫"音近字异，恐引起儿童心理变化，乃于1949年春更改为福幼园。

（五）树基保训班

因社会保育人才缺乏，又因树基托儿所建立之初急需保育人员，因此设立树基保训班，招收有志于保育幼儿事业者，不拘学历与经历，只要年龄相当、热情耐心、爱护儿童者都可参训。训练年限初为一年，后改为两年。学习课程有儿童保育、儿童卫生、儿童心理、托儿所及幼稚园教材教学法、儿童音乐及乐器等。校方除免收学费外，还供给一定的伙食补贴，每月酌情给予一定的零用钱。到1952年私立树基儿童学园被接收，树基保训班共招收4届学生。

图 3-49　1950 年 12 月树基特师科和保训班学生在婴儿班实习留念

图 3-50　树基儿童学园校长蒋良玉（左三）、心理学教师陈琳、生活导师
陈素清和保训班学员申玉芝、周佑琳

1943年夏，为统一校内工事，学校更名为私立树基儿童学园，包括树基

小学、树基幼稚园、树基婴儿园、树基托儿所、树基福幼园及树基保训班。据资料记载，为了培养幼儿教育师资，树基儿童学园于 1949 年在华西大学教育系内设立特别师范科，分普师和幼师两组，前后共办三班，1951 年停止招生。

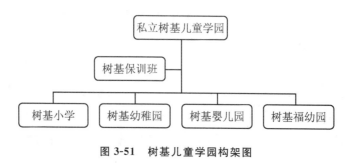

图 3-51　树基儿童学园构架图

注：1939 年春设立树基婴儿园，招收 2～5 岁幼儿。1942 年增设树基托儿所。1943 年春设立树基福幼园（平儿园）。

　　学园工作由校长全面负责，小学部由教务主任管理教育业务工作，幼稚园由保教主任管理保教业务工作，会计由加拿大人丁玉成担任，学园由专门的营养师负责调配儿童的营养和管理膳食，一名护士负责儿童体检、晨检、卫生保健工作。幼稚园每班由一人负责保教，人员不足时都由实习学生协助。下午幼稚园班人数少了，就将两个班合在一起，抽出教师去小学上音乐课或美工课。教师每年由校长下聘书聘任，未接到聘书者即被解聘而自行离去，但这种情况很少。私立树基儿童学园所聘请的教师或保育员都是从协和女师范或保训班毕业生中选出的优秀学员。私立树基儿童学园的教职工均在园内住宿，星期六才回家。

　　私立树基儿童学园上设董事会，董事成员中中外人士都有，每年开董事会，通过经费预算，董事会负责募捐工作。树基儿童学园除收学费外，靠教会补助，不足部分则通过募捐解决，经费较为充裕。整个学园有房屋 179 间，占地面积约 2840 平方米，学校基地约 12157 平方米，总体规模立四川幼儿教育事业之翘楚。

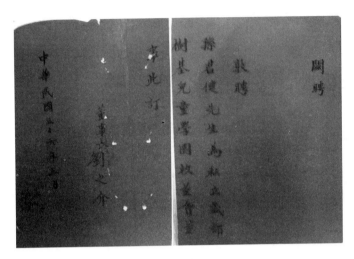

图 3-52　1947 年私立树基儿童学园聘请孙君健先生为董事的聘书

三、新中国成立后树基儿童学园的转型与变迁

新中国成立前，私立树基儿童学园已经面临着各种困难。1952 年 11 月，成都市政府开始对私立树基儿童学园进行接收，将其独立成为成都市第一幼儿园。1953 年 3 月 14 日，市政府又将其更名为成都市第三幼儿园。

2001 年，成都市第三幼儿园接办成都市第一幼儿园，成立三幼东升婴儿园，用捆绑发展的方式，通过输出思想、品牌、制度、师资、生源、资金等，成功带动了成都市第一幼儿园的发展。此后成都市第三幼儿园不断丰富优质教育资源，2002 年接收了成都市第二幼儿园，成立三幼天府分园；2008 年又成立三幼树基大观幼儿园。2010 年成都市第三幼儿园树基学前教育集团正式成立，集团成立后于 2011 年成立三幼树基白鹭溪幼儿园、三幼树基天府幼儿园。2012 年，集团成立三幼树基福幼园、三幼树基天祥幼儿园，至此，形成拥有 7 所分园的办学格局。成都市第三幼儿园在扩展优质教育资源方面，提出了教育链源于母体、别于母体、优于母体的原则，希望把成都市第三幼儿园优质教育资源推广到更多的幼儿园，把幼儿园办到老百姓家门口，办老百姓上得起的优质幼儿园。

（四川省成都市第三幼儿园　曾琴

四川师范大学　刘秀峰）

故事十六

红岩幼儿园的由来

一、女子师范附属幼稚园

重庆市渝中区红岩幼儿园源于民国时期四川省立第二女子师范学校附属幼稚园。1914年8月，在当时提倡女子教育的新思潮下，四川省立第二女子师范学校由四川巡按使陈廷杰倡议兴办，指拨川东道库发商生息银5万两为开办费，地点在重庆临江门牛皮凼文庙后山(今重庆二十九中所在地)，首任校长是吴季昌，校训是"勤朴宏毅"，训育标准是自治、自立、俭朴、诚实、礼貌。四川省立第二女子师范学校初为五年制师范，预科一年，本科四年。1915年，四川省立第二女子师范学校附设保姆讲习科、小学及幼稚生组；1915年秋季，开办供师范生实习的附属幼稚园(四川省立第二女子师范学校附属幼稚园，即现重庆市渝中区红岩幼儿园)和附属学校①，附属学校的教师均由师范部毕业的优秀生担任。四川省立第二女子师范学校是最早集幼稚园、小学、初中、高中(师范)为一体的女子学校。当时的四川省立第二女子师范学校附属幼稚园园址在大同路10号，楼房为砖木结构的西式风格建筑，地下一层、地上二层，正面有柱廊，有歇山式屋顶。其在形态上融合了本地民居建筑灵巧的特征和粗犷张扬的西式建筑特色，在当时可谓质量上乘的建筑物。幼稚园为整日制，建园初期有教学班级5个，幼儿174名，教员11名，工勤

---

① 重庆市渝中区人民政府地方志编纂委员会：《重庆市市中区志》，574页，重庆，重庆出版社，1997。

人员 2 名，青年团员 6 名。①

1935 年，四川省立第二女子师范学校更名为"四川省立重庆女子师范学校（简称渝女师），四川省立第二女子师范学校附属幼稚园更名为四川省立渝女师附属幼稚园。②

二、重庆市中区第一所公办幼儿园

红岩幼儿园是重庆市第一个探索新中国幼儿教育模式的实验基地，率先承担了学习苏联、批判单元教学、试行全面发展的计划教学的实验。幼儿园积极开展实践《幼儿园暂行规程（草案）》《幼儿园暂行教学纲要（草案）》试点工作，提倡全面发展，使学龄前儿童在生理上、意识上、行动上得到正确的变化和发展，使他们的身体、智力、道德、习惯等得到全面的发展。

1954 年，渝女师迁校合并，幼儿园仍留原处，更名为重庆市市中区大同路幼儿园，成为重庆市中区的第一所公办幼儿园。

1956 年，幼儿园开始研究各科教学法和德育工作，重点放在语言认识环境教学法、创造性游戏的组织领导上，由此取得了丰富经验，并承担了全市的观摩教学。

1964 年，在毛泽东《实践论》思想指导下，幼儿园率先在市内开辟小农场、小饲养场，让园内的幼儿可以亲身参加劳动实践。该农场和饲养场还多次向市、区其他幼儿园开放。

1964 年，大同路幼儿园与凯旋路西南物质局幼儿园合并，迁校较场口凯旋路 8 号，更名为重庆市市中区红岩幼儿园。

20 世纪 70 年代后期，红岩幼儿园进行了单科教学改革，重视幼儿的年龄特点，遵循幼儿的发展规律，开始进行幼儿园培养目标、教学方法、教学内容、教材及数学、语言、常识、艺术、体育等的分科和保育工作的研究。

1983 年，红岩幼儿园在市、区、园三级共管实验项目中，通过游戏活动对发展幼儿的观察力进行实验；同时，对游戏活动发展幼儿智力的作用进行了探索。

20 世纪 90 年代，红岩幼儿园开启健康教育特色研究，建立了以园为本

①　欧阳桦、李竹汀：《学舍百年——重庆中小学校近代建筑》，163 页，重庆，重庆大学出版社，2014。

②　重庆市教育委员会：《重庆教育志》，432 页，重庆，重庆出版社，2002。

的健康教育课程体系。

2000 年，红岩幼儿园深化健康教育特色，围绕大健康教育观，建立主题式健康教育课程体系。

2008 年，红岩幼儿园迁址朝天门朝千路千厮门行街 15 号，由幼儿部、婴儿部、亲子园组成，共有 8 个教学班，被评估为重庆市一级幼儿园。此后，红岩幼儿园办园的重心逐渐向婴儿教育转移。

现在的重庆市渝中区红岩幼儿园是渝中区教育委员会下属公办一级幼儿园，占地面积约 1740 平方米，建筑面积约 3180 平方米。在园幼儿 260 余名，在职教职工 31 名，其中高级教师 2 名，市级骨干教师 3 名，区级骨干教师 6 名，一级教师 12 名。100％教师本科毕业，25％教师研究生毕业，90％教师获得了育婴师教养资格。幼儿园是渝中区健康教育特色园、重庆市渝中区语言文字示范单位、重庆市安全文明校园、重庆市渝中区文明单位标兵、渝中区教育科研先进集体、渝中区幼儿园贯彻《幼儿园教育指导纲要（试行）》"带动工程"先进集体、重庆市教育科研重点课题"城市幼儿面向现代化研究"先进集体、渝中区国家级课题"以园为本教研制度建设研究"先进集体、渝中区巾帼文明示范岗、渝中区五四红旗团支部、渝中区第一个家庭教育指导中心、渝中区第一个社区儿童活动中心。

（重庆市渝中区红岩幼儿园　窦作琴）

故事十七

百年北师大园的课程变迁

百余年来，北京师范大学实验幼儿园课程的发展变迁是中国幼儿园课程发展变化的历史缩影和典型代表，对展现课程变迁的史实、分析课程发展的历史脉络、研究课程改革的发展变化具有重要的意义。从 1915 年至今，北京师范大学实验幼儿园的课程发展可以大致划分为七个阶段。

一、1915—1948 年，早期课程，蒙以养正

1915 年，教育部公布的《国民教育令》及《国民学校令实施细则》对蒙养园的十条具体规定中的宗旨陈述为："以保育满三周岁至入国民学校年龄之幼儿为目的。"1918 年，蒙养园明确提出的教育宗旨为：调护儿童之身心，培养其三育，以造就健全之国民而为国民教育之基础。1922 年，教育宗旨又增加了辅助家庭教育，课程基本相同。

表 3-2 1918 年与 1922 年的课程①

类别	内容(1918 年)	内容(1922 年)
谈话	古典：寓言、历史名人、童话 家庭：应时礼仪、饮食起居、卫生习惯、一切动作 社会：士农工商、交际状况、公益道德 物理：天象、动植物	同前

---

① 焦真：《附属幼稚园历年状况及将来计划》，载《师大月刊》，1932(1)。

续表

类别	内容（1918 年）	内容（1922 年）
游戏	表情游戏、运动游戏、假装游戏、感觉游戏	表情游戏、运动游戏、假装游戏、感觉游戏
		恩物
手工	恩物、纸工、土工、图画	纸工、土工、木工、图画、运针
音乐	表情唱歌、运动进行、分辨韵律	唱歌韵律
备注	每日上午 9:00 至 11:45 为上课时间，每一节以 10 至 30 分钟为宜。	每日上午 8:45 至 11:00 为上课时间

　　1924 年，幼儿园所定的宗旨如下：应用科学方法训练未达学龄之儿童，务本自由主义，以发展其天然活动力，此外并附有规定之目的：即调和或矫正家庭生活，使儿童于入学前，有相当之智识及充分之准备以树立国民教育之基础。相应地，课程也进行了调整。

表 3-3　1924 年的课程①

类别	内容
谈话	道德、卫生、历史、故事、时令、家庭状况、普通常识、天然观察等
智识训练与感觉训练	均采用蒙台梭利与福禄贝尔教育器具
口齿训练	
手工	
图画	
中西乐歌（时令歌曲）	
国音字母	
识字	
算学初步	
游戏	自由的游戏与指导的游戏
简单体操	呼吸运动，辨别进退、前后左右等
户外运动	
饮食操作	
备注	时间为每日三小时，自上午 9:00 至 12:00，惟星期则改为 9:00 至 11:00，盛暑严寒改早改晚临时酌定后通知②

---

　　① 焦真：《附属幼稚园历年状况及将来计划》，载《师大月刊》，1932(1)。

　　② 原文为：时间每日三小时，自上午九时至十二时，惟星期则九时至十一时，盛暑严寒改早改晚临时酌定后通知。

1934年，幼儿园进一步制定了自己的教材大纲。[1] 1933年春季开学后，幼儿园规定每周举行园务会议，收集各位教师一周内的教学经验，依据部颁课程标准编订教材大纲。一年期满，幼儿园得到两学年完满的教材大纲，定为试用。此教材大纲包括目标、原则、组织、内容四部分。

表3-4 民国二十三年(1934年)幼儿园自己的教材大纲

目标	1. 培养儿童健美快乐的生活。 2. 养成儿童的优良习惯。 3. 训练儿童群体活动的能力。 4. 发展儿童自动创作的兴趣。 5. 沟通家庭教育及小学教育。
原则	1. 本教材之实施，以鼓励儿童自做为主。 2. 根据儿童生活需要，以作施教之方针。 3. 多用间接教法，尤注重暗示作用，以启发儿童向上的活动。 4. 顺应爱好游戏的性向，以实现上述的目标。
组织	本大纲依据时令节气，采取单元制。每月按四个星期预定，每周预定一大题目为中心而分析，逐日分配时间。例如，在中秋节时，则采用中秋节作中心，然后据此中心，以收集此时所常见的现象，作为教材内容，如当时的社会现象、自然现象、职业风俗、节令纪念、家庭学校及各机关之设施，均可列入教材。此时教材过丰，当然不能完全采用，故又必须根据国情时代及儿童本身之需要，以作选择。选择之后，再将其分配于谈话、唱歌、游戏、作业等科目内。
内容	内容包括谈话(包括常识、故事、童谣及谜语、卫生四类)，唱歌，游戏，作业(包括恩物、手工、图画三类)。 以上内容进一步具体为每一学年每一个月的内容，共两学年。

例如，第一学年九月的大纲内容如下。

(一)谈话

1. 常识：(1)上课的秩序；(2)户外游戏器具保护法；(3)与朋友互相帮助；(4)秋日果品种类；(5)秋日天时的现象

2. 故事：(1)小猫搬家——普通的；(2)卖梨翁——自然的

3. 童谣及谜语：(1)小兔——童谣；(2)磨刀的——谜语

4. 卫生：吃饭时的规则及姿势

---

[1] 焦真：《师范大学附属幼稚园一年来之经过》，载《师大月刊》，1934(9)。

（二）唱歌

1. 扫除歌；2. 晨起歌；3. 复习

（三）游戏

1. 抢圈——合群的；2. 盗铃——感官的；3. 按线竞走——竞争的；4. 复习

（四）作业

1. 恩物：（1）辨色——第一恩物；（2）浴室——积木；（3）自由创作

2. 手工：（1）捏果品——泥工；（2）折风琴——折纸工；（3）自由工作

3. 图画：（1）葡萄——涂色；（2）茶壶碗——涂色

1934 年至 1935 年，幼儿园开展了设计教学法实验。在杜威实用主义教育思想的影响下，当时我国南方不少幼稚园采用以杜威的儿童中心论为基础的克伯屈的设计教学法。设计教学法以儿童生活中的事件为中心，组成学习的大单元，有预定的计划及目的，但总以儿童活动为中心，一切活动由儿童自发形成。幼儿园不仅采用了此教学法，而且对此进行了实验研究。为了对设计教学法应用于幼稚园的效果进行验证，1934 年至 1935 年，幼儿园与北京师范大学教育研究会合作进行了为期一年的实验研究。实验所用儿童都是幼稚园的新生，共约 80 人。实验方法为实验法中的等组法，即根据儿童的智力和年龄等，把儿童分为相等的两组，一组的教师用设计法教学，另一组的教师用普通法教学，所用教材大致相同，注意使两组教师的教学技术也达到最高的限度。研究者于学期初用客观的量表测验儿童一次，于学期末用同样量表测验一次，用第二次测验结果减去第一次结果即为儿童在这学期中的进步。为了使测验更接近于幼稚园，研究者进行了繁重的自编量表工作。经历了充分的实验准备和过程，测验内容包括混合测验、音乐成绩和劳作成绩三项。实验成绩的整理与计算采用麦柯尔的教育实验方法，数据完整科学。研究者得出实验结论：前半期即第一学期设计法有较优倾向，第二学期设计法反而又不及普通法了，尤以音乐和劳作两课表现得更为明显，并对此实验结果做出了解说。

1935 年，《师大月刊》第 21 期是附属机关专号，这一期刊发了园主任焦真写的《国立北平师范大学附属幼稚园训导实施纲要》。该纲要是根据部颁公民训练标准，遵照公民教育原理的指示，参照地方情形及本园实际状况制定的。该纲要提出了 6 条教育目标：第一，锻炼儿童健康的身心；第二，培养人生基本的道德；第三，改良本地民风的缺点；第四，培植儿童自觉、自动、自治的能力；第五，鼓舞儿童勇敢进取的精神；第六，养成儿童优良的习惯。训练标准包括 7 个方面：第一，少事直接的裁制，以间接方法，使儿童多从事团体作业和活动，在团体生活中注意儿童优良习惯的养成；第二，全体教员一律参加儿童的各种课内外活动，以便相机指导实践各条目；第三，注意积极指导，尤宜详示各种实践方法，使儿童有所遵循，严避无理的强制；第四，利用各种暗示诱导方法，使儿童对于条目的实践，为志愿的、自发的；第五，利用儿童竞争心，以比赛方法，引起儿童实践的兴趣；第六，力谋园舍环境布置之丰富，予儿童以适当的刺激，以利训导的实施；第七，切实与家庭联络，以便随时考察儿童个性及家庭状况，以供实施训导参考，并可籍得家庭之帮助。训练方式分为共同、组团、个别三种。共同训练为周会，每两周召集一次，全体儿童、全体教员均得出席，教员挨周训话，以矫正全园儿童的共同缺点及训练全体儿童应有的美德。组团训练为训练周，于学期开始制定训练条目，各组导师应察诸各组学生的实际需要，逐渐提示给儿童，并务使与教材联络一致，切实履行，力谋实践。个别训练为监护员与教师随时考察及通过家庭访问了解各个儿童的缺点，随时随地施以训练，并将所犯事项与经过情形制作记录通知该生家长。训练条目包括两大方面：第一，关于社会方面，包括纪律、礼节、爱国、礼貌、公德、服务、公正、谦和、亲爱 9 项内容 43 个条目；第二，关于个人方面，包括行动、诚实、言语、饮食、健康、私德、勇敢、自制、勤勉、工作、守规、节俭、清洁 13 项内容 69 个条目。

以上每一项均制定了细致具体的要求。例如：

关于社会方面的服务的要求：情愿做值日生，大的学生情愿帮助小的学生，做事公正不私，人家做错了要指示他，为公共做事不怕吃苦，回家也愿意帮助父母做事。

关于个人方面的工作的要求：工作时不畏劳不取巧；对于应做的事务要负责任，求其结果；使用物品当加爱惜，对公物更要加倍爱惜；物品用完后仍轻放原处；收发用品要轻快整齐。

1947 年 8 月，国立北平师范学院家政系与附属第一小学设立保育室，以供给学生实习，并研究学龄前儿童之发展与教养的方法为宗旨。

表 3-5 1947 年设立的附属第一小学保育室课程表

时间	日程
8:30	入室
8:30—10:00	自由活动
10:00—10:10	小便、洗手
10:10—10:20	喝水
10:20—11:00	韵律、歌谣、唱歌、故事等
11:00—11:10	小便、洗手
11:10—11:20	休息
11:20—12:00	午餐
12:00—12:10	小便、洗手
12:10—14:30	午睡
14:30—14:50	起床
14:50—15:00	小便、洗手
15:00—15:20	午点
15:20—16:30	自由活动
16:30	放学

保育室旨在"养成儿童群体生活之习惯以培养其自助、助人及独立生活之能力。同时指导培养儿童清洁卫生习惯，并给予补充营养以期达到儿童之生理与心理双方面健全之发展"[1]。

早期的课程特别重视游戏。1932 年，园主任焦真在《附属幼稚园历年状况及将来计划》一文中提到，希望能够增设游戏场和动植物园，因为："儿童之游戏为儿童生活中之主要部分，今也既无游戏场所，何以谈到游戏，无游戏直无生活之可言矣。""教育生活应适合实际环境，此为谈教育者之所公认也。夫我中国自古以农立国，而受教育之儿童多潜处城市之中，田禾远隔，五谷不分，鸟兽草木，不识其名，故愈受教育则去实际环境愈远，倘有动植物园之设备，使儿童对此自然现象，日与耳目相接触则于潜移默化之中，造成将来自然科学之基础，其有利于儿童教育，岂非妙哉。"[2]1934 年，园主任焦真在《师范大学附属幼稚园一年来之经过》中提到，儿童最喜者是自然及游戏，所以本园以为具体而微之动物园与植物园及稍大之游戏场，非着手开设不可。[3] 之后几年，《师大月刊》便刊登了幼儿园为孩子们修建的动物场和洋

---

① 北京师范大学档案馆：《解放前北京师大：1948—1949 的北平师范学院附校招生和学籍工作资料》，1948 年，卷号 423。

② 焦真：《附属幼稚园历年状况及将来计划》，载《师大月刊》，1932(1)。

③ 焦真：《师范大学附属幼稚园一年来之经过》，载《师大月刊》，1934(9)。

娃娃房的照片。

图 3-53　动物场

图 3-54　洋娃娃房

　　1933 年，幼稚园加强健康教育工作管理。对此，1934 年焦真写的《师范大学附属幼稚园一年来之经过》中有详细论述。文中提道，"幼儿教育以谋得儿童健康为最重"，并详细总结了过去一年中幼稚园在健康方面的工作内容及成效。每月测量体重一次。每月健康检查一次，主要检查是否有沙眼、牙病、扁桃腺炎及其他缺点（疾病）。实行疾病预防，包括接种（种痘、猩红热抗毒素、白喉抗毒素），进行家庭访视及晨间检查。对环境卫生更重视，除有教职员检查外，卫生部护士每日巡视一次，见有不适之处，即通知办公处设法改善，遇特殊时期如传染病流行时则大夫亲来检查各部。矫正缺点（包括沙眼、扁桃腺炎、牙病）。卫生教育：一方面，在教材内加入卫生教育的内容，以幼儿容易接受、容易理解的方式对幼儿进行卫生教育；另一方面，卫生部进行卫生谈话，同时注意间接教育方法的作用，"力倡教职员健美生活以作儿童美好之模范，有时奖选健美之儿童提醒一般儿童之注意，以期达到养成健康知识及习惯之目的"①。研究者对以上诸项保健内容均统计数据，记录留档。从上述内容可以看出当时幼稚园对儿童健康及心理方面的保护与尊重，更难得的是幼稚园将健康教育开展与课程相结合。

图 3-55　户外活动

图 3-56　预防沙眼

---

　① 焦真：《师范大学附属幼稚园一年来之经过》，载《师大月刊》，1934(9)。

二、1949—1956 年的幼儿园课程

新中国成立之前，幼儿园实施的是混龄教育，对不同年龄幼儿的教学内容区别不大。从苏联专家指导时期开始，幼儿园强调尊重幼儿的年龄特点，按年龄段划分为大班、中班、小班，针对不同年龄的幼儿完成不同的教育任务与内容。例如，当时在小菜园中活动时，教师在选种子的过程中充分考虑到了幼儿的年龄特点，为促进不同年龄幼儿手部肌肉的发展，不同年龄班所种的种子是不一样的：小班种大芸豆，中班种玉米，大班种小麦。可见当时教师对幼儿年龄特点的重视。再如，照顾自然角的植物时，经过多次讨论后，教师选择了擦橡皮树，因为橡皮树的叶子大而厚，比较适合幼儿擦，这也考虑到了幼儿手部肌肉动作发展的特点。

（一）分科教学法——强调课程内容的系统性和教学的计划性

20 世纪二三十年代的学前教育实行单元教学法。新中国成立后，在苏联专家的指导下，中国开始实行分科教学法，即将教育内容分为体育、计算、音乐、美术、常识和语言，分科施教。单元教学法从表面上看更强调课程内容的综合性，更强调以儿童为中心，满足儿童的兴趣与需要，但在具体实施过程中，教师容易被幼儿牵着走。分科教学法更强调课程内容的系统性和连续性，强调教师在活动前要根据本班幼儿的实际水平做好计划，备好课，计划甚至要细致到某一天对某个幼儿进行个别指导的内容。这种理念和思路对于帮助幼儿掌握系统的学科知识是很有必要的。但是在实际操作中，过度强调系统性又会造成学科内容的分裂，过度强调计划性则让教学活动缺乏灵活性。所以，如何发挥各自的长处，避免其消极影响，仍然是今天我们要关注的。

图 3-57　测量

(二)注重利用和发挥环境的熏陶价值，让幼儿在生活中学习

从课程内容的选择来看，幼儿园当时非常注重利用周围环境和社会事件对幼儿进行教育，经常让幼儿走出去，直观地接触环境，从生活中直接观察、学习和感受。教师除了传授知识外，还注重幼儿在活动中的情感体验。这些都是符合幼儿认知和学习特点的。

例如，1951年开展慰问修路工人的活动，是因为和平门外的路最初非常难走，后来修路工人进行了整修，让马路变得好走了。幼儿对此深有体会。教师抓住这一契机，带幼儿制作了鲜花和牌匾，去慰问修路工人，让幼儿学习表达感激之情。教师也会根据季节带幼儿外出参观各大公园，以致后来演变为"春游动物园、秋游天安门"的传统活动。除了外部环境，幼儿园也非常重视园内环境的创设。例如，园址在和平门时，幼儿园设有小的动物场，幼儿可以养兔子、鸽子、鸡；有溜冰场，冬天大班幼儿溜冰，小班幼儿坐在冰车上，由教师拉着走。后来园址在定阜大街、新外大街时，幼儿园都设有大的动物场，大班负责养猪，中班负责养羊，小班负责养鸭子。幼儿园的环境绿化由专人负责，园内设有种植园地，各班幼儿分别负责种植、管理活动，班内创设自然角，据说幼儿园当时的园舍在苏联专家的指导要求下被打扮得像花园一样美。

图3-58　1951年慰问修路工人

图3-59　20世纪50年代初赵淑兰老师带孩子在中山公园

(三)游戏既是教学的手段，又是重要的活动内容

教育系与幼儿园教师组成的游戏小组对如何组织教学游戏、活动性游戏及创造性游戏(建构游戏、角色游戏、表演游戏)进行了深入的研究，并向全国进修班和专修班做了展示，如展示图书馆、邮局等游戏。这时的游戏尽管有教师计划、控制的成分在内，作为教学手段，其工具及发展价值明显，但将游戏作为幼儿主导的活动已经取得了很大的进步。

此外，幼儿园重视心理学的作用，将心理学作为指导教育教学工作的理论基础；重视卫生工作，对卫生要求极高；重视集体教学，重视幼儿的全面

发展，认识到体育是基本要素，除体育课外，强调户外活动，如户外讲故事、户外建构、体能游戏。

图 3-60　1954 年户外建构游戏

图 3-61　图书馆角色游戏

这一时期教师教育教学水平的提高主要得益于苏联专家和教育系学前组教师的指导，其对教师的培养主要有两种方式：一是教师通过一起备课、做观摩课、课后评议等环节接受指导，二是教师接受日常生活中的在园指导。在《百年有缘：百年园庆教师校友故事集》中，牛素梅老师在《亲历初到北师大》中回忆道："教育系组织的学术活动都通知我们一起参加，幼儿园的教育活动也经常能得到教育系老师的指点，特别是几位资深的教授，他们认真、敬业的工作态度为我们树立了学习的榜样。从 1953 年到 1957 年，是我们自身业务能力提高最快的阶段。"在苏联专家指导下，教师的教育观念发生了很大转变，教育水平有了很大提高。1956 年，教育部委托北京师范大学教育系组织编写的《幼儿园教育工作指南》初稿完成，幼儿园部分教师参与了编写工作并成为幼儿园后期发展的骨干力量。

图 3-62　苏联专家戈琳娜指导幼儿园教研

图 3-63　苏联专家马努伊连科参加"六一"活动

三、1957—1977年的幼儿园课程

"文化大革命"前,虽然幼儿园的教育受到"大跃进"的影响,但是,在保育方面却有很多有益的探索。

表3-6 此阶段初期的一日活动安排

时间	日程
不详	入园、晨检、擦拭
不详	早餐
不详	户外活动:做操、走步、跑步、做游戏
8:30	作业:唱歌、跳舞、听故事、学歌谣、表演、图画、手工等(小班15分钟,中班20分钟,大班25分钟)
不详	饮水、上卫生间
10:00	收听广播《小喇叭》
10:30—11:00	自由分组游戏:或室内或室外(建构、角色、体育等游戏)
11:00	收玩具、盥洗、午餐
不详	午睡
不详	起床
不详	集体游戏
16:00	下午茶
不详	阅读时间、教师讲评
17:00	收拾整理班级用品、自由阅读图书
17:30	放学

备注:以上表格依据幼儿园1958届毕业生李大安写的回忆稿(《永远的记忆》,见《百年有缘:百年园庆教师校友故事集》)整理而成。

(一)重视保育和户外活动

1958年至1961年,幼儿园为适应国家的需要,解放妇女劳动力,招收从56天到6岁的婴幼儿并设立全托班。此时,幼儿园将保证幼儿生命安全放在工作首位,幼儿园的领导与教师在特殊时期几乎天天住在园内。1959年后,教育系陈帼眉、林嘉绥、高影君、周俐君、方绚、李嘉琳等多位教师来幼儿园兼职教学,把前沿的教育理念带到了幼儿园,对幼儿园的教学实践产生了积极的影响。例如,当时生病幼儿较多,为提高幼儿身体素质,教师在教育系高影君的指导下学习苏联的做法,进行户外睡眠、疾病预防和"三浴"锻炼,提高幼儿抗病能力。在《百年有缘:百年园庆教师校友故事集》中,李

玉英在《五六十年代的幼儿园》中指出，这个时期，幼儿园有保健室，保健室有专门的隔离室；段裔在《保健室工作是幼儿园工作的保障》中指出，保健室有专职人员，一般是2人。

20世纪60年代，幼儿园在全国最先提出"保教并重"。

图3-64　20世纪60年代幼儿上体育课　　图3-65　20世纪70年代幼儿在楼前水池中戏水

(二)护理0～3岁幼儿的探索实践

招收56天至3岁前的孩子，是"大跃进"特定时期的需要。托儿所从幼儿年龄特点出发，教养工作重视以保为主，重视动作发展对幼儿的作用，在乳儿和婴儿的护理方面积累了很多经验。例如，教师与婴儿进行情感交流，乳儿喂奶定时定量，定期给婴儿洗澡，每月称重一次，为尚不会走路的幼儿特制桌椅。在"三浴"锻炼指导下，为了保证孩子有更多的时间呼吸户外新鲜空气和晒太阳，教师为站不稳的孩子置办户外室内两用小爬梯、户外手推小竹车、圆形学行车、小人车；天气暖和的季节，教师把幼儿吃午点、水果都安排在户外；在《百年有缘：百年园庆教师校友故事集》中，冯静华在《难忘的岁月》中指出，户外睡眠也是每天必有的项目，教师每天都要做大量准备工作，即为孩子穿袜、擦油、戴帽、打包，把孩子抱到院子里的床上睡觉，要测量风速、温度、湿度，床的朝向、孩子穿多少都由一套大纲指导，在孩子睡前睡后教师为其测量体温，对每个孩子做详细的记录，要进行交接签字。在运动方面，教师依据各年龄特点创造适合的体操，3个月到1岁不会走的婴儿在教师帮助下做被动操；1岁到1岁半会走但走不稳的婴儿做竹竿操（两位教师分别执竹竿两端，婴儿站在中间手握竹竿，锻炼身体和四肢）；走路好的婴儿做模仿操。

图 3-66 20 世纪 50 年代末户外睡眠

图 3-67 20 世纪 60 年代婴儿的户外三轮车和竹车

(三)研究幼儿一日生活常规

1962 年到 1967 年,幼儿园在内容上继续延续六科教学的课程体系。在重视集体教学的同时,幼儿园开始重视一日生活中的教育。针对当时幼儿疾病较多的情况,幼儿园提出保教并重的原则,注重幼儿良好生活习惯的培养并开展研究,制定了详细的《幼儿一日生活常规》。该常规包括幼儿的活动内容和对教师、保育员的工作内容与要求两部分。从那时起,教师为适应幼儿的发展需要不断进行深入的研究与修改,这一传统延续至今。1963 年前后,卢乐山、方湘等教授在幼儿园中进行了"通过自我服务培养幼儿独立性""通过游戏培养幼儿互助友爱"等课题的研究,并带领教师们研究幼儿常规教育,对幼儿一日生活的各个环节进行充分讨论,其中细致到包括如何洗手、睡觉前如何叠衣服等。洗手研究的六步骤被很多幼儿园借鉴,一直沿用至今。

图 3-68 1958 年季文存主持讨论 5 年计划

图 3-69 20 世纪 50 年代末教师集体学习

"文化大革命"期间,幼儿园的教学内容重点放在阶级教育、政治教育上,教学内容变成念语录和唱语录歌,强调劳动教育,忽视德育和智育的发展。

(四)注重幼儿自我服务意识和能力的培养

对幼儿劳动意识和自我服务能力的培养是幼儿园历来都非常重视并且一直延续至今的良好传统,也是幼儿园促进幼儿自主发展理念的最直观的体现。因为良好的自理能力和自我服务意识是幼儿自主性的重要内容,只有有了良好的自理能力和劳动能力，幼儿才能真正成为生活和学习的小主人。从老照片反映的内容来看，像种植活动、擦橡皮树、做值日生等内容在各个时期都有体现。在种植活动中，幼儿在教师指导下参与体验播种、浇水、锄草、收获的过程，观察种子的生长过程，并体验收获的乐趣，品尝劳动的果实。最典型的例子是，幼儿会帮忙收小菜园的扁豆，在班里将扁豆择好后送到厨房，午饭时的菜里便有炒扁豆。

图 3-70　20 世纪 60 年代自我服务 1

图 3-71　20 世纪 60 年代自我服务 2

图 3-72　20 世纪 60 年代自我服务 3

图 3-73　20 世纪 60 年代自我服务 4

四、1978—1989 年的幼儿园课程

幼儿园的课程内容继续延续和发展了分科教学的模式。课程计划性强，教师通常在学期初制定好一学期的教学内容，每周的教学基本是按计划执行的。上课时间主要集中在上午，小班每天上一节课，中班每天上两节课，大

班每天上三节课。下午主要是玩玩具和游戏时间。幼儿园重视角色游戏，几乎每周都有一次户外跨班级的角色游戏。

图 3-74　20 世纪 80 年代牛素梅老师带幼儿玩识字游戏

图 3-75　20 世纪 80 年代幼儿在院子里用积木搭火车

这一时期，幼儿园开展了多项课题研究，特别是开发学前儿童智力的实验研究、识字教学研究、3 岁前早期教育研究这三项研究产生了广泛影响。[①]

(一)开发学前儿童智力的实验研究

"文化大革命"期间，对幼儿的教育处于"室外放羊、室内看堆"的状态。在这种情况下，对幼儿进行早期教育和早期智力开发就成为迫切的需要。1978 年，幼儿园在周南园长带领下开始了开发学前儿童智力的实验研究。

在研究方法上，幼儿园采用前后测的方法。为了测查幼儿智力发展的情况和实验的效果，幼儿园设计了一套有关知觉能力、记忆能力、观察能力、运算能力及判断、概括和推理能力等方面的测查项目及标准的量表，进行了细致的测查与分析，用以进行实验前后及实验班与非实验班幼儿智力水平的比较。测查反映出教育实验的效果明显。在指导思想上，教师认为加强智育的目的不是使幼儿获得深奥的知识和高超的技能，而是要求通过教育发展幼儿的知觉，使幼儿掌握基本的认识工具——语言、文学及数的概念，获得一定的判断和推理的能力，培养强烈的求知欲和良好的学习习惯。

经过三年系统的实践、研究，实验班幼儿的智力发展水平显著提高。在《百年有缘：百年园庆教师校友故事集》中，牛素梅在《亲历初到北师大》中介绍，1980 年实验班从幼儿园毕业，原班不动升入小学，据后来小学老师说，这个班连续几年被评为先进班集体，孩子的特点是，学习兴趣浓厚，思维活跃，多数孩子写作文一点也不发愁。……课题组在实验中也发现，学前儿童

① 黄珊：《以儿童为本的教育研究与实践》，18～21 页，北京，北京师范大学出版社，2010。

智力开发的重点应是提高儿童的认知能力而不是使儿童取得深奥的知识和高超的技能；为了发展儿童认知能力，学前阶段的教育重点应放在发展他们的感知能力，特别是观察能力方面，这是由观察在认识过程中的地位和作用及学前儿童的心理特征所决定的。因此，从 1981 年开始，幼儿园将研究课题进一步聚焦为以提高观察力为中心环节开发学前儿童智力。为提高儿童的观察力，幼儿园修订和调整了教学大纲，设计了发展观察力的实验方案，并为发展观察力创造条件。

该研究无论是选题还是研究方法，在当时都具有前沿性，引起了全国幼教界的广泛关注。

（二）识字教学研究

在进行幼儿识字研究前期，周南园长首先与大家分享国外的研究成果：幼儿识字是对图像的认知，4 岁是幼儿图像阅读的最佳期，因此汉字认读要从中班开始，不从小班开始。与当时社会上单纯以识字为目的的不同之处在于：幼儿园进行识字教学的目的是通过阅读打开幼儿的眼界，让幼儿获得除教师口授外，主动获取知识和了解世界的另一种能力。因此，教师在实验前进行了两项准备。一是用记录分析法，对全托班 3~6 岁幼儿做语言调查记录。教师每天记录幼儿说的话，要从幼儿醒来一直记到上床睡觉；然后教师分析总字数、总句数、词汇总量、各类词汇的量、句子的正确与错误，以总结出幼儿说话的特点，了解幼儿常用的汉语词汇。二是用统计法做确定识字数量的刊物调查。教师对当时的《看图说话》《儿童画报》等多种受欢迎的幼儿刊物的用字做统计，统计结果为看完刊物需要认识 800 字左右。教师据此编写了幼儿汉字认读教材。另外，教师在两个班中同时进行不同方法的对比实验，一个班同时学汉字和拼音，另一个班只学汉字认读，得出的结论是两者无明显区别，幼儿识字的特点是认识一个整体，方法不必与小学一致。因此幼儿学习识字要从常用字入手，字不离词，词不离字，不是从笔画简单的独体字入手。

在《百年有缘：百年园庆教师校友故事集》中，王宜佳在《难忘的岁月》中指出，为了让孩子们更好地掌握所学汉字，教师们遵循科学性、思想性、启发性、具体形象性、兴趣性、渐进性、全面发展的教育原则，一同创编了识字课本，做出了有趣的相关教具；写出了上千份字卡，每人一份，如一节课学习汉字 6 个，30 个孩子就写出 30 份，每人用 6 张字卡就需要 180 张字卡。每周有两节识字课。在教学中，教师从幼儿的兴趣出发，采用多种教学方法创编了有趣的游戏："我是小小邮递员""猜字""看字模物""配对游戏""添笔画游戏""归类游戏"，等等。开展快乐的教学活动之后，学期末，教师对学习效果进行了考查，结果是73.3%的幼儿认识了90%以上所学的汉字，其余的幼儿掌握了80%以上所学的汉字。令人满意的结果有力批评了识字有害的论调，汉字的学习促进了幼儿各种心理品质（如注意力、记忆力、观察力、分析综合力、阅读能力等）的发展。

在《百年有缘：百年园庆教师校友故事集》中，当时参与课题的何炳珍园长在《八十年代我园的课题开展》中回忆道："当年识字教学的方式，不是死板地直接认识字，而是从培养观察力开始，设置游戏化的教学情境。例如，王宜佳还编写了游戏儿歌'小小邮寄员，手拿千封信，送东家，送西家，送给小朋友。'幼儿把信打开后，就会巩固复习当天学习的一个字。这是当时孩子们喜欢的一个游戏，游戏化的学习效果非常好。1986年，在认字研究后，教师开展了组词教育，如花根、花茎、花苞。当时识字并未被包括在五大领域内，不是国家规定的，是园所独自开展的。"

（三）3岁前早期教育研究

20世纪80年代，幼儿园加强了3岁前早期教育的研究，并将多年的研究经验收集在1985年内部出版的《托儿所实用教材优秀教案汇编》中，内容包含1岁、1~1.5岁、1.5~2岁、2~2.5岁、2.5~3岁、3岁六个年龄班一学年的教养任务、原则及要求、教材内容目录及周安排、教材及教案实例，每个阶段都把握住对幼儿教养的要点及重点，专业性很强。例如，对1岁班的教养原则要求为："以保为主，保证孩子睡好、吃喝好，生活护理细致周到、玩好。班上卫生必须消毒很严格，1.5岁以下的婴儿白天睡两次觉。幼儿基本生活制度，睡、吃、玩是科学顺序。结合一日生活进行教育教养。有组织、有计划的活动在一天中只有两次，而且时间很短，而孩子在园一天10小时以上，为了让孩子健壮、精神饱满、身心正常发展，我们必须坚持在一日生活常规中进行内容丰富、生动活泼的教育工作，把教育融进各项活动中去。"[1]

教师们结合3岁前幼儿的年龄特点开发了大量结合语言和动作练习的有趣游戏，围绕动作发展重点设计与制作了丰富的户外玩具，提倡因地制宜、废物利用，以安全、卫生、耐用为选择原则。例如，1岁内的幼儿练习发响、敲击、抓握动作，1岁后的幼儿玩的拖拉玩具、穿珠、粘贴、捡豆豆、系扣、

---

① 黄珊：《以儿童为本的教育研究与实践》，20页，北京，北京师范大学出版社，2010。

抛扔、积木、插接、套环、套碗、套球、套人等都被开发为幼儿小肌肉动作练习游戏。幼儿园对预防疾病的消毒工作要求特别严格，如毛巾消毒时，要用试表插到毛巾里去量温度，温度够了才行。幼儿园当时因出色的保教工作被评为"海淀区示范托儿所"。

除以上研究外，幼儿园在教育系卢乐山教授的指导下还进行了"婴幼儿利用替代物进行角色游戏"的课题研究，中央教育科学研究所查子秀等教师在幼儿园进行了超常儿童和智障儿童研究。

在这一时期，幼儿园的三项研究成果被同行们广泛采用：一是小班取消计算课，计算教育在生活中进行，中班每周上两节计算课，大班每周上三节计算课，教师在教学中渗透守恒、集合等概念；二是常识分为自然常识和社会常识；三是语言内容中加入游戏和散文。

教师发表的大量文章及出版的各类书籍在全国产生了很大影响。特别是赵钟岷、卢尊容、牛素梅参与编写的《幼儿一日一课》（共 12 册）于 1983 年 4 月由中国少年儿童出版社出版；1985 年，该套书被评为优秀图书，再版多次，直到 1996 年还在发行；赵钟岷、王金贵、牛素梅参加编写的大型科普读物"萤火虫——幼儿百科画丛"由人民教育出版社出版，1992 年，该套书被评为优秀少年儿童文学一等奖，并被制成英汉对照的"宝宝看世界"发行到了国外。

图 3-76　幼儿园的出版物

五、1990—1998 年，存精纳新，探索改革

这一时期，幼儿园在课程观念及实施中有三个重要变化。第一，幼儿园开始重视学科间的内在联系，重视幼儿的兴趣和直接经验，逐渐改变传统的

分科教学，于 1994 年全面推开五大领域的综合式主题活动；第二，从 20 世纪 90 年代初开始，幼儿园强调开放式活动，将创设符合幼儿年龄特征的活动区、加强活动区的评估作为教研工作的重点；第三，幼儿园重视一日生活中的教育和环境的创设，加强对幼儿一日生活常规的培养和教育，强调让幼儿成为学习、生活和游戏的小主人。

20 世纪 90 年代，幼儿园积极吸收和借鉴国内外的先进教育理念，把教育系的教授、专家请进来。他们通过开展相关课题研究，进一步指导幼儿园的教育教学实践。自 1991 年至 1994 年，幼儿园参加了教育系冯晓霞教授主持的"幼儿和谐发展教育"课题研究。教师在领会和谐教育和开放式教育精神的基础上，进一步转变教育观念，开始注重为幼儿创设和谐的心理环境和教育环境。1994 年，幼儿园特设一个混龄班，参加教育系梁志燊教授、霍力岩教授指导下的"蒙台梭利教育中国化"的实验研究，这是幼儿园继 1923 年江卢岫霓初次尝试蒙台梭利教育模式后的再次实践。1995 年，幼儿园开始参加庞丽娟教授主持的"更新教师观念，促进儿童社会性健康发展"这一国家级课题。在参与这一课题研究的 3 年多时间里，课题组教师在专家的引领下，认真钻研，确定了小班、中班、大班各年龄段幼儿社会性发展的具体目标与教育内容，提升了自身的人格和社会性品质，掌握了较系统的提高幼儿责任感、自制力、同伴合作能力等良好社会性品质行为的方法，提高了综合教育能力。1996 年，冯晓霞教授主持的"促进幼儿主体性发展的课程与教育研究"这一市级科研课题引领了教师对幼儿的重新认识。在课题的引领下，幼儿园重点研究如何让幼儿成为学习、生活和游戏的小主人。在研究如何在一日保教工作的每一个环节中落实幼儿主体性的教育时，幼儿园打破了几十年来教师为幼儿盛饭、端汤、倒水等做法，把生活的主动权还给幼儿。这是对幼儿的尊重，幼儿的自信心和生活能力得到了更好的发展。教师们系统研究并制定了培养幼儿自主、自律、自然、有序、科学的生活常规要求与目标。

六、1999—2006 年，园本课程构建

（一）《幼儿园教育指导纲要（试行）》精神指引下的园本课程建构

这一时期，幼儿园以开放的态度学习、借鉴世界先进的幼儿教育理论与实践研究成果，博采众长。在贯彻《幼儿园教育指导纲要（试行）》的过程中，我们对传统以及当前学前教育理念及课程模式进行了深入思考。同时，在新

课程改革提倡国家、地方、学校三级课程的大背景下，幼儿园进行了以继承、借鉴、融合、创新为特征的园本课程的实践探索，逐渐形成了较为成熟的开放式活动，生成式主题活动，五大领域的教育活动，结合日常生活教育并辅以专职课、大型活动的课程模式。2006 年 9 月，幼儿园发展课程的成果《园本课程的实践研究——北京师范大学实验幼儿园发展课程初探》一书由北京师范大学出版社正式出版。① 这一成果标志着幼儿园园本课程的理论框架初步建立。

图 3-77　《园本课程的实践研究——北京师范大学实验幼儿园发展课程初探》

发展课程在继承幼儿园优秀教育传统的基础上，吸收借鉴了世界优秀学前教育模式的经验，同时结合幼儿园实际进行了融合与创新。发展课程的实质是以促进幼儿发展为根本，以提高教师素质为关键，并以全面性、主体性、活动性、综合性、生活化、个性化为主要特征。在新的课程理念下，幼儿园的室内环境与活动材料得到极大的丰富与合理的规划，幼儿的主体地位得到前所未有的尊重。幼儿在与教师、同伴、环境材料的多渠道互动中主动学习，获得各种经验。大量优秀的教育活动案例的涌现显示出教师观察、发现幼儿兴趣与需要的意识逐渐加强。教师更加注重幼儿经验在其主动学习中的作用，更加注重隐性支持的作用。做幼儿学习的观察者、支持者、引导者已逐渐成

———————————

① 　黄珊：《以儿童为本的教育研究与实践》，31 页，北京，北京师范大学出版社，2010。

为大部分教师的自觉行为。

(二)课题研究

这一时期的课题研究既包括专家教授指导下的课题研究，又包括幼儿园自主申请的课题研究。

2000年前后，在刘焱教授主持的"游戏、教学、课程整合研究"课题中，幼儿园重点研究自主性表演游戏。通过参与课题研究，幼儿园教师进一步认识到了幼儿是能动的，是学习的主体。其中高以华老师的论文《幼儿表演游戏新探》在中国学前教育研究会游戏与玩具专业委员会第四届研讨会上得到了交流。[①]

2001年，北京师范大学幼儿园教育研究中心成立。这一时期，幼儿园的课题研究继续深入，不但参加了教育部"做中学"科学教育项目的研究，而且自主申报了多项课题：北京市教育科学"十五"规划课题"幼儿的学习与教师的支持"、北京师范大学校级课题"幼儿园科学教育实施的研究"和"幼儿园图书阅读活动的研究"等。在课程实践研究方面，幼儿园教师有四十余篇文章发表在各类刊物上。[②]

表3-7 "十五"期间科研课题一览

名称	级别	负责人	成果
"做中学"幼儿园、小学科学教育项目第一批实验园	国家教育委员会、北京市教育委员会立项课题	国秀华	有
"操作性学习与儿童创造力培养"课题实验园	国家教育委员会重点课题	国秀华	有
"促进幼儿主体性发展的课程和教学策略研究"实验园	北京市立项课题	冯晓霞	有
幼儿的学习与教师的支持	北京市教育科学规划立项课题	张澜	有
借鉴、融合、创新——北师大幼儿园园本课程研究	北京学前教育研究会立项课题	张澜	有
富有个性地发展——借鉴蒙台梭利教育与创新	北京师范大学社会科学处立项课题	张澜	有
情感在幼儿园音乐教学中的作用	北京师范大学青年社会科学基金项目	段韶辉	有
幼儿园科学教育实施的研究	北京师范大学附属学校青年教师科研基金项目	张澜	有

① 黄珊：《以儿童为本的教育研究与实践》，29页，北京，北京师范大学出版社，2010。
② 黄珊：《以儿童为本的教育研究与实践》，31页，北京，北京师范大学出版社，2010。

七、2007—2017年，面向未来，科学发展

"十二五"期间，发展课程建设取得了新进展。一方面，幼儿园完善了发展课程的结构（包括课程价值取向、理论基础、课程目标、课程内容、课程实施及课程评价），明确了课程总目标，确定了具有中国特色的发展课程内容；另一方面，幼儿园在课程的实践层面也积累了比较丰富的经验，如在主题活动的开展、大型活动的组织实施等方面积累了优秀丰富的案例。在此过程中，幼儿园通过实践中的观察与问卷调查了解到，教师（特别是年轻教师）需要可操作的手册来指导发展课程的实施。因此，"十三五"开局之年（2016年），幼儿园启动了发展课程教师手册的编写工作。历时一年半，2017年9月，《北京师范大学实验幼儿园发展课程教师手册（试用版）》（包括小班、中班、大班共三册）编写完成。从当年10月开始，幼儿园把该手册下发到七所园的每个班，主要供在主班岗位工作不足三年的教师使用。

（一）发展课程的价值取向与理论基础

幼儿园发展课程的价值取向具体体现在三个方面：一是幼儿是主动发展的个体，是课程的出发点和落脚点；二是教育要为幼儿的发展提供支持，教育要走在发展的前面；三是课程是教师与幼儿共同建构的动态过程。

幼儿园发展课程的实践研究过程是一个从模仿、借鉴到不断实践、创新的过程。在这一过程中，对幼儿园课程产生重要影响的有：杜威和陶行知的教育理论、维果茨基的教育理论、以皮亚杰认知发展理论为基础的建构主义理论、蒙台梭利教育法、瑞吉欧教育模式、"做中学"科学教育模式。

（二）发展课程的实质与特征

幼儿园的发展课程是以《幼儿园教育指导纲要（试行）》的精神和"以儿童为本"的教育理念为指导，经过长期以来在实践及理论方面不懈的探索而形成的园本课程。以促进幼儿发展为根本，以提高教师素质为关键是幼儿园发展课程的实质。全面性、主体性、活动性、综合性、生活化、个性化是幼儿园发展课程的主要特征。

（三）发展课程的目标与内容

1. 发展课程的目标

幼儿园发展课程的目标是对幼儿在幼儿园阶段学习效果的预期，具有一定的层次和结构。幼儿园发展课程的目标的层次也称纵向结构。

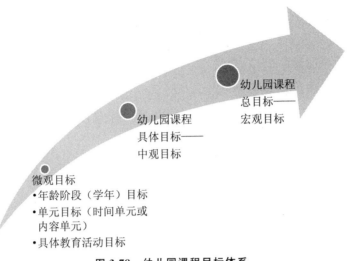

幼儿园课程
总目标——
宏观目标

幼儿园课程
具体目标——
中观目标

微观目标
· 年龄阶段（学年）目标
· 单元目标（时间单元或
　内容单元）
· 具体教育活动目标

图 3-78　幼儿园课程目标体系

（1）总目标（宏观目标）

发展课程的总目标是促进幼儿身体、情感态度、认知能力等各方面的发展，培养出健康乐观（乐）、善良有爱（爱）、文明礼貌（礼）、好奇智慧（智）、诚信立美（美）的儿童。

（2）具体目标（中观目标）

第一，初步养成健康的生活习惯和基本的安全意识与能力，喜爱运动并有良好的身体素质，爱劳动，愿意做力所能及的事，态度积极乐观。

第二，爱护动植物及环境，热爱身边的人和所属的团体，在共同生活中学会关心、互助、分享、合作、感恩、诚实、守信。

第三，初步了解并遵守日常生活中基本的社会行为规则，学习并运用文明礼仪，养成文明的行为习惯。

第四，愿意亲近自然并接触新事物，尝试发现事物间的异同与联系，有好奇心，具有探究的兴趣与能力。

第五，喜欢美的事物，能够初步感受、发现、欣赏自然界中、生活中及文化艺术中的美，并大胆尝试表现美。

鉴于微观目标内容较多，这里不再叙述详情。

2. 发展课程的内容

发展课程的内容主要按照幼儿的关键经验划分为：自我、自然、社会、文化。自我包括个人自我、关系自我、社会自我、集体自我。自然包括植物、动物、物质材料、自然现象、数学。社会包括社会常识、社会规则、人际交往。文化包括行为文化和成就文化。

（四）发展课程的组织实施

幼儿园发展课程主要通过幼儿在园的生活活动、区域活动、主题活动、大型活动等途径实施。

（五）教育科研促进课程建设

在该阶段中，教育科研工作成为促进课程建设的途径之一。幼儿园积极参与科研课题，并且独立申请了16项研究课题。

表3-8 "十一五""十二五"期间我园科研课题情况

	名称	级别	负责人
"十一五"期间	"下一代互联网教师教育创新支持系统应用示范项目"学前教育观摩课资源建设子课题	国家发展改革委员会"2008年下一代互联网业务试商用及设备产业化"专项	黄珊
	蒙台梭利教育园本化的研究	北京师范大学人文社会科学研究项目	黄珊
	幼儿园图书阅读活动的研究	北京师范大学青年社会科学基金项目	黄珊
	"以园为本教研制度建设"项目实验园	北京市项目	黄珊
	幼儿园探究式科学教育案例开发研究	北京市教育科学规划立项课题	国秀华
	非正规科学教育活动中教师指导策略研究	北京学前教育研究会立项课题	孙秀莲
	幼儿绘画技能与创造力协同发展的策略	北京学前教育研究会立项课题	夏华颖
	保育员园本培训与教师成长的研究	北京学前教育研究会立项课题	王秀清
	幼儿喜爱的图书及其对幼儿心理、行为的影响	北京师范大学人文社会科学研究项目	张澜
"十二五"期间	关于幼儿发展性评价的实践研究	教育部人文社会科学研究项目	黄珊
	提高教师创设"以儿童为本"的班级物质环境能力的研究	北京学前教育研究会立项课题	杜军
	早期集体阅读活动中教师指导策略研究	北京学前教育研究会立项课题	孙秀莲
	利用活动区材料促进幼儿有效学习的研究	北京学前教育研究会立项课题	高以华
	幼儿发展性评价的实践研究——借鉴作品取样系统	中国学前教育研究会立项课题	黄珊
	探索示范性幼儿园支教的适宜途径——从教师专业发展的视角	北京师范大学自主科研基金	黄珊
	科学活动中幼儿探究式学习的教师支持策略研究	北京学前教育研究会立项课题	徐兴芳

（北京师范大学实验幼儿园　黄珊、田瑞清、董佑静、徐兴芳、鞠亮）

故事十八

曾经的北平师大附属一小幼稚园[①]

本园创立于民国四年（1915 年）秋，始创之时园址附于第二附小之东偏，简陋狭隘。仅幼稚生一班，祇 30 人。建园初，园务由孙世庆先生兼管。民国六年（1917 年）春，本园在师范后院，建筑新园舍，园务改由保姆班主任刘亮机先生兼管。当年添招幼稚生 30 人，分甲乙两组。1923 年 9 月迁至石驸马大街。1924 年幼儿达到 200 人左右，分 11 组，除主任及事务员 2 人外，有教员 11 人。经刘亮机、欧阳晓蘭等 9 任主任管理后，1932 年仅存幼儿 70 人，教员 8 人。同年 10 月，焦真接任主任，园所教师队伍来源于北平师范大学家政系、香山慈幼院幼师班及普通中等师范学校的毕业生。[②]

一、附属第一小学幼稚园

1936 年，北平师范大学将设在石驸马大街的附属幼儿园分为两部，一部迁入附属第一小学，另一部迁入附属第二小学。幼儿园并入附属第一小学的一部，被命名为国立北平师范大学附属第一小学幼稚园[③]，此时，肄业年限定为二年，将来成为八年一贯。幼稚园第一二年为幼稚部；小学第一二年为低级部，第三四年为中级部，第五六年为高级部。学年开始皆为秋季始业。

---

① 编者注：相关历史资料表明，现北京市西城区实验幼儿园和北京师范大学实验幼儿园在 1936 年前似同一所幼儿园。同行们可以进一步考证、核实。

② 焦真：《附属幼稚园历年状况及将来计划》，载《师大月刊》，1932(1)。（原文记载：本园创立于民国四年秋季，即前本校师范时代。此段文字内容均参考焦真文章内容）

③ 北京第一实验小学校史编委会：《百年校史（1912－2012）》，4 页，北京，北京师范大学出版社，2012。

学级编制多为单式编制，仅有三四年复式编制两班。各班皆颁以级名，以便称呼。①

图 3-79　民国时期幼稚园毕业照 1　　　图 3-80　民国时期幼稚园毕业照 2

1938 年，受战争影响，北平师范大学西迁，幼稚园因学生幼小，未随北平师范大学西迁，更名为国立北平师范学院附属小学校幼稚园。全校学生约 900 人，共 16 班，每班合 56 人（幼稚班在内）。

1945 年 11 月，幼儿园更名为国立北平临时大学补习班第七分班附属第一小学校幼稚园。1945 年 12 月至 1946 年 7 月，在校生：高小男生 196 人，女生 106 人；初小男生 304 人，女生 224 人；幼稚园男生 83 人，女生 46 人。学生总计 959 人。1946 年 7 月，幼儿园更名为国立北平师范学院附属第一小学幼稚园。

1949 年 9 月，幼儿园更名为北京师范大学附属第一小学幼儿园。1949 年至 1955 年，幼儿园由北京师范大学领导。1951 年办学方针为一切工作的重心是搞好教学，完成对学生的教育与教养的任务；一切设施服从教学的需要；一切教学活动（课内课外）遵守健康第一的原则。1954 年，在西太平巷 9 号院成立了分园，幼儿园增至 3 个整日制教学班。

二、北京市西城区实验幼儿园

1955 年 10 月，幼儿园更名为北京第一实验小学幼儿园，改属北京市教育局领导。

1958 年，幼儿园改属宣武区教育局领导。1963 年，分园与本园合增至 4

---

① 北京第一实验小学校史编委会：《百年校史（1912—2012）》，7 页，北京，北京师范大学出版社，2012。

个教学班。1965年，幼儿园提出教育方针为继续全面地贯彻教育方针，根据主席指示，使学生在德、智、体诸方面生动活泼地、主动地发展，根据中央关于减轻学生负担提高教学质量的精神，在区教育局和北京师范大学的领导下，努力改进工作，提高教育教学质量。

1971年，幼儿园改属椿树人民公社领导。1974年的教育方针为加强对学生进行思想政治路线方面的教育，进一步用毛泽东思想统帅文化课，用辩证唯物主义观点组织教学，改进教学方法，努力提高课堂教学质量，加强音、体、美教学，积极开展文体活动，认真抓好校外教育，使学生在德、智、体几方面都得到发展。

1978年，幼儿园隶属宣武区教育局领导。1979年，幼儿园与北京市第一实验小学分离，独立建制，更名为北京市宣武区实验幼儿园，属宣武区教育局领导。1987年12月，幼儿园迁入宣武区南新华街21号，即现在的园址，搬进了砖混结构东两层西四层的连体楼房中。1997年，幼儿园属宣武区教育委员会领导。

2011年，幼儿园属西城区教育委员会领导。2012年，宣武区、西城区合并后，幼儿园正式更名为北京市西城区实验幼儿园。2017年11月，幼儿园增设椿树社区学前教育中心，增加西城区椿树园4号楼一层椿树社区少年宫1间约60平方米的教室。

展望未来，幼儿园将把"'七色光彩'园本课程开发"课题研究作为切入点，依托幼儿园自身的力量、资源优势，如厚重的百年文化底蕴、鲜明的教学特色、丰富的教科研经历、科学的教学常规管理机制等，借助专家的指导与专业引领，自行设计与策划安排实施一系列、分阶段、有层次的教师教育活动。教师教育活动与教育研究有机融合，达到教科研一体化。幼儿园将课程开发的过程作为园本研修的过程，以促进幼儿的发展、教师的发展、幼儿园的发展，努力打造管理者探究教师、教师探究幼儿、幼儿探究周围世界的绿色生态幼儿园。

（北京市西城区实验幼儿园 李洁）

故事十九

江苏常熟市的百年老园

一、从蒙养园到幼稚园

1916 年 2 月，海虞市立女子国民学校创办附属蒙养园，校长宗秀松兼任园长。蒙养园创办时，对幼儿入园年龄并不严格限制，参照幼儿智力发展情况编班，设甲、乙班（当时称组）。[1]

1919 年，蒙养园主任为陈芝华。蒙养园不注重年龄，以知识程度分组。课程设谈话、恩物、游戏、唱歌、图画、识字、手工 7 门。在课程内容方面，识字为自编，其余为选编。1923 年，蒙养园改称海虞市立女子附属幼稚园。1928 年，改称常熟县第一学区学前小学幼稚园。[2]

1935 年，园主任为蒋麟华，幼稚园设 A、B、C 三个班，课程设识字、识数、常识、唱游、工作、故事 6 门。在课程内容中，唱游、工作为选编，其余为自编。[3]

1948 年 3 月，园主任为陈桂芬，设大、中班两个班，直至新中国成立。幼稚园课程采用单元设计教学。

1952 年，改称为常熟市学前中心小学幼稚园。课程设置仿苏联，设体育、语言、认识、图画、手工、音乐、计算 7 门。1954 年，幼儿园增办小班。1958 年，"大跃进"时期，幼儿园增至 9 个班。20 世纪 60 年代初，幼儿

---

[1] 《常熟市实验小学志》编撰委员会：《常熟市实验小学志》，216 页，苏州，古关轩出版社，2016。

[2] 同上，102 页。

[3] 同上，218 页。

园调整为大、中、小班共 6 个班。

"文化大革命"期间，幼儿园停办小班，课程设置全盘废止。1976 年后，原课程设置逐步恢复。

二、幼儿园近四十年的发展

1978 年后，大、中班共有 6 个班。1981 年，改称为常熟县实验小学幼儿园。幼儿园开设语言、常识、计算、音乐、体育、美工 6 门课程。中班每周上课 10～11 节，大班每周上课 12 节。一日活动安排如下。早上有进园晨检、值日生活动、教育活动、穿插晨操、户外活动、分区活动、游戏活动等；午后有餐后活动、午睡、午操等。其余是角色游戏、观察、散步等。一日活动的具体内容由任课者自行编排。1983 年，常熟撤县建市，幼儿园改称常熟市实验小学幼儿园。

1986 年 12 月，幼儿园拆除旧园舍，改建三层大楼。1987 年 10 月，园舍竣工，幼儿园迁入使用，开设 4 个大班、3 个中班。幼儿有 328 人。1986—1996 年，幼儿园改革分科教学，尝试综合教学。教师选定主题，将语言、常识、音乐、美术等课程融为一体，连续在几节课中进行教学。

1997—2000 年，幼儿园实施健康、语言、社会、科学、艺术五大领域的幼儿课程，将科学、数学整合为数学领域，将音乐、美术整合为艺术领域。中、大班每周设置 10 个集体教学活动。1998 年 9 月，根据常熟市政府、教育局规划，开设衡山路实验小学分校（包括分校幼儿园）。幼儿园（含分校幼儿园）共有 14 个班，幼儿有 650 人。

2003 年 9 月，幼儿园迁入华山路 50 号，同时合并原石梅小学幼儿园琴枫苑分部，共有 18 个班。幼儿有 726 人，园务行政人员有 4 人，教师有 36 人，保育员有 18 人。2004 年 9 月，衡山路分校（幼儿园）独立建制。

2007 年，幼儿园开展园本课程幼儿园发展性课程实践研究，探索各领域之间、教学与游戏之间的相互联系。课程设置按照苏州市、常熟市教育局教研室的统一要求，有教学和游戏（区域游戏、角色游戏及各类规则游戏）课程。集体教学活动一周课时安排为小班 5 次，中班 6～7 次，大班 8～9 次；角色游戏一周课时安排为小班 4～5 次，中班 3～4 次，大班 2～3 次。

2014 年 1 月，幼儿园独立建制，改用现名。幼儿园坚持以活动促发展，教育就是养成好习惯，在传承、创新中开展"自造节日""小小擂台赛""今晚我住幼儿园"等特色活动。

（江苏省常熟市实验幼儿园　顾惠琴）

故事二十

从弘道到行知的百年变迁

一、私立弘道幼稚园及其改办

同治六年(1867年),美国基督教南长老会创办贞才女学。光绪二十五年(1899年),美国北长老会创办育才女学。光绪二十八年(1902年),美国北浸礼会创办蕙兰女学。宣统三年(1910年),贞才女学和育才女学两校合并办理。次年(1911年),蕙兰女学也并入。三女学合并为弘道女学,设中学、高小、初小三部。虽名义上三校已合并,但因校舍分在各处,仍分别办理。民国四年(1915年),感于校舍分离之不便,合理设法,在西湖新市场购地建筑新校舍,于次年(1916年)春建成。中学和高小部迁入,初小部仍留在原处办理。民国五年(1916年)秋季开始,为适应需要,添设幼稚师范和普通师范,招新生各一班,并为初小与幼稚园建筑校舍。民国六年(1917年)春,初小与幼稚园迁入新舍开学。民国十八年(1929年)秋,创办学校的三个美国教会团体将本校移交中华基督校会华东大会及中华基督教浙沪浸礼会两个中国教会团体接办,并更名为杭州市私立弘道女子中学,仍分设初、高中、普师、幼师及钢琴四部分,附设完全小学与幼稚园。① 1932年,幼稚园更名为杭州私

① 中国学前教育史编写组:《中国学前教育史资料选》,354~355页,北京,人民教育出版社,1989。另据《杭州市私立弘道小学概况》(民国三十七年)记载:三创办团体感于三部校舍分散之不便,于是筹款在新市场学士路购地建筑新校舍及宿舍。民国五年(1916年)新屋落成,高小部随同中学部迁入新屋,而初小仍赁屋于附近之同春坊。同年秋增设幼稚园于法院路,并于中学对门购地建筑小学及幼稚园校舍。至民国七年(1918年)一月竣工,初小部及幼稚园迁入。不同来源的记述在幼儿园迁入学士路的时间上略有出入(1917年或1918年)。

立弘道幼稚园。全园开办两个班，先后有 189 名幼儿毕业于此。

图 3-81 私立弘道小学附属幼儿园教职工

图 3-82 杭州市学士路小学附设幼儿园

1937 年，附属小学幼稚园停办。1942 年，学校恢复学士路小学附属幼儿园。1945 年，幼儿园改名为杭州市私立弘道小学附属幼儿园。1946 年 1 月，学校正式恢复上课，在陈希苏校长的努力下有颇多改进。

1949 年，杭州解放，学校仍定名为杭州市私立弘道小学附属幼儿园。1952 年，学校又改名为杭州市五爱小学附设幼儿园。1956 年，杭州市人民政府接管学校，幼儿园转为公办并改名为杭州市学士路小学附设幼儿园。

1980 年 8 月，杭州市上城区人民政府为办好幼儿园，将学士路小学停办，把校舍全部划归幼儿园，幼儿园改名为杭州市学士路幼儿园。至此，幼儿园完全脱离附属地位，成为独立的幼儿园。同年 9 月，上城区人民政府决定将幼儿园逐步办成示范性幼儿园。1983 年 3 月，上城区政府共集资约 62 万元，对幼儿园园舍进行翻建。

二、行知幼儿园及其发展

1985 年，为纪念人民教育家陶行知先生，学士路幼儿园更名为杭州市行知幼儿园。1986 年，幼儿园教学大楼竣工。

1993 年 12 月 25 日，幼儿园被评为杭州市特级幼儿园，1994 年被评为浙江省示范性幼儿园，1995 年被评为杭州市首批甲级幼儿园。1999 年 5 月 11 日，公办行知幼儿园改为国有民办体制。幼儿园开展 0～3 岁幼儿早期教育，延长幼儿教育的年限，探索并开始建立幼儿园早教基地，推进幼儿教育低龄化。在此期间，行知幼儿园建立了幼儿早教基地。

2001 年 2 月，行知幼儿园率先开展了后勤服务社会化的尝试，将幼儿园的保育、卫生保洁工作外包出去，与五洋宾馆合作开展培训、考核与管理。2005 年 9 月，行知幼儿园拥有学士路和陶子两个园区。2005 年 12 月，行知学前教育集团成立，集团下分设行知本部、陶子园区两所幼儿园。2007 年 10 月，集团新办金陶早教园区，分设行知本部、陶子园区、金陶早教园区三所幼儿园。幼儿园在以往生活教育实践与研究的基础上，构建生活教育的框架，结合《幼儿园教育指导纲要（试行）》精神、湖滨地区丰富的社会资源及教师生活主题教育的实践，丰富生活教育的载体，逐步开展具有行知特色、地区特色的"走进湖滨生活教育方案"的研究。

2011 年 1 月，行知学前教育集团下分为两个法人，一为行知幼儿园，二为行知金陶幼儿园。行知园区本部、湖滨园区划归行知幼儿园。金陶园区、闸口园区、陶子园区划归行知金陶幼儿园。2013 年 1 月，行知学前教育集团下分为三个法人，分别为行知幼儿园、行知金陶幼儿园、行知陶子幼儿园。幼儿园在传承生活教育理念的基础上，充分关注幼儿自主性和主体性，提出了学做生活小主人幼儿园课程建设理念。

幼儿园在百年的办学历史中积淀了深厚的文化底蕴，陶行知先生的生活教育理念在幼儿园发展和变革中成为核心文化精髓。幼儿园将秉承生活教育理念，并提出创新性的生活小主人概念，开展生活小主人教育，在传承传统文化与创新中不断开拓幼儿园特色发展之路。幼儿园将以促进幼儿发展为出发点，构建生活小主人课程体系，培养师德优良、具有竞争实力的教师队伍，探索高效的园本研修方式，完善推进生活小主人课程实施的保障体系，优化育人环境，成为师生身心愉悦、情感陶冶的成长乐园。

（浙江省杭州市行知幼儿园　陈云）

故事二十一

张雪门从星荫幼稚园开始的幼教人生

　　张雪门(1891—1973年)，浙江鄞县人，我国幼儿教育史上有着重要影响的教育家。自1917年投身幼儿教育工作以来，一直到1973年病逝，张雪门为幼儿教育贡献了终生。20世纪三四十年代，陈鹤琴曾与张雪门被我国幼教界并称为"南陈北张"，受到教育界的广泛尊重与认可。

一、创办和研究幼稚教育

　　1917年，张雪门在自己的家乡创办了星荫幼稚园，寓意绿荫如伞、星光璀璨。星荫幼稚园是宁波市第一所由中国人自己创办的幼稚园。张雪门任首任园长，开始了对中国化幼稚教育的探索。[①] 1920年4月，他和宁波市其他六位教育界知名人士创办了宁波市第一所两年制幼稚师范学校，自任校长，

---

　　① 关于星荫幼稚园创办的时间有两种说法。一种说法是1917年，证据有三。第一个证据是陈翰笙先生在为《张雪门幼儿教育文集》所写的序言中提道："雪门先生从事幼儿教育曾超过半个世纪，是我国著名的幼儿教育专家。1917年，他在宁波创办了一所中国人自己办的星荫幼稚院，以后又和友人合办了一所幼稚师范。1924年后，他到北京，创办了孔德幼稚园、孔德幼稚师范、艺文幼稚园，又在香山慈幼院内办北平幼稚师范。他培养出来的幼儿师资遍及中国北方各省，深受欢迎。那时，陈鹤琴先生也在南京创办幼稚园和幼稚师范，因此在三十年代就有'南陈北张'之说。"第二个证据是戴自俺在《张雪门幼儿教育文集》中的《我和张雪门先生相处的日子》一文中写道："张雪门先生于1917年在浙江宁波创办星荫幼稚院，以后又办了幼稚师范，任校长。"第三个证据是张雪门先生的儿子张香山(1914—2009)在纪念父亲的文章中说："大概在我三岁时，他从北京回到宁波……创办了星荫幼稚园，开始了他新的人生。"这么算起来也是于1917年创建了星荫幼稚园。此外，《张雪门幼儿教育文集》中的《张雪门先生生平事略》一文也写道："张雪门幼年从塾师读《四书》《五经》，后毕业于浙江省立第四中学(现改为一中)。1912年出任鄞县私立星荫小学校长。1917年应旅沪富商蔡琴孙之聘，筹建私立星荫幼稚园，首任园长。"

开始了幼儿教师的培训工作。张雪门正是从在家乡创办的幼稚园和幼稚师范开始他一生为之呕心沥血的幼儿教育研究和实践生涯的，在大陆后到台湾从事幼儿教育工作也长达近30年，足迹遍布大江南北，数个省市。

1920年，张雪门应邀到北京出任孔德学校小学部主任。孔德学校包含了从幼稚部到高中部各个学段，是当时知名的新教育学校。近代中国教育思想家蔡元培任校长。张雪门在此期间还考察了京津幼稚教育。1923年，张雪门携全家迁居北京，进入北京大学，亲身感受新教育思想的影响，他也正是从这一时期（1923—1926年）开始幼儿教育的理论研究的。1926年，高仁山与几位北京的学者共同创办了艺文中学，实验道尔顿制，后来开办了艺文幼稚园。艺文幼稚园受北京市教育局委托进行大单元设计教学实验，张雪门担任实验的组织者。1926年5月，张雪门编译出《福禄贝尔母亲游戏辑要》和《福氏积木译文》，他计划："一年研究福氏，一年研究蒙氏，更一年研究世界各国，然后以毕生工夫来研究我国的幼稚教育。"[①]

二、实践和研究幼稚师范教育

1928年暑假后，孔德学校开办了幼稚师范，张雪门负责各项事务。他采取了半日实习半日授课的措施，还借用了一个蒙养园为幼儿师范学生提供实习场所。

1930年秋，北平香山慈幼院院长熊希龄聘任张雪门担任北平幼稚师范学校校长，编辑幼稚师范丛书。北平幼稚师范学校教师除讲授书本知识外，还重视师范生对自然和社会的认识与技能的培养。第一期师范生毕业后，走向各省担任园长或教师，表现出色，很受欢迎。1932年，张雪门应民国大学教育系、天津女师学院、北平师范大学的邀请，讲授《幼儿教育》或做演讲。1933年，张雪门参加了北平市社会局起草幼稚园具体课程实施方案。1934年春，他聘请上海山海工学团（该团由陶行知先生创办）的戴自俺带领幼师三年级师范生与北京大学农学院合作，在北京阜成门外罗道庄开设了乡村教育实验区。实验区内办有幼稚园、儿童学团、青年工学团、妇女工学团等。在"一二·九"运动中，他支持学生的爱国运动，并且将岳飞的"还我山河"的碑文贴在自己办公桌墙上，作为激励自己抗日救亡的座右铭。

---

① 张雪门：《幼稚教育五十年》，见戴自俺：《张雪门幼儿教育文集》下卷，1208页，北京，北京少年儿童出版社，1994。

　　1937 年卢沟桥事变后，张雪门在上海与熊希龄商谈，将北平幼稚师范学校迁往湖南，后迁至桂林。1938 年 2 月，北平幼稚师范学校在桂林东华门大街成立，分别于 4 月和 8 月各招收一个班学生。后因桂林被轰炸，1939 年，北平幼稚师范学校奉命疏散到三江县新城（古宜），不久又迁到三江县旧城（丹洲）。1941 年 1 月，学校重返桂林，又几经疏散返回。自 1939 年至 1942 年，学校共招收四个班学生，连同桂林迁来的两个班共有六个班的幼儿师范生。这些幼儿师范生对当时广西推广幼儿教育做出了贡献。直到新中国成立后，他们仍是关心幼儿教育工作的骨干。

　　1942 年，张雪门应国立西北师范学院的聘请，向香山慈幼院请假一年，到西北师范学院讲授儿童保育课程，并完成了《幼稚园行政》《儿童保育》《实习》三本书的编著。1943 年，北平幼儿师范学校迁到重庆，借用江北县一所王家祠堂作校址。张雪门在战火纷飞、几度迁校中，由陕西到重庆，仍然主持北平幼儿师范学校的校务工作。张雪门进行儿童福利制度的实验，组织师范生辅导委员会，拟定保育员训练规程及幼稚园办法。同年 5 月，张雪门招收战时儿童保育院毕业女生，着手保育员训练；7 月筹备儿童福利分会，兼任幼儿园理事；9 月成立各地幼儿团，作为试验机构，在重庆禹王宫、文昌宫、水口寺、天马山成立了四个幼儿团。当时条件十分简陋，幼儿自带水杯、毛巾、小凳，保育员还捐款购置一部分物资，救济特别困难的幼儿。在极其艰苦的条件下，张雪门以坚韧不拔和艰苦奋斗的精神来普及推行优质教育，更以实际行动为保育员们形成事业心和责任心做出了榜样。1945 年 8 月，张雪门从重庆回到北平，意在恢复北平幼儿师范学校。经多方努力，终未如愿。1946 年 7 月中旬，张雪门到台湾主持开办儿童保育院（后称育幼院），担任院长。由于工作繁重，操劳过度，张雪门患了眼疾。1952 年，因病情加重，他不得不离开育幼院。但离开育幼院后，张雪门仍以各种方式热心参与幼儿教育工作。1960 年开始，张雪门在患脑病半身不遂的情况下，仍然以顽强的毅力克服种种困难，陆续写下了《幼稚教育》《幼稚园课程活动中心》《幼稚园行为课程》等专著。1973 年，张雪门病逝，享年 83 岁。张雪门把一生都献给了幼儿教育事业，为幼儿教育的理论建设和实践变革做出了重要贡献。

（中国教育科学研究院　　刘占兰）

故事二十二

陈嘉庚和集美幼稚园

陈嘉庚(1874—1961年)，福建同安人，早年去新加坡习商，后来成为精明强干的实业家和具有远见卓识的教育家。1913年，陈嘉庚怀抱兴学报国之志，秉持教育为立国之本、兴学乃国民天职的理念，在南洋兴业获得成功后，即"思欲尽国民一分子之天职"，毅然携资回家乡兴学报国，创办了包括幼儿园、小学、中学、各类职业技术专门学校在内的规模宏大的集美学校和被誉为"南方之强"的厦门大学。他亲力亲为，做规划，选校址，觅校长，定学科，"不惜牺牲金钱，竭殚心力"，独力维持集美学校长达半个世纪。陈嘉庚也是卓越的教育家，立足提高国民之素质。百年前他就"从娃娃抓起"，创办了小学、中学、师范后又创办了幼稚园，并提出"葆真""养正"理念。为了让所有穷孩子也入得了园，幼稚园免费提供校服，而且入园的幼儿每月都能领取生活补助。为了解决幼稚园师资严重不足的问题，陈嘉庚创办了幼稚师范学校，并提出幼稚教育不能靠舶来品，不能依样画葫芦，不能胶柱鼓瑟。闽南的幼稚教育应该在闽南地方研究，要靠闽南有志幼稚教育分子在闽南研究现代闽南的幼稚教育。陈嘉庚的远见卓识和对教育内涵的深刻把握令人佩服。

一、集美幼稚园和幼稚师范的创建

1919年2月22日，陈嘉庚创办集美幼稚园。[1] 幼稚园位于集美学村的东

---

[1] 唐淑主编的《中国学前教育史》写道：厦门集美幼稚园为爱国华侨陈嘉庚创办的集美学校的一部分，成立于1919年2月，现为厦门市集美幼儿园。见唐淑：《中国学前教育史》，145页，北京，人民教育出版社，2015。

北隅，是一个独立的幼稚园，也是我国人民早期自己创办的一所平民幼稚园。开办时，幼稚园聘晋江人陈淑华为主任，配有教员 2 人，招收幼儿 140 多人，并雇请木工按照幼儿的高矮制作桌椅，配备了钢琴、风琴、玩具等教学设备。

图 3-83　1927 年的集美幼稚师范和幼稚园

图 3-84　幼稚园的教室

图 3-85　幼稚师范中心幼稚园的室外活动

1920年春，集美幼稚园并入集美学校，改称集美学校附属幼稚园。1927年秋，集美幼稚师范学校开办。集美幼稚园改为集美幼稚师范附属幼稚园，兼办蒙学班(小学一年级班)，幼稚园设校务执行委员会，陈淑华为主席委员。幼儿园行政相对独立，但受校董统辖。1928年，蒙学班停办。[①]

这一时期，幼儿园采用美国幼稚园分级制，把幼稚园两学年分作四学期，每学期为一级——分为一、二、三、四级，每级又分若干团，有如普通小学以学年编级的形式。1930年，幼儿园取消学年编级，以年龄、智力为分级标准，仍分为四级。1931年春，幼儿园又把级别取消，采取混合制度，把全校幼稚生分为新旧两团。1933年，幼儿园打破新旧两团，分设三个中心幼稚园，熔新旧长幼于一炉。幼儿园课程计划是一日间的活动大纲，于每月底由指导主任、幼稚园教师及师范实习生共同拟定。但大纲并非是固定的，教师实施时可以变动增删。幼儿学习的内容丰富多彩，主要有以下7个方面：故事和乐歌，游戏，自然与社会，识字计算，工作如画图、剪贴、园艺等，餐点，静息。

1937年，幼儿园被迫停办。1938年在日本大炮狂轰滥炸下，幼儿园楼宇残垣断壁，损坏不堪。直至1946年，幼儿园才得以修葺。1947年春季，幼儿园复办。1949年，幼儿园停办一年。

二、新中国成立后集美幼儿园的发展

新中国成立后，集美学校复原，响应国家关于鼓励华侨回国办学和维持原有学校逐步完善的政策，维持私立名义。集美幼儿园仍属集美学校委员会领导，幼儿园的教育工作由市教育主管部门负责指导，校董会固定发给幼儿园办公费30元，设备、添置费一律由本园校董会批拨，教师工资由校董会支付。陈嘉庚极为关注集美幼儿园，并大力支持复办。在林姝妹、徐淑惠、李敏意、纪瑛瑛园长的努力下，幼儿园的规模迅速扩大，入园幼儿不断增加，园务蒸蒸日上。陈嘉庚为了所有适龄幼儿都能接受学前教育，规定幼儿园一律不收学费。凡是陈嘉庚族属子女，每人每月还享有助学金，以鼓励适龄幼儿100%入园。

1970年年初，由于"四人帮"的干扰破坏，幼儿园被迫解散停办。

---

① 中国学前教育史编写组：《中国学前教育史资料选》，260页，北京，人民教育出版社，1989。

1979 年 8 月，在全园托幼工作会议上，中央领导指出要限期复办集美幼儿园。1980 年 9 月，在中央、省、市、集美校委会领导的重视下，集美幼儿园复办。从 1980 年集美幼儿园复办至 1987 年 12 月，集美幼儿园被列为厦门市直属幼儿园，集美幼儿园行政和业务由市教育局直接领导。1988 年 1 月，集美区成立，集美幼儿园划归集美区教育局直接管辖。集美幼儿园的行政和业务归集美区教育局直接领导，并由区教育局下拨各种经费。

现集美幼儿园是福建省示范性幼儿园，占地面积约 5897 平方米，建筑面积约 4534 平方米，有 12 个班，在园幼儿 413 人。2015 年 6 月，集美幼儿园岑东分园开办，占地面积约 3817 平方米，建筑面积约 3774 平方米，有 12 个班，在园幼儿 395 人。两园的教职工共 100 人。幼儿园是区属幼儿园，由集美区教育局领导。幼儿园的一切经费由集美区财政全额拨款。集美幼儿园以陈嘉庚"葆真""养正"的学前教育思想为办园理念。园内的葆真堂与养正楼以独特的建筑风格体现着陈嘉庚童蒙养正的办学初衷。"葆真"意在葆有幼儿本真、天性，即在遵循幼儿发展规律的基础上实施教育。"养正"指涵养正道，意在养成良好的品行，培养幼儿良好的生活、学习、礼仪习惯和良好的个性品质。立足葆真、养正品行是集美幼儿园的办学特色。集美幼儿园在遵循幼儿发展规律的基础上，以培养幼儿良好的生活习惯、学习习惯、礼仪规范、道德品质等为主要目标，针对幼儿不同年龄阶段的身心发展特点，开展养正特色课程教育和专项活动，并把养正教育渗透到一日活动的各个环节活动中。幼儿通过看、听、感知、感受、体验等形式，不断内化形成良好品行，为未来的发展奠定良好的素质基础。在养正教育中，集美幼儿园注重为幼儿创设主动学习、乐于探索、敢于表现的平台，促进幼儿多元智能发展，注重发挥幼儿园、家庭、社会的密切配合作用，充分发挥 1+1+1>3 的作用。

（福建省厦门市集美幼儿园　陈卫红）

故事二十三

曾经的香山慈幼院

一、香山慈幼院蒙养园

北京实验学校（海淀）幼儿园原名为北京市立新学校幼儿园，前身是著名的香山慈幼院蒙养园，由教育家、慈善家熊希龄创办于 1920 年[①]，是一所培养各民族孤贫儿童的学校。香山慈幼院是一所民办学校，由民间、海内外、政府多渠道集资。学校主要招收孤贫儿童，这些儿童全部免费入学，称正生；还招收一部分家庭经济条件好的学生，这些儿童完全自费，称附生。正生、附生共同寄宿、学习、生活，和睦相处，学校一视同仁。当时社会的许多有识之士，如蒋梦麟、胡适、黎锦熙、李大钊、张伯苓等人都曾是慈幼院的名誉顾问。

香山慈幼院从创办至 1926 年 8 月为男女分校，实行学校、家庭、社会三合一的教育体制，聘请社会上有学识、有经验的知名教育家作为评议员，组成香山慈幼院评议会，研究解决三合一教育体制的问题。建院初期，学校还总结了建院办学的经验、教训，并采取了多项强化措施，为办学打下了坚实的基础。男校和女校共容纳学生千余人，1929 年学生最多时达 1754 人。

从 1920 年至 1926 年，香山慈幼院在事业上有了新的发展。熊希龄院长明确地提出新的办院宗旨和教育方针："本院为救济孤贫儿童，施以发达身心之完善教养，使植立德智体群四育之基础，而能独立生计，适应社会需要，

[①]　刘大保、王春宜：《熊希龄与香山慈幼院》，1 页，天津，南开大学出版社，2009。

以养成健全爱国之国民为宗旨。"老校友们称这个办院宗旨和教育方针是爱国育人、全面育人、德育为先。香山慈幼院的这个办院宗旨和教育方针一直实行至新中国成立。在香山慈幼院的学前教育方面，熊希龄提出了蒙以养正的幼儿教育方针，意即给幼儿启蒙教育，从小培养幼儿的良好品质、良好习惯，使他们有一个健康的身体，为以后的学习打下好的基础。

随着形势的发展，香山慈幼院从 1926 年至 1949 年实行总院及五校制。北京实验学校（海淀）幼儿园的前身主要是香山慈幼院的第一校。第一校于 1926 年 8 月在香山成立，负责学前教育和家庭教育。其中学前教育部分包括婴儿教保园、蒙养园。熊希龄将婴儿教保园的东楼命名为慈母村，并题联曰："不独子其子，慈方是大""勿偏爱所爱，母乃为贤"。他将西楼命名为保育村，并题联曰："保我子孙其永寿""育之道德以终身"。这里充满了爱与科学的完美结合。

"蒙以养正"是熊希龄为幼儿教育的题词。它既是幼儿教育的方针，又是香山慈幼院的教育方针。熊希龄还对办幼儿教育题写了"幼幼及人之幼""生生如己所生"的门联。这也是办幼儿教育的指导思想。还有寓教于爱、寓教于乐——爱育、乐育，这既是幼儿教育的丰富内容，也是幼儿教育的多种方法。

图 3-86　蒙养园大门

图 3-87　泰源堂

二、新中国成立后的公立幼儿园

新中国成立后，市政府接手香山慈幼院。香山慈幼院按公立学校办理，只是名义上保持私立。从这之后，香山慈幼院真正从民办学校变为公办学校。在新中国建设初期，随着国家经济的发展，香山慈幼院也在进一步地发展。例如，香山慈幼院的生源和招生范围不限于孤贫儿童，而是根据上级教育部门的安排，生源逐渐转向国家干部、军队干部、民主人士及烈士的子女等。后来少数学生的生活费用由国家供给，其他学生均为自费。

　　"文化大革命"爆发后，香山慈幼院受到严重冲击。1973 年 1 月 29 日，北京香山慈幼院的校名最终被北京市立新学校取代。至此，香山慈幼院的学前教育部分再无婴儿部，只剩幼儿部。"文化大革命"之后，香山慈幼院正式更名为北京市立新学校。北京市立新学校的办学体制仍然是十五年一体化的公立学校，隶属于海淀区教育委员会。

　　现在的北京实验学校隶属于海淀区教育委员会，是海淀区唯一一所幼、小、初、高十五年一体化办学的公立学校。它继承了慈幼院蒙以养正的育人传统，秉持熊希龄先生面向社会、全面育人、追求高水平教育的教育思想，以健康成长、快乐生活、自主学习为教育理念，以初步培养具有良好学习品质、健全人格、能够适应未来社会生活的社会人为育人目标。幼儿园先后被评为北京市示范幼儿园、北京市一级一类幼儿园、北京市早期教育示范基地、北京市食品卫生 A 级单位、海淀区示范幼儿园、海淀区人民满意幼儿园，现已成为首都师范大学教育实习基地。

　　幼儿园现设 11 个教学班，其中小班有 3 个，中班有 3 个，大班有 3 个，亲子班有 2 个。全园在园幼儿有 300 多人，教师有 50 多人。教师队伍素质较高，全部教师达到大专及以上学历，其中本科及以上教师占到了 82%。教师队伍较为稳定，年龄结构合理。近百年的建园史为幼儿园的成长积淀了丰厚的文化底蕴，中小幼一体化办学更为幼儿园提供了宽广的发展空间。

[北京实验学校(海淀)幼儿园　武春静]

故事二十四

玉山镇上的百年园

一、昆山县培本小学附属幼稚园

昆山市玉山镇北珊湾幼儿园创办于 1920 年。创始校长是徐祖芬，园主任是李齐芥，助手是顾嗣韫。原名为昆山县培本女子高级小学附属蒙养园，设于培本女子高级小学内，初收一个班，20 名幼儿，是昆山县第一所学前教育园校。至 1922 年，蒙养园从起初收一个班 20 名幼儿，到收三个班 56 名幼儿，其中有男孩 33 名、女孩 23 名，教员有 3 名，已初具规模。①

1929 年，幼儿园更名为昆山县培本小学附属幼稚园。民国时期，幼儿园收 4 周岁以上 6 周岁以下的幼儿，按照年龄分班，予以 1 年或者 2 年保教。幼儿园的课程一般开设音乐、游戏、工作、常识、故事、读法、数法、餐点和静息 9 门。教养员除指导幼儿观察花卉、辨认植物外，还教以认字、写字（描红）、唱歌、游戏、手工、故事等课，使幼儿为升入小学打好基础。②

1937 年，校舍主要部分毁于战火，被迫停课，次年复课。

1945 年抗日战争胜利，学校改名为昆山县城区第二中心国民学校附属幼稚园。整个学校被毁，校舍逐步修复为三进平房，有大小不等教室 12 间。但由于经费短缺，建筑草率，校舍已破烂不堪。

1949 年，昆山县解放，人民政府接管学校。从民国时期到新中国建设初

---

① 《昆山县教育汇刊》，民国二十一年版第九期。
② 江苏省昆山县县志编撰委员会：《昆山县志》，612～613 页，上海，上海人民出版社，1990。

期，幼儿园一直隶属于昆山县培本小学，经费也来源于昆山县培本小学。新中国成立后，幼儿园收 3～6 周岁的幼儿入园，学制三年，分成小班、中班、大班三种年龄班。20 世纪 50 年代后期至"文化大革命"前，幼儿园一般开设认知(语言和认识环境)、计算、音乐、体操、图画手工等课程。"文化大革命"后，课程设置基本统一为 6 门，即语言、常识、计算、音乐、体育、美术课。教养员结合土地改革、抗美援朝等时事，用展示图片、讲故事等形式对幼儿进行爱国主义教育。

二、北珊湾幼儿园

1981 年《幼儿园教育纲要(试行草案)》颁布后，幼儿园按照规定，继续开设 6 门课。1995 年 8 月，新园建成使用，更名为北珊湾幼儿园。2001 年，在市政建设的统一规划下，北珊湾幼儿园异地新建，园址于横街 108 号迁至现址越阁北街 337 号。2003 年新园建成使用，办园条件不断改善。

如今的玉山镇北珊湾幼儿园秉承近百年教育精髓，不忘让孩童健康快乐成长的办园初心，进一步传承创新，以《幼儿园教育指导纲要(试行)》《3—6 岁儿童学习与发展指南》为引领，走好内涵发展之路。全体保教人员在秉承近百年教育精髓的同时，注重汲取创新元素，以江苏省"十三五"规划课题"以趣味彩绘为切入口的尚美校园的建设"为切入口，努力打造尚美文化校园，确立了以美怡情、以美启真、以美引善、以美育人、以美创新、以美成长的特色管理原则，以美的理想、美的情操、美的素养为指引，努力实现校园环境的韵美、教师形象的润美、教师心灵的善美、幼儿发展的稚美、特色课程的精美、校园氛围的和美、园所发展的完美。

(江苏省昆山市玉山镇北珊湾幼儿园　蒋晨)

故事二十五

活教育在鼓幼

　　拥有 2400 多年历史的六朝古都南京有一座雄伟壮观的古建筑——鼓楼。鼓楼高岗之上有一个名闻世界的儿童天地——南京市鼓楼幼儿园。走进鼓楼幼儿园，首先映入眼帘的是一座汉白玉塑像。他，就是鼓楼幼儿园的创始人、中国近代著名教育家、儿童心理学家、儿童教育家陈鹤琴。

一、陈鹤琴创办鼓楼幼稚园

　　陈鹤琴年轻时留学美国，从霍普金斯大学到哥伦比亚大学，陈鹤琴深受进步主义现代教育思想的浸濡。在美期间，广博的学习与丰富的教育实践为陈鹤琴归国后投身教育及教育思想的萌发奠定了基础。1919 年，陈鹤琴从美国学成归国，受聘于南京高等师范学校、国立东南大学，担任儿童教育学、儿童心理学教授。他首先从自己的长子陈一鸣开始观察实验，时间长达 808 天，并据此写就出版了《儿童心理之研究》。该书成为中国第一部采用婴儿传记的方法研究并记载儿童早期心理发展历程的科学专著，也开启了中国学者以中国儿童为对象研究儿童心理发展的大门。

　　陈鹤琴幼年时的私塾经历给他留下了"六年最宝贵的光阴，除了认识三四千字以外，可说几乎完全付之东流"的坏印象，他用"惋惜、感慨、痛恨"表达自己对读死书的感受。他大力倡导教活书、活教书的理念，认为要实现民主与科学，必须改造旧教育，开创新教育。

　　当时的南京已经有多所幼儿园，大多为外国传教士开办，以唱赞美诗、听《圣经》耶稣故事、行祷告礼仪等为课程的主要内容。陈鹤琴痛斥幼儿教育患了"外国病""花钱病""富贵病",认为"幼稚教育抄袭西洋,不切合中华民族性,不适合中国国情,不能使中国儿童适应"①。

1923 年的春天,陈鹤琴在自己的家中创办了鼓楼幼稚园,并亲自担任园长。在鼓楼幼稚园这块实验园田里,陈鹤琴有三大计划:建筑中国化的幼稚园园舍,改造西洋的玩具使之中国化,创造中国幼稚园的全部活动。陈鹤琴认为,要使幼稚园教育中国化、科学化,首先要从课程改革入手。他以鼓楼幼稚园为实验田,开创性地提出了单元教学这种中心制的课程组织形式,由此,开启了中国第一次幼儿园课程改革之门。

二、"活教育"理论体系的形成

陈鹤琴在张宗麟、甘梦丹、屠哲梅、钟昭华等人的协助下,从幼儿园的办园宗旨、培养目标、教学内容、设备标准到对教师的要求,逐项进行研究,撰写了《我们的主张》《家庭教育》,提出了幼稚教育的"三大目标""17 条教学原则""学习的四个步骤""五指活动"等,逐渐形成一套适合时代需要、符合民族精神的"活教育"理论体系。这是我国学者提出的第一套系统的幼儿教育理论和方法体系,对当时依赖国外教育资源的中国来说具有划时代的历史意义,也引导着近百年来中国学前教育的发展。

1932 年,由陈鹤琴主持、根据鼓楼幼稚园课程实验成果制定的《幼稚园课程标准》正式颁布实施,这是我国学前教育史上第一个幼儿园课程标准,为

图 3-88　私立鼓楼幼稚园大门

图 3-89　1923 年第一幢教学楼

---

① 陈鹤琴:《创建中国化科学化的现代幼儿教育》,1 页,北京,金城出版社,2002。

巩固和发展我国的早期教育实验，推动我国幼稚园课程向中国化、科学化方向发展，做出了卓越的贡献。它也让鼓楼幼稚园从"活教育"的摇篮成为中国历史上第一个幼儿教育的实验研究中心。

图 3-90　小朋友放风筝

图 3-91　一群小画家

图 3-92　搭积木

图 3-93　拉黄包车

"活教育"理论是陈鹤琴留给后人的宝贵财富，它不仅是鼓楼幼儿园坚守科学幼儿教育的基础性理论，也是单元课程不断变革的实验火种。

三、单元课程的建构与发展

从 20 世纪 80 年代起，鼓楼幼儿园置身于教育改革的浪潮中，再一次踏上单元课程建构与发展的征程。在早期单元教学实验的基础上，新一轮的课程研究将"活教育"作为文化之根，坚持幼童本位的儿童立场，以"做人，做中国人，做现代中国人""大自然、大社会，都是活教材""做中学，做中教，做中求进步"为目标，通过集体化、小组化、个体化三个阶段，探寻出适合中国国情的科学化、大众化的课程之路。

在研究中，鼓楼幼儿园的研究者们遵循预设为主、生成为辅的编制策略，注重教育内容的鲜活、形式的灵活、效果的激活；研究探索出"走出校园，生活在前""经验先行，探究在前""分层指导，儿童在前"的主动学习教育策略；提出了"半程示范法""家园共育101条主张""一日生活皆课程"等理念，让教育过程成为儿童自发生成、自愿参与、主动探索、自主建构的过程，体现了"活"的教育思想和改革精神，形成了鲜明的园本课程特色。

现在的单元课程在编排上采取了经纬坐标对应式。经线坐标为社会文化需要传递的、对应儿童年龄特点的知识内容，纬线坐标为学科逻辑体系架构的、对应教育规律的内容。这种编排既让单元内容留有"五指活动"的痕迹，又保证了儿童学习的阶梯式进程。教师、儿童、教材、环境四个要素之间形成相互作用的"活教育"系统。在这个"活"的系统中，课程的内容不断地生成，"活教育"的意义也不断地被放大。预设与生成让课程由计划转变为一种资源，让教育者在尊重教育规律与尊重儿童之间找到了通道。

单元课程秉承陈鹤琴一切为儿童的夙愿，坚持幼童本位的儿童观。这里的本位不是放任或束缚的本位，而是成人对儿童的尊重和信任的本位，是基于心理学、教育学的科学施教的本位。它时刻提醒教师们摒弃成人的逻辑，尊重儿童的天性，以儿童为中心，用儿童的眼睛去看、去听、去感受，让儿童自己探究、观察、实验、发现。

在鼓楼幼儿园的任何班级中，大家都能看到观察记录本、观察小卡、便签条、成长档案……教师们将观察儿童行为作为理解儿童的重要方式，通过观察与记录分析发现儿童的兴趣，了解不同儿童的学习方式和问题解决的过程，关注儿童与同伴的互动状况，理解他们的真实想法，从而有目的地回应儿童语言、表情、动作、作品发出的信息，让教育策略更加有效，让科学施教成为可能。

除了教师观察记录儿童外，鼓楼幼儿园还发动家长记录儿童，让儿童记录自己。陈鹤琴认为："幼稚教育是一件很复杂的事情，不是家庭一方面可以单独胜任的，也不是幼稚园一方面单独可以胜任的，必定要两方面共同合作方能得到充分的功效。"家长的记录呈现了家庭教育的理念与策略，以及对课程实施的响应。家长实现了从支持者到参与者的角色转换。儿童的记录让他们有了计划、工作、回顾的主动学习的可能，实现了"活教育"的教学原则："凡是儿童自己能够做的应当让他自己做""凡是儿童自己能够想的，应当让他自己想"。观察与记录让成人走进了儿童世界，让教育的过程从儿童出发，再回归儿童。

在与联合国儿基会合作项目幼儿园与小学衔接的研究中，鼓楼幼儿园的研究者发现，教师与儿童间交往的次数、肯定性接触的次数越多，相互的熟悉程度就越高，越利于师幼关系的建立。但这种互动不是盲目的干预，在"活教育"的实施中，教师们明确自己的责任是引发，工作是供给，任务是指导，态度是欣赏；指导的目的是发扬儿童的才能，不是抑制儿童的活动。他们力图沿着儿童的行为、语言、态度给予的线索找寻合适的教育策略，通过提供差异化的间接或直接的指导，支持并促进每个儿童在原有基础上尽可能多地、最大化地发展。

"游戏是儿童的工作，游戏是儿童的生命"，这是陈鹤琴的嘱托，也是鼓楼幼儿园的态度。根据儿童在游戏中生活、在游戏中成长的特点，鼓楼幼儿园的研究者注重游戏在一日生活中的渗透。教师们通过改造活动室、调整布局、提供材料等，创设丰富的游戏环境，让儿童自己决定用什么方式玩、怎样玩，在尝试体验中萌发更多的兴趣，获得更多的经验。教师们还通过提供分层材料、差异化的指导等，让每个儿童都能体验成功的快乐，并在原有水平上有所发展。

冲破园所的束缚，办没有围墙的幼儿园，是"活教育"给予单元课程的启迪。在课程实施中，教师可以随时随地冲破班级大门、幼儿园大门，带领儿童到自然中、到社会生活中，把幼儿园变成活的乐园，把乐园变成生活的家园，让儿童活泼成长。

每年四月，幼儿园都要组织大班儿童到农村参加社会实践活动。活动前，孩子们都会围绕农村话题，以调查表、制作、绘画的方式交流讨论，这一过程既能让孩子们互相交流解惑，又能让成人知道孩子们的初期经验，为接下来活动的难易设置、安排、个别帮助做好支持工作。在农村的实践活动是孩子们亲身感受、探究和积累经验的过程。通过参加两天一晚到农家做客、参观蔬菜大棚、准备食材、采茶、与农村孩子交朋友等活动，他们亲身感受了城市与农村生活方式的差异，克服了恐惧、孤独与不安，学会了坚持、顽强，也激发出更多的探究兴趣与愿望。

"活教育"的研究让鼓楼幼儿园喜获硕果。2013 年，"活教育"思想研究所被列为江苏省首批特色项目研究所。2014 年，幼儿园单元课程的研究获江苏省基础教育教学成果奖特等奖、首届国家级教学成果奖一等奖。

很多到鼓楼幼儿园观摩的同行都好奇：鼓楼幼儿园的教师为什么始终满怀热情、积极主动地投身于研究和实践中？鼓楼幼儿园有什么神奇的精神力量？鼓楼幼儿园认为，那就是从陈鹤琴建园时期就形成的科学实验的研究精神。研究精神是鼓楼幼儿园的文化之一，是鼓楼幼儿园保持生命活力的源泉。研究精神不断唤醒鼓楼幼儿园的教师，将"活教育""幼童本位"等价值观的血液传输到幼儿园的每个角落，引领幼儿园向着科学幼儿教育的方向行进，持续提升专业素养，不断拼搏、创新、向前迈进。

陈鹤琴多次提及办幼稚教育就是要在"大田中种麦"，办鼓楼幼稚园就是要为大田提供中国"麦种"，让全国城乡幼稚园都能受到科学的启蒙教育。"琴声悠扬"教师志愿者联盟、单元课程协作体、江苏省七色花幼教联盟、鹤琴学校、江苏省"活教育"思想研究所……鼓楼幼儿园正以"大麦田"的方式传播"活教育"思想及课程成果。

从鼓楼岗上的私家小院起步，鼓楼幼儿园办学已近百年。如今的鼓楼幼稚园旧址已成为海内外幼儿教育同行学习交流的站点。人们像朝圣一样进入陈鹤琴故居，感受中国幼儿教育发源地的无穷魅力。陈鹤琴故居好似"活教育"传播的种子，更像是一张名片，让人们读懂"鼓幼"是谁，"鼓幼"从哪里来，"鼓幼"要到哪里去。

鼓楼幼儿园将沿着"活教育"的轨迹继续前行！

（江苏省南京市鼓楼幼儿园　崔利玲）

第四部分

中国百年老园的追寻与探析

从历史走向未来

历史总是让我们肃然起敬，因为历史让我们看到了时间的漫长和生命的短暂，也让我们看到了来时的路和归去的途。

我国虽有 5000 多年历史，是四大文明古国之一，是儿童数量最多的国家，但是幼儿园历史仅仅只有一百多年，而且由于社会动荡，世事变迁，能够追根溯源百年历史的幼儿园只找到 25 家左右。在硕果仅存的这些幼儿园中，由于战乱，资料大都不齐全。这不免让人扼腕叹息。因而这项中国百年老园的发展样态研究在抢救遗存、为国家保留一份珍贵的历史记录方面，显得极为紧迫，具有莫大的价值。如果在这项研究结束之后，国家给这些幼儿园颁发"中国百年历史幼儿园"保护标志，那么这项研究将是一个功德无量的壮举。我们看到，这些历史名园都历经沧桑，名字几经更换，园址不断搬迁。无疑，还有一些幼儿园遭到毁灭性的冲击，没有留下任何痕迹。我们希望从法律上对这些历史名园予以保护，让这些幼儿园不得随意更名，不得拆迁，人们也不得随意干涉幼儿园正常的教育活动。

我们一直在努力建设具有中国特色的幼儿教育体系。这个体系不是短时间内能建起来的。所有的今天都是昨天的延续，今天也将成为明天的历史。中国幼儿教育体系必须找到根，找到历史的传承，否则便是无根之木、无源之水。中国百年老园的发展样态研究的价值不仅在于研究这些幼儿园的样态，也在于开展了超越个案的体系研究。历史不能被割断。100 年来中国历史虽然跌宕起伏，但是依然是一个整体。我们看到许多百年幼儿园的历史被斩断、被割裂，留下了难以弥补的空白，十分可惜，这对建立中国特色的幼儿教育体系极为不利。

把百年老园作为案例，我们其实是在认真地做历史研究。研究历史的目的是找出历史发展的规律。虽然"长江后浪推前浪，一代更比一代强"，但如果不是把前人的终点作为自己的起点，则未必一代胜过一代。历史有时候会反复甚至倒退。找出历史发展的规律，推动历史前行，是我们研究历史的目的。我们看到好几所有百年历史的幼儿园在创办之初确立的办园理念、建立的课程模式、采用的教学方法，至今仍然历久弥新，具有引领价值。假如历史不曾被割裂，我们今天一定做得更加精彩。比如，陶行知、陈鹤琴提出的教育的生活化、游戏化；张之洞提出的保身体之健旺，养天赋之美材，习善良之言行；等等，都是能够穿透历史的箴言。本项研究的主旨是守正出新，这四个字恰当地概括了本研究的目的和价值。

我们对百年老园进行的样态研究，既是现象研究，又是规律性探索；既是个案分析，又是共性探讨。参与这项研究的幼儿园应该本着对本园历史和现在负责的态度，站在建立中国特色幼儿教育体系的高度，科学严谨地收集史料，开展研究。每一所幼儿园的史料应该包括以下四个方面。第一，结构性因素：园名、园址、规模、园所属性、历史沿革、创办者、历届负责人，要有图、文、数据。第二，影响性因素：幼儿园创办以来，哪些因素导致本园发生了哪些改变，包括社会影响、内部人事变化产生的影响等内容。第三，内涵的演变：包括办园理念、办园宗旨、课程建设、文化建设、师资队伍等内容。第四，人的研究：包括创办人和历史上对本园产生重大影响的园长、教师的研究。幼儿教育是一个奉献的行业，一百年前幼儿园的创办人大都具有崇高的理想和较大的人格魅力。长期以来我们忽视了对创办人和对幼儿园有重大贡献者的研究。为了表达后人对前人的敬仰之情，也为了明晰思想传承的脉络，我们应该补上这个缺失。

沧桑巨变，虽然历尽艰辛，但令人欣慰的是，有百年历史的幼儿园在今天大都是各地幼教行业的标兵，有些幼儿园在当地和全国具有很高的知名度。让我们以史为鉴，以史为师，从历史走向未来。

（江苏教育报刊社《早期教育》编辑部　程晓明）

往事犹如异乡

——"中国百年老园的发展样态研究"印象

"变革是一个过程，而不是一个事件"，是加拿大教育改革专家迈克尔·富兰在 1982 年出版的《教育变革的意义》一书中曾经标榜的立场。然而，恐怕只有真正置身中国百年老园的发展样态研究的现场，天南地北名园荟萃、百年余威扑面而来的那一刻，你才能真正体会迈克·富兰为了准确描摹教育变革，何以极尽能事、反复思量："变革是一项旅程，而不是一张蓝图。""变革是非直线的，充满着不确定性和兴奋，有时还违反常理。""变革是一个漫长的变化过程，而不是书面上的蓝图或规划。"①

我们倾听百年老园对教育变革的现身说法，不难发现，其跨越时空的共同经验足以表明，教育变革往往在制度变迁、理念演进及实践开展等层面展开，当中的理念演进或思想观念更迭往往是教育变革的深层动因。然而令人遗憾的是，以制度为据，将史料嵌入某种思想框架或用某种因果说明某种现象的解释性方法比比皆是；而在分析过程中蕴含比较文明的视野，将中国文明与其他文明之间的张力包容在内，而无意于获得某种人人认同的最终结论的反思性方法却并不寻常。

20 世纪 20 年代，陈鹤琴在《现今幼稚教育之弊病》一文中指称，当时的幼稚园多与"幼稚监狱"无异，"与环境的接触太少，在游戏室的时间太多""幼稚园的生活，几乎都是室内的生活，邻近即有田园即有街市而不领幼稚生到外边去看看。呆板地天天叫他在一间小房子内生活"。鼓浪屿的怀德幼稚园却是一处中西教育思想并行不悖并且完美融合的世外桃源。

我们由湖北幼稚园史细察民国初年课程目标与科目，不难发现，"保育教导儿童，当体察幼儿身体气力之所能为，心力知觉之所能及，断不可强授以难记难解之事，或使为疲过度之业"，以及提倡的游戏（分为随意游戏和同人游戏）、歌谣、谈话、手技等，"与初等小学之授以学科者迥然有别"②。究其

---

① ［加］迈克·富兰：《变革的力量——透视教育改革》，中央教育科学研究所、加拿大多伦多国际学院译，32 页、217 页，北京，教育科学出版社，2000。

② 中国学前教育史编写组：《中国学前教育史资料选》，96 页，北京，人民教育出版社，1989。

根源可见，洋务派主持制定的幼稚课程在某种程度上折射出的其实是将幼儿生活置于幼儿园教育中心这一有着悠久历史与浓厚根基的保育思想传统中。这一传统正是源自和田实、东基吉等人针对日本明治末年出现的形式化福禄贝尔恩物主义发起的改革运动。这场改革运动倡导的是以幼儿为中心、以游戏为中心的生活教育的保育思想。而后日本幼儿教育之父仓桥惣三将其发扬光大为生活的教育化，希望幼儿能够将自己的生活原生态地、丰富地、快乐地在幼儿园中延展，"通过生活，学习生活，面向生活"①。

当时，中国幼稚园"大抵是抄袭外人的，而外人的幼稚园已时改进，但我们还是墨守成规，不知改良，以致陈旧腐败不堪闻问了"②，"今日抄袭日本，明日抄袭美国，抄来抄去，到底弄不出什么好的教育来"③，这在某种程度上反映的其实是良好愿望与现实条件的剧烈冲突。正如张雪门在《我国三十年来幼稚教育的回顾》中提到的，在所谓教会幼稚园宗教式课程中，"教会出身的女子……甚至连本国史都不十分明白，自然只会盲从，且国文的修养极浅，更易流于机械的模仿"。相较教育制度、教育理念，教育实践过程中居于决定性地位的师资因素成了那个时代的木桶的短板，严重桎梏了教育的变革进程。即便英才天纵，如南陈(陈鹤琴)北张(张雪门)，其影响也不过一省一域，徒慨叹"传薪哪惜山河远"。

西方课程专家断言，课程编制的时代已死，美国课程已进入认真反省课程历史的时期。事实上，正如约瑟夫·托宾所称，东西方教育模式往往并非趋向汇合，而很有可能如夜航船不知不觉擦肩而过。其说未足采信。但百年老园曲折离奇而真实可信的一段辉煌历史，却委实重重叠叠地层积着教育变革的密码。

往事犹如异乡。百年老园最重要的教益不是告诉我们从异乡往事和过去中学到些什么，而是借由分辨历史进程中的必然和偶然，从中窥破认识自我的门径。这需要借助史华慈教授的史识，"后退一步，远眺彼方"：后退一步以便拉开与现实的距离，做出质疑和批判；远眺彼方则是在质疑与批判的同时，寻求新的精神愿景。

（北京师范大学学前教育研究所　杜继纲）

---

① 〔日〕高杉自子：《幼儿教育的原点》，王小英译，8页，上海，华东师范大学出版社，2014。

② 《陈鹤琴教育文集》下卷，1页，北京，北京出版社，1985。

③ 《陈鹤琴教育文集》下卷，8页，北京，北京出版社，1985。

江苏百年历史老园的成长刻痕

　　……在我们的传统故事中，总有一些讲述在树林中迷路的儿童学习如何找到回家的路。诚然，成长意味着从对迷途和孤独的恐惧中释放自己。我们必须帮助儿童和他们生命的地点建立活跃的关系。然后，他们就能够开始自己探索，发现自己的成长之路，而这条路会因为他人和自己均认同的身份所建立的安全感，而越走越宽广，越走越远。

——摘自《儿童——意大利的婴幼儿保教经验》2004

　　中国的百年历史老园研究是跨时代研究。清朝末年到民国初期是反对传统并且学习西方的时期，"一部中国近代教育史就是一部中西教育全面接触、冲突、吸收、融合的交流史，是一段交织着被迫接受与主动求索的矛盾和痛苦的历史"[①]。同样，中国近代学前教育观念并不是在中国传统教育的这棵老树上自动发出的新芽，而是在西学东渐的文化大碰撞的过程中逐渐产生的。

　　20世纪初期，教会开始重视开办学前教育机构，对基督教传播有特殊意义。西方学前教育思想也随之得以在中国广为传播。系统的西方学前教育理论传入中国，客观上促进中国出现了最早的近代学前教育机构，对中国人自己建立学前教育制度起到了示范作用。1902年，美国传教士们在苏州创办了以培养幼稚园师资为主的景海女学，传达幼儿教师的专业化理念，强调合格的幼儿教师需要接受专业培训，了解儿童心理特点，掌握学前教育的规律，运用得当的教学方法，才能完成学前教育的任务。

　　在此特殊社会大背景下，中国的幼儿园开启了百年发展史。初期的办园理念和课程设置均受到西方教育思想的影响，福禄贝尔的"恩物"成为园内幼儿的玩具，蒙台梭利的感统训练教具也时有出现。教室被设计得非常精美，设备齐全，有色彩鲜艳的小桌椅、立体画板、沙盘、积木、荡船、滑梯、转椅等。课程除游戏外，还有唱歌、手工、开蒙识字等。教学过程遵循自然的法则，强调儿童的自然表现和自我活动。此阶段的幼儿园基本上适用于中国

---

　　① 胡金平、周采：《中外学前教育史》，51页，北京，高等教育出版社，2011。

土壤，富有中国特色。江苏的百年历史老园是其中主要的创建支系，基本发端于清朝末年，延续至民国时期。景海女学对江苏范围内的幼稚园发展与师资输送起到了积极的作用。根据史料记录，那个阶段共有 6 所幼儿园延续至今，分别为：莲花桥幼稚园（1909—1911 年）（现南京师范大学附属小学实验幼儿园），江震第一蒙养院（1911）（现苏州市吴江区实验幼儿园），海虞市立女子国民学校附属蒙养园（1916 年）（现常熟市实验幼儿园），昆山县培本女子高级小学附属蒙养园（1920 年）（现昆山市玉山镇北珊湾幼儿园），南京鼓楼幼稚园（1923 年）（现南京市鼓楼幼儿园），无锡县第四高等小学附设幼稚班（1928年）（现无锡市梅村中心幼儿园）。

相同的历史阶段赋予中国最早一批幼儿园相似的创建过程与历史背景，以及相通的文化特质与思想精髓。开端之时的历史记忆其实是一种清晰且永恒的刻痕。寻根是寻幼儿园成长之源，寻根是求幼儿园发展的社会与历史的身份归属。寻迹历史，敬畏历史，见证发端，重温先贤的使命，梳理百年的文化遗存，可以给人们以历史的哲思与发展脉络的启思，让幼儿园在对照昨日的同时更加清楚地理解今日的发展与规划未来的道路。

一、追溯历史，慈幼善德：探寻百年老园的发展脉络

幼儿园的发展如同一棵大树的成长，根须越深，其枝叶也越加繁茂。这种根基必然是文化基因，吸附着时代特征与社会文化的幼儿园教育思想。找寻幼儿园的发生与发展痕迹，帮助个体或者群体获得身份认同并找到归属感是何等重要，我们需要了解：儿童是谁和属于谁；群体是怎样的，发端于哪里，终究属于哪里。这二者合一便是幼儿园成长的定义。社会学取向的儿童研究表明：在不同的社会和文化脉络中产生、成长的儿童将承袭不同社会文化对儿童的想象和论述，对儿童发展等标准的社会规范和参照标准，以及对社会文化的影响力。

我们纵观开端之初江苏范围内的幼儿园发现，大部分为蒙养院性质，附属于当时的新兴学校，以蒙养园、幼稚园的名称命名。其中，最为特殊的是中国第一所实验幼儿园，即南京鼓楼幼稚园。其创办人陈鹤琴先生提出的"活教育"与"五指活动"课程成为中国近现代新旧教育变革产物之经典。陈鹤琴的教育理论传承了美国教育家杜威思想的核心理念，又基于中国社会文化的实际，其中西合璧的教育思想在当时幼稚教育界产生了巨大的影响。

仁爱之心，慈幼之情，善德之举。慈幼、善德的思想种子也就在这个过程中被播撒到了幼儿的心灵中，也成为教师们教育行为的核心价值追求，在幼儿园的精神世界中生根、发芽、开花，形成了幼儿园成长过程中所独有的精神特质。这些历史老园的教师和幼儿徜徉在历史长河之中，总会有凝重明德、纯净优美、快乐幸福的感受，有对美好事物向往的坚定信念。这些历史老园形成了社会文化网络，建构着一代代师幼人内在的共同精神。

（一）南京市鼓楼幼儿园

1923 年的春天，时任南京大学教育科心理学教授的陈鹤琴在自己新建的住宅客厅里办起了幼儿园，自任园长，创办了中国第一个以儿童发展的科学理论为指导、以实验和行动研究为方式的幼儿教育研究中心——鼓楼幼稚园，开启了中国第一次幼儿园课程改革之门。其《我们的主张》《家庭教育》"幼稚教育的三大目标""17 条教学原则""学习的四个步骤""五指活动"等内容形成了一套适合时代需要、符合民族精神的"活教育"理论体系。这是我国第一套系统的幼儿教育理论和方法体系，在中外学前教育史上具有划时代的历史意义。

鼓楼幼儿园的精神就是从陈鹤琴建园时期形成的科学实验的研究精神。研究精神是鼓楼幼儿园的文化之一，是鼓楼幼儿园保持生命活力的源泉。改革开放以来，"鼓幼"人努力实现探索适合中国国情的、大众化、科学化幼儿教育道路办园宗旨，始终以"做人，做中国人，做现代中国人""大自然、大社会，都是活教材""做中学，做中教，做中求进步"为努力目标，坚守"活教育"的文化之根，坚持幼童本位的儿童立场，坚定开展单元课程的实验研究与实践探究。在中国学前教育史上，单元课程历经了从集体化到小组化、从小组化到个体化三个阶段的递进发展，让"活教育"落地生根，将一切为儿童的理念渗透进更多的幼儿园。鼓楼幼儿园实现了循序渐进、守正创新的园本课程改革，其单元课程获国家级教学成果奖一等奖。

2018 年 4 月，在鼓楼幼儿园建园 95 周年活动中，"陈鹤琴幼儿园"正式揭牌。鼓楼幼儿园增加了荣誉感和责任感。希望"鼓幼"人不忘陈老初心，再接再厉，在继承、弘扬陈鹤琴教育思想的基础上自觉传承陈鹤琴办幼稚教育就是要"大田种麦"、办鼓楼幼稚园就是要为"大田"提供中国"麦种"、让全国城乡幼稚园都能受到科学的启蒙教育。

（二）无锡市梅村幼儿园

创办于 1928 年的无锡县第四高等小学附设幼稚班使用祠堂改建的教室。室内有一根大柱子，幼儿环抱于侧，嬉戏玩耍。世纪交替之际，幼儿园方才移地重建。幼儿园积淀了人事相善的园训理念，即人与人、人与事、人与物彼此交好，互为能量，不断生长。人事相善是对传统文化的有效传承，是社会发展的必然之路，是关系视角的合理重建。它启迪大家要从关系视角去思考教育的本质——教育是一种人事的统整、你我的相处、潜能的唤醒。它让梅村幼儿园发现了教育的内在维度——从儿童中走来。近百年的历史让梅村幼儿园具有人事相善的园所文化底色，构建了独特的关系视角。

你我相处是一种平等。幼儿有他们自己的荣辱观念及人的尊严观念。成人只有放下架子，在学习、生活中尊重幼儿，以平等的身份对待幼儿，与幼儿建立相互信任的关系，做幼儿的知心朋友，才能实现最成功的沟通。"你我相处"是一种理解。不理解幼儿——不理解他的智力、思维、兴趣、爱好、才能、禀赋、倾向——就谈不上教育。只有那些始终不忘记自己也曾是一个幼儿的人，才能成为真正的教师。教师如果不能与幼儿进行及时有效的沟通，就不能理解幼儿在成长路上遇到的问题。幼儿园秉持多年办园历史积淀的教育理念，从园所管理、课程研究、教师素养、文化建设等方面入手，关注幼儿园各主体多样化成长的可能，整体提升品质，建构属于新时代、新"梅幼"的教育新蓝图。

二、与时俱进，磨砺使命：构筑百年老园的成长阶梯

百年老园的发展经历了历史长河中的弯弯曲曲，或更名兼并，或规模变化，或短期停办复办……百年老园砥砺前行，不断地有全新的发展，并且融合不同历史样态的社会与文化痕迹。不同时期深刻影响了人们对于幼儿和幼儿教育的认知。对于幼儿教育的认知是建立在历史传承基础之上的。百年老园如同大浪淘沙之后的磐石，毅然挺拔，越发坚强与稳健。改革开放以来，幼儿园进入事业发展的崭新时期，也带来了教育教学的快速发展与特色发展。幼儿园办园规模与发展内涵得到全面提升。

（一）南京师范大学附属小学实验幼儿园

地处玄武湖之畔的莲花桥幼稚园因桥东南有莲花庵而得名。据老园长回忆，查阅地方教育志时，相关记载显示，幼儿园创建于清末宣统年间（1909—1911 年），属于中国历史上较早创办的一批幼儿园。莲花桥幼稚园的办园理念和课程设置受到西方教育思想的影响，福禄贝尔的"恩物"成为园内的玩具。1920 年，幼稚园并入莲花桥小学，属市立学校性质，至 1935 年，共有 105 名

幼儿，招生规模大，位居全市第二。国民政府教育部颁布《幼稚园课程标准》，莲花桥幼稚园遵从标准办学，日益重视幼儿的身心健康发展，注意养成幼儿良好的生活、学习习惯，强调幼儿的游戏，谋求课程实践与《幼稚园课程标准》理念之契合。

1958年，莲花桥小学幼稚园重建，因莲花桥小学更名为珠江路小学，幼儿园也更名为珠江路小学附属幼儿园。

从20世纪60年代初期开始，幼儿园教学改革的步伐从未停止。20世纪70年代末期有情景表演讲述，20世纪80年代中期有一日活动游戏，等等。1999年7月，南京高等师范附属小学幼儿园并入珠江路小学附属幼儿园。2018年，幼儿园更名为南京师范大学附属小学实验幼儿园，南京师范大学附属小学实验幼儿园的杜威教育思想也为发展注入了新鲜血液，即强调教育即生活，学校即社会，关注幼儿的经验，强调做中学。

悠久的办学历史诠释了幼儿在教师的教育下主动发展、快乐成长的历史文化理念与现代教育思想。今天幼儿园的主动发展活动课程理念基于幼儿游戏、幼儿身心健康和生活学习习惯三个核心词汇，以幼儿的兴趣为出发点，使幼儿围绕主题在社会与自然中进行自主观察与探索。教师提供一种适时、适度的支持和引导活动。幼儿园的园徽由紫色条纹和女孩形象、红色条纹和男孩形象组成了"1910"字样，紫色条纹和红色条纹像两只大手，绽露笑容的男孩女孩表达了一种谋求幼儿幸福和快乐的教育实践，投射出活动中的幼儿热烈与积极的乐动与灵动，以及在活动中师幼之间的亲密情感交融与心灵沟通，即主动、乐动、灵动。主动是幼儿对待生活、学习的活动态度，乐动是教师乐于思考、乐于参与、乐在其中的活动情趣，灵动是幼儿园文化充满灵气与本真的管理智慧。

（二）昆山市玉山镇北珊湾幼儿园

昆山市玉山镇北珊湾幼儿园创办于1920年，时为昆山县培本女子高级小学附属蒙养园，设于培本女子高级小学内。1929年，幼儿园更名为昆山县培本小学附属幼稚园。幼稚园收4周岁至6周岁的幼儿，按照年龄分班。幼稚园一般开设音乐、游戏、工作、常识、故事、读法、数法、餐点和静息9门课程。教师除指导幼儿观察花卉、辨认植物外，还教幼儿认字、写字(描红)、唱歌、游戏、手工、故事等，使幼儿为升入小学打好基础。1937年，校舍主要部分毁于战火，曾被迫一度停课，次年复课。1945年，抗日战争胜利，幼儿园改名为昆山县城区第二中心国民学校附属幼稚园。从1949年起，幼稚园一直隶属于昆山县培本小学。在历史长河中，幼儿园历经风雨，最终以崭新姿态呈现在众人面前。

北珊湾幼儿园不忘让孩童健康快乐成长的办园初心，在秉承百年教育精髓的同时注重汲取创新元素，努力打造尚美文化校园，确立了以美怡情、以美启真、以美引善、以美育人、以美创新、以美成长的特色管理原则；以美的理想、美的情操、美的素养为指引，努力实现校园环境的韵美、教师形象的润美、心灵的善美、幼儿发展的稚美、特色课程的精美、校园氛围的和美、园所发展的完美。北珊湾幼儿园的幼儿永远有一颗纯真、好奇、通透的心灵，在点点滴滴中感受生命的美好，在色彩的跃动和渲染中体会创造的快乐……

三、全面拓展，融会贯通：推进百年老园的成长创新

新时代，文化创新并非无水之源、无本之木，而是对传统批判性的继承。重拾、调动并创造性地转化百年老园的珍贵资源，可以促使传统学前教育与现代学前教育互动，有助于中国百年学前历史文化的创造性转化和创新性发展。

我们对百年老园文化进行了全面深刻的寻找、理解，在细细研读百年历史的过程中，不难发现知行合一是指追求真知真行，知为良知；天人合一文化理念是核心观念，也是幼儿园成长过程中智慧和思想的归属。人与自然、人与社会、人与人之间的和谐理念体现了幼儿园的精神文化。

（一）苏州市吴江区实验幼儿园

苏州市吴江区实验幼儿园前身为江震第一蒙养院，1911 年 7 月，由著名社会学家费孝通先生的母亲杨绀兰女士创办于吴江松陵镇积善弄。蒙养院开一个班，入园幼儿 24 人，教师仅有 3 人。1913 年，蒙养院并入当时吴江著名的爱德女校，成为爱德女校附设的幼稚园。教室设在校内八角楼的底层。1915 年，蒙台梭利的"儿童之家"在美国旧金山世博会上获得金牌奖并开始广泛传播。幼儿园引进蒙氏教具，进行蒙氏教学实践，这是当时先进教育的标志。1946 年，爱德女校更名为松陵镇中心国民学校。新中国成立后，松陵镇中心国民学校几经更名，均附设幼儿园，且为公办性质。1966 年至 1972 年，幼儿园仍有 2 个班 100 名左右幼儿。20 世纪 90 年代初期，幼儿园走上了科研兴园之路。后幼儿园更名为吴江区实验幼儿园，园内仅存的"百年老树胡秃子"见证了幼儿园的百年历史。

吴江区实验幼儿园现有一园四址，践行共同的和融办园理念，传承百年之初的幼儿园立园之魂——"爱德·求真"。今天的幼儿园赋予了历史和文化积淀的时代意义：以爱育人、以德树人，崇尚科学、追求真理的教育精神。爱德意在培养幼儿乐于关爱他人、亲近社会，促进幼儿与社会和谐相处，使幼儿在爱的教育中求得全面发展。求真意在培养幼儿乐于探究、亲近自然，促进幼儿与自然和谐相处，使幼儿在真的教育中求得个性发展。"爱德·求真"精神将人文素养与科学素养高度融合，求得培养目标的完整和谐。幼儿园要尊重幼儿成长发展的规律，做真教育，求真发展，促真成长，育真幼儿，把幼儿园真正办成幼儿健康成长的乐园，让每个幼儿沐浴在爱与希望的阳光中。幼儿的爱德品质（生活品质）为：有爱——有爱心、会感恩，有礼——有礼貌、知礼仪，有信——有自信、讲诚信；幼儿的求真品质（学习品质）为：好奇——善于思考，好问——勇于质疑，好动——乐于探究，好学——敢于创新。

该园研究的《多元主题活动课程》于 2016 年更名为《"爱德·求真"课程》。其核心理念为：顺应幼儿天性，回归教育本真，让幼儿真正成为体验与发现的主人。以主题性科学探究活动为主体、以偶发性科学探究活动和日常性科学探究活动为两翼的探究式科学启蒙教育课程颇具特色。

(二)常熟市实验幼儿园

常熟市实验幼儿园创办于 1916 年 2 月，为海虞市立女子国民学校创办的附属蒙养园。园址在小学内，校长宗秀松兼任园长。1923 年，幼儿园改称海虞市立女子附属幼稚园；1928 年，改称常熟县第一学区学前小学幼稚园；1952 年，改称常熟市学前中心小学幼稚园。1958 年，幼儿园扩大规模，增至 9 个班。"文化大革命"期间，幼儿园停办小班。1978 年后，大、中班共 6 个班。1981 年，幼儿园改称常熟县实验小学幼儿园。1983 年，幼儿园改称常熟市实验小学幼儿园。2003 年，幼儿园异地迁建。2014 年 1 月，幼儿园独立建制，改用现名。历史的记载似乎在讲述一个世纪以来幼儿园完整的发展历程。幼儿园风雨兼程，始终服务于幼儿，服务于一方土地上的百姓家庭。

一年一度的幼儿园"小小青松在长大"的毕业典礼、园本教科研刊物《新松秀挺》都意在传承和延续百年历史，铭记校长兼任园长宗秀松女士。幼儿园的管理文化延续了多年的中国文化思想。求和聚合，基于和的追求；求真务实，基于真的文化倡导；求宽促深，基于爱的教育行动；求精创优，基于实的思想姿态。幼儿园着力于构建幼儿、教师、幼儿园三者共同发展的成长共同体。

幼儿园课程改革有连续性与继承性。从民国时期幼稚园采用的单元设计教学课程，到改革开放时期的幼儿园活动整合课程、生活化游戏化课程，直至今天的园本课程幼儿园发展性课程，幼儿园始终坚持以活动促发展，教育幼儿养成好习惯。例如，幼儿园创立自造节日，包括不掉米粒节、自己吃饭节、实幼能干节、实幼勇敢节、文明礼貌节、你说我听节、快乐劳动节与健康成长节等。

四、积蓄百年，守望麦田：赋予百年老园的时代价值

百年老园文化绝不仅仅是园所的一种历史符号。百年发展历史凝练出幼儿园办园的基本思想与核心价值追求，这是一种共同的成长足迹与历史刻痕。教育是教师、幼儿等在互动中积极建构和发展的过程。在这样的过程中，幼儿感受到了被尊重与平等、被呵护与自主，在良好环境中获得成长。教师学会了重新思考事物的价值、个人的价值及事业的价值，获得了专业成长。幼儿园的历史与文化促进了师幼共同成长。如果早期的平等思想更多的基于博爱、仁爱，那么现代的平等思想更多的是对教育专业内涵中尊重与权利思想的体现。教育过程真正成为师幼精神交融、相互促生和共同建构的成长过程。正是这种弥足珍贵的精神财富深深扎根在幼教人的心田，并伴随着一代代幼儿的成长，成为幼儿园镌刻于心、永不磨灭的文化精神。"鼓幼"人是"活教育"的分享者、传承者，更是"活教育"思想及课程成果的传播者、创新者。鼓楼幼儿园作为江苏幼儿园的排头兵正在沿着"活教育"的轨迹继续前行。

一个有百年历史的幼儿园必然有着幼儿园管理文化方面的思想内核，这种思想内核必然源于对百年文化的深刻理解和深厚认识。一个有百年历史的幼儿园具有以幼儿教育文化自觉为前提的文化自信，以及围绕核心思想形成的公序良俗与教师专业特质，这是一种成长刻痕。虽然除鼓楼幼儿园之外，大部分园舍早已不在，记录不清，但是，无论老园舍还是新园区，无论历经怎样不同的社会发展时期，这些幼儿园均注重用环境承载百年名园的文化元素，用百年文化浸润幼儿、教师与家长的思想。这宝贵的精神财富深深扎根在幼儿教育工作者的心田深处，一代代幼儿教育工作者浸润于浓厚的百年文化氛围中，引领并促进幼儿园各方面的发展，对幼儿园、家庭乃至社区的发展都产生了深远的影响。扬州市明月幼儿园便是以月为名、以月为魂、以月明志的百年老园，不断焕发出新的光彩。

"一个延续了五千余年的大民族，必定有一个在历史上起主导作用的基本精神，这个基本精神就是这个民族延续发展的思想基础和内在动力。"①我们以争当百年历史老园的后人、传人作为己任，把文化传承作为自觉诉求。百年老园历经丰富的幼儿教育实践，积淀了丰厚的教育经验和教育智慧，力争以百年实践的积淀为依托，追求幼儿的主动发展、终身发展。我们解析百年老园的成长，不难发现源头之活水充满了生机与灵气，细细流淌。

（江苏第二师范学院学前教育学院　尹坚勤）

---

① 《张岱年全集》第 6 卷，168 页，石家庄，河北人民出版社，1996。

百年坚守，让爱永存
——问渠那得清如许，为有源头活水来

借由刘占兰老师牵头负责的中国百年老园的发展样态研究课题组的研究，通过一张张尘封已久的珍贵历史照片，我们走进浩瀚的百年中国学前教育史，走近一位位为幼儿教育立下功勋、产生重要影响的中国学前教育前辈，在真切感受幼儿教育发展起起落落的同时近距离触摸幼儿教育发展脉络，进一步明晰幼儿园的发展乃至幼儿教育的发展一定是要放置于社会、历史发展的背景之中的。对百年老园发展脉络的梳理使得历史和现实紧密连接在一起，我们每一个置身其中的人都会深切感受到一代代幼儿教育工作者深沉的爱，以及他们对国家兴亡、民族振兴的那一份责任与担当。

一、为什么要梳理、传承——温故而知新，述往事而思来者

百年前，张之洞曰："世运之明晦，其表在政，其里在学。"时至今日，中国现代学术已走过百余年，梳理、传承的价值和意义在于：温故而知新，述往事而思来者。

一是百年老园所承载的专业内涵及民族精神需要薪火相传。今天的幼儿教育工作者要透过厚重的文化历史，以对百年老园的追述与回顾与历史建立起一种自然连接，从而形成历史感、文化感和责任感。

二是在国际化、多元化、多样化背景下，我们更需要立足本土，兼收并蓄。在各种课程模式的研究和实践中，我们需要向内寻找自己文化的根、理论与实践的根，寻找我们共同的精神家园。我们相信优秀的课程理论及模式一定是殊途同归的，都会促进幼儿健康、快乐、可持续发展。我们要分析、研究百年老园的课程理念及模式，特别是要充分领会和理解其内涵和实质，了解每一种主张、每一个做法背后的支撑点，也要剖析每一次变迁、起落背后的动因，从而真正厘清文脉，凝聚其精髓，为我所用，为今所用。著名比较教育学家萨德勒认为："我们不能随意地漫步在世界教育制度之林，就像小孩逛花园一样从一堆灌木丛中摘一朵花，再从另一堆中采一些叶子，然后指望将这些采集的东西移植到家里的土壤中便会有一个有生命的植物。一个民

族的教育制度是一种活生生的东西……"①在今天国外林林总总的课程理念及模式纷至沓来的背景下，我们在学习、借鉴国外先进教育理念的同时，也要在回顾、研究中砥砺前行，目光向内，认真吸收、研究本土课程。我们要本着实事求是、一切从实际出发的原则，因地制宜，结合国情、市情、区情乃至园情，兼顾城市地区及农村地区的特点需求，在中西融会中不断吸纳科学优质课程模式的精髓，并不断地站在本土化立场上用本土的核心价值观去思考并建构属于自己的幼儿园课程模式。

三是回溯百年老园历史的过程有利于我们重拾文化自信和专业自信。这种自信在今天显得弥足珍贵。习近平总书记在阐述制度自信、道路自信、理论自信、文化自信等问题时，特别强调文化自信是更基础、更广泛、更深厚的自信，是更基本、更深沉、更持久的力量。我们要从弘扬优秀传统文化中寻找精气神，将中华优秀传统文化的历史渊源、发展脉络、独特创造、价值理念梳理清晰，像能够增强民众的文化自信一样，在厘清百年老园文脉、守正出新中寻找学前教育工作者的精气神，挖掘学前教育的历史渊源、发展脉络、价值理念，增强学前教育工作者的专业自信和文化自信。让陈列在博物馆中的文物、收藏在书本里的理念和方法、书写在古籍里的文字"活"起来，"立体"起来，让这些真正为今天的学前教育工作者所学、所用。

二、我们究竟要传承什么——厘清文脉，守正出新

百年老园背后是那些老一辈教育家的教育情怀、教育理想、教育实践。我们或许会想起"南陈北张"之中的张雪门先生；他提倡的儿童本位、合于国情、合乎时代需要的观点，与21世纪本土化的教育认知并无相悖。其省思实践打造专业教师的观点成为现代专业教师谙熟、奉为圭臬的理论。陈鹤琴先生一辈子致力于符合中华民族特色和时代需要的学前教育理论与实践探索，在学前教育民族化、科学化、平民化和世界化等方面做出了杰出的贡献。

北京共有四所幼儿园称得上百年老园，分别是北京师范大学实验幼儿园、北京市西城区实验幼儿园、北京市西城区洁民幼儿园、北京实验学校（海淀）幼儿园，这四所幼儿园均为北京市市级示范幼儿园，其中北京师范大学实验幼儿园、北京市西城区实验幼儿园是首批北京市市级示范幼儿园（首批取得市

---

① 转引自王承绪：《比较教育学史》，66 页，北京，人民教育出版社，1999。

级示范园称号的仅有十所幼儿园)。从此也能看出百年老园在不断地秉承传统，兼收并蓄，在与时俱进中砥砺前行。

北京师范大学实验幼儿园传承的是以儿童为本的理念，自 1915 年建园到今天，始终沿着以儿童为本这条线索。其教育实践经历了初步萌芽、奠定基础、探索发展三个主要阶段，以儿童为本的教育理念日渐明晰和深入。我们通过近百年来幼儿园在教科研、课程探索、师资培养、管理制度等方方面面的工作，可以清晰地看到以儿童为本教育理念在北京师范大学实验幼儿园教育实践中的推进历程。这对今天更好地贯彻落实《幼儿园工作规程》《3—6 岁儿童学习与发展指南》等所倡导的理念和精神具有重要的现实指导意义。

前身是国立北平师范大学附属一小幼稚园、始建于 1915 年的北京市西城区实验幼儿园，一路走来秉承实验的精神，形成了深厚的文化积淀。实验是设计用于检验一个理论或证实一种假设而进行的一系列操作或活动。我们从中也能解读出实验精神的核心，即求实与创新。正是这样的园所文化鼓舞着一代又一代"实幼"人本着爱为魂、人为本、业为根、和为力的办园理念，努力塑造达、活、礼、善、和、勤、睿的教师队伍，以培养康、慧、礼、善、和、美、思的幼儿为己任，不断进取，追求卓越，促使幼儿园一直走在教育教学改革与实践的前沿。

北京市西城区洁民幼儿园的前身是由章宗祥等人于 1903 年在北京兴办的京师第一蒙养院。从发展角度可以看出，洁民幼儿园的课程多是依据当时的历史背景而实施的，如民国时期张雪门的行为课程；新中国成立初期的五爱教育；改革开放时期注重身心健康发展的体育活动；在不断实践探索中逐渐形成的从最初关注和利用自然资源，到支持幼儿自然地学习、强调教育的自然伴随的自然化教育的园本课程……一系列的变化不仅反映了洁民幼儿园园本课程形成的过程，也反映了洁民幼儿园全体教师对幼儿的认知和对教育规律的摸索。总之，幼儿园一直在时代发展和教育发展的背景及进程中，开展相应的研究与实践，开展不同形式的课程，注重在尊重幼儿身心特点的基础上促进其主动且富有个性地发展。

北京实验学校(海淀)幼儿园的前身是由教育家、慈善家熊希龄先生创办于 1920 年的香山慈幼院蒙养园，许多有识之士，如蒋梦麟、胡适、黎锦熙、李大钊、张伯苓等人都曾是慈幼院的名誉顾问。香山慈幼院以治学严谨、师资队伍精干、学生成绩优良、规模宏大和设备完善而闻名于国内外。如今的北京实验学校(海淀)幼儿园继承了香山慈幼院蒙以养正的育人传统，秉持熊希龄先生面向社会、全面育人、追求高水平教育的教育思想，以健康成长、快乐生活、自主学习为教育理念，以初步培养具有良好学习品质、健全人格、能够适应未来社会生活的社会人为育人目标。

总之，百年老园在每个发展历程中，在秉承优秀传统的同时要与时俱进，明确发展定位和思路，即要厘清究竟要坚持、坚守什么，放弃、排斥什么，什么是能够令园所生生不息、获得长久发展的不竭动力和科学发展规律。

三、我们究竟要如何传承——回顾与回归，蓄力前行

刘占兰老师的研究对百年老园发展样态做了以下梳理：文脉清晰，守正出新，百年坚守，丰厚底蕴；底蕴丰厚，没有坚守，文脉不清，日渐淡化；历史全无，没有积累，缺乏意识，随行就市……

细品每一所有着百年老园光环的幼儿园的人事更迭，我们扼腕兴嗟：为什么同样是百年老园，它们的发展现状却如此不同。这或许需要我们深刻地反思。而对于百年老园，我们有责任、有义务进行细致的望、闻、问、切似的诊断，梳理、分析、明确哪些是我们要坚守的，哪些需要与时俱进。只有厘清思路，抓住发展脉络，才能更好地前行。

在回顾、梳理、传承中，或许我们要努力做到的就是务幼儿发展之本，求园所发展之实，让教育回归原点，使幼儿获得最大化的发展。

目前世界范围内的教育改革越来越关注教育的本质问题。联合国教科文组织总干事博科娃说：由于时代的发展，教育需要创新，要就教育的目的、教育的内容、教育的方式进行深入的探讨。教育的出发点与归宿是我们要探讨的重要问题。教育的目的是什么？教育的出发点是什么？我们如何关注、回归教育的本源，探究培养什么样的人的问题？我们要在向学前教育前辈学习的同时扪心自问："我是谁？我要做什么？我该如何做？"这是一些看似简单实则并不简单的问题。我们要在反思与追问中明确教育的要旨，自觉抵制一些外在要求、追求的束缚与绑架，少做、不做表面文章、花样文章，更多地务幼儿发展之本，求园所发展之实。我们要坚持正确的课程观，遵循幼儿生命成长的基本逻辑，回归幼儿生活世界。我们要坚持幼儿园课程的核心价值，充实幼儿的生活，让幼儿现在快乐、未来幸福。总之，当我们行走于教育研究及实践之路上时，不论走多远，一定不要忘了我们为什么而出发。正所谓不忘初心，方得始终。我们要思考如何实现让我们的幼儿现在快乐、未来幸福的终极目标，让教育回归原点。

"问渠那得清如许，为有源头活水来。"百年坚守，让爱永存，因为爱是用最

初的心，陪幼儿走最远的路。我们要将幼儿教育工作者的初心与本心很好地传承，不断发扬光大，进一步赋予其更科学、更具时代特征的意义，做更有温度、有深度、有广度的教育，真正做到根植中国大地，办出有中国特色、世界水平的教育。

（北京教育科学研究院早期教育研究所　苏婧）

根植历史，守正出新

　　中国教育科学研究院主持进行的中国百年老园的发展样态研究以中国近代幼儿园百年发展历史为切入点，追寻一百多年以来中国幼儿园发展的历程，探寻幼儿园发展教养理念、组织结构、课程模式、幼儿发展等，展望将来幼儿园发展的新方向。

　　2018 年 1 月课题的第一次研讨会在北京召开，来自全国各地享有约一百年历史的 30 所幼儿园诉说着各自一百年来的发展历程及在新时代落实《幼儿园教育指导纲要（试行）》《3—6 岁儿童学习与发展指南》所取得的成就和创新。百花齐放，成就卓著，犹如一堂堂生动的历史课。历史的画卷一幅幅展示在面前，鲜活又有趣。例如，中国著名社会学家费孝通先生的母亲杨纫兰女士在吴江松陵镇积善弄创办了江震第一蒙养院，开办了一个班，你会看到在这个蒙养院里，孩子们穿着统一的服装，在杨女士的带领下认真地做操。费孝通先生也就读于这个蒙养院，这段经历为之后他能成为中国著名的学者打下了良好的基础。

　　读毕这一堂堂生动的历史，我陷入了深深的思考，一所幼儿园是否需要去追溯一下它的发展历史，在历史中能得到什么样的启示或精神的传承，让幼儿教师也能站在历史的基础上思考一些问题，形成历史观？历史观主要是研究社会和人这两个核心的要素。地理环境、人口及生产方式构成社会运动的基础物质要素，这些要素的有机统一就构成人类社会的基本生活条件。

　　社会与自然的协调发展，地理环境和人口因素对人类社会发展的作用表现为：第一，是人类社会赖以生存和发展的自然前提和必要条件；第二，对人类社会的发展起加速或延缓的作用。社会发展是一个人类与自然协调发展的过程。社会发展必须坚持合目的性和合规律性的统一，将发展生产力与保护生态环境有机地统一起来，将人类社会的内在尺度和生态环境的外在尺度有机结合起来。我们可以把幼儿园发展看成是一个小社会，组成这个小社会的人就是教职工、幼儿和家长。幼儿园的发展是人与社会的和谐发展，最终促进幼儿的全面发展。

　　我曾经和两位园长讨论。

　　某大学附属幼儿园，成立于 1953 年。大学的前身是国立西南联合大学。

这所幼儿园在发展的过程中对自己的特色发展定位一直有些迟疑，虽然想传承国立西南联合大学的精神，但找不到落脚点。国立西南联合大学是中国教育史上的一个奇迹，是中国抗日战争期间设于昆明的一所综合性大学。1938年4月，由国立北京大学、国立清华大学、私立南开大学在长沙组成的国立长沙临时大学西迁至昆明，改称国立西南联合大学。日本发动侵华战争后，为保存中华民族教育精华，华北及沿海许多大城市的高等学校纷纷内迁。抗日战争期间，迁入云南的高校有10余所，其中最著名的是国立西南联合大学。

在组成国立西南联合大学之前，三所学校都有自己的校训。国立北京大学的校训是博学审问，慎思明辩；国立清华大学的校训是自强不息，厚德载物；私立南开大学的校训是允公允能，日新月异。三校在长沙仓促组成的临时大学没有校训。

刚毅坚卓是国立西南联合大学的校训，含义极其深刻，并不是三校校训的简单相加。它既体现了学校的办学方针、培养目标，又体现了教师治学和学生学习的应有态度，还体现了全校领导、教师和学生坚韧不拔的奋斗精神，高度概括和集中体现了国立西南联合大学的时代特征和人格风骨。刚毅坚卓四字既各含其义，又有机联系。"刚"不言而喻，指刚强、顽强、刚健，刚能立事、刚能取胜、刚能救国、刚能安邦。林则徐说："壁立千仞，无欲则刚。""毅"指果敢、有毅力、志坚不拔、持之以恒。《论语·泰伯》云："士不可以不弘毅，任重而道远。""坚"即指立场坚定、信念坚定、态度坚决、基础坚实、学识厚博。王勃的《腾王阁序》说："穷且益坚，不坠青云之志。""卓"指才识超越寻常、无与伦比、卓尔不凡、卓然而立。《世说新语·容止》云："卓卓如野鹤之在鸡群。"《汉书·河间献王传赞》云："夫唯大雅，卓尔不群。"

这就是一种精神，一种力量，一种信仰。

在和幼儿园团长讨论的时候，我提出需要认真地体会和思考刚毅坚卓这四个字所代表的真正含义，而不是把它写了贴在墙上就行了。国立西南联合大学在昆明期间经历了前所未有的苦难，但在苦难中一大批优秀的毕业生后来成为国家建设的栋梁。我们要学习和传承的是一种在困难面前不怕苦、不怕累、认真务实的工作态度。我们要有爱心、责任心，为幼儿的成长奠定良好的基础，把刚毅坚卓的理念植根于内心。

某幼儿园处于古滇文化发源地。幼儿园在发展过程中对古滇文化知之甚少，关注也不多，反而对相距甚远的瓷文化感兴趣。所以在讨论的时候，我问为什么要舍近求远，云南的紫陶文化也是很有历史的……

建水紫陶是云南省建水县的汉族传统手工艺品，始于元末明初，用建水近郊五色陶土（红黄青褐白）制作成型，色调为红底白花或黑底白花或白底红、黄、蓝花等。装饰上采用刻划雕填，既有粗犷豪放、大笔、大块的书法，又有写意国画和民族图案。画面用笔潇洒，刀法流畅。无论刻划飞禽走兽，还是花草鱼虫，均栩栩如生，给人以古色古香、高雅而不俗之感。建水紫陶品种繁多，有煮器具、茶具、花盆及案头陈列装饰用品等。造型大多古朴典雅，别具一格，用作蒸具，可蒸鸡、鸽等肉食品，鲜美异常。悠久的制陶史锻造了精湛的汉族制陶工艺，同时也锤炼和哺育了一代代民间制陶工艺师。

这两个例子说明，第一，幼儿园在发展自己时不要忘记本园发展的历史，也不要忘记自己身边的历史，在历史中发现有价值的东西，收集整理成为可以传承的历史文化，让幼儿了解自己的幼儿园，了解自己的家乡，真正落实爱国主义。第二，自己觉得好的东西，如青花瓷，表面看起来这是中国传统文化的象征，但瓷器、青花瓷产生的历史背景、工艺、文化蕴含等博大精深，都要认真地去研究，表面的写写画画不是文化传承。

幼儿园的特色文化需要建立在对本幼儿园历史发展的基础上，认真分析幼儿园的发展轨迹要与当地历史文化相结合。我们纵观每一所百年老园发展的历史发现，它们无一不在历史的基础上融合现代教育发展的观念，开创幼儿园发展的新篇章。例如，昆明市教工第二幼儿园先后成为教育部幼儿园园长培训基地、教学实践基地、云南省语言文字规范化示范校、云南省文明单位、云南省一级一等幼儿园、云南省现代教育示范园、云南省一级示范幼儿园对口帮扶薄弱幼儿园工作先进集体、云南省平安校园、云南省绿色学校等，实现了幼儿园的跨越式发展。所有的这些成绩都是在历史发展的长河中逐步积累起来的。

目前学前教育的各种思潮、各种理念有很多。在一个纷繁复杂的世界里，幼儿园要找到立足的根基，就要基于历史及幼儿园拥有的当地的历史资源和文化。无论哪所幼儿园，都有自己建园的历史。老园、新园只有认真分析自己的优势和劣势、机遇和风险，才能在幼儿园发展中凸显自己的特点。我联想到自己曾读过的一篇文章：比想象力更难的是按自己的价值观行动的勇气，这种勇气就是不随波逐流，知道自己想要的是什么，能坚守自己的思考，基于历史的沉淀和创新，而不是人云亦云。

以史为鉴，读史明智，根植历史，守正出新。

（云南省昆明市教育科学研究院　江立）

寻找川渝失落的百年老园

在阅读大量的书籍文献之后，人的发散性思维往往特别活跃，看问题的视角与平时也不太一样。关于中国百年老园的文章，我以前读过，但也只是浮光掠影，一扫而过。当有一个机会，真正走近这些百年老园时，我们心里不禁产生一个疑问：为什么这所幼儿园能在百年的历史长河中传承下去，现如今还发挥着极其重要的作用？这个疑问很小，但在我脑海中久久挥之不去。借着中国教育科学研究院正式立项院级课题中国百年老园的发展样态研究，我们决定仔细查阅资料考证一番，为自己解答这个疑问，也为该项课题贡献自己的一份力量。

最初寻找重庆失落的百年老园的想法很简单，这是一项任务，也是一个兴趣，我们要从提出一个小小的问题到寻找一个小小的答案，从了解一个小小的年份到寻找一个小小的故事。我们从清朝末期的育婴堂查到了民国时期的重庆市私立孤儿院，从重庆市私立孤儿院顺藤摸瓜找到了重庆市第九保育院、重庆市白果树育婴堂、四川省立第二女子师范学校附属幼稚园、红岩幼儿园。一路查询下来，很快发现，随着考证的不断深入，范围越来越广，资料越来越多。我们从一个百年前的育婴堂的冰山一角，竟牵扯出川渝地区众多百年老园。研究百年老园的历史进程是一项很有挑战性的工作。我们先后经历了查证的盲点，由年份入手，牵一发而动全身，了解了百年红岩幼儿园、百年重庆市私立孤儿院、百年重庆市白果树育婴堂、百年重庆市沙坪坝区实验外语学校（重庆十五中）。

一、查证的盲点

接到任务通知后，我们准备对重庆地区的百年老园的现状进行实际查证，但最初掌握的资料只有三所幼儿园百年前的园名和建园的年份。当务之急是要了解这三所老园现如今的发展状况。生活在 21 世纪信息技术时代的我们，第一时间想到的肯定是通过网络来搜寻这三所百年老园的蛛丝马迹，于是我们把园名和年份输入搜索框之后，结果令人大失所望，似乎这三所幼儿园不曾在现如今这个数据信息时代网络资源里出现过，它们的信息少之又少。

二、由年份入手

我们按照原来的搜寻方式，直接输入百年前的园名及建园时间，在各大搜索浏览器搜寻无果后，开始反思自己的网络查证方式是否有问题，毕竟掌握的资料太有限。看着百年前幼儿园的名称和它们的诞辰，如何才能找到它们现如今的发展状况呢，我们想到百年老园的名字会随着历史的变迁而变化，但唯一不变的是建园时间。截至2017年，幼儿园的诞辰到2017年有精确的历史周年，如果以幼儿园建园几周年来推理搜索是不是可以缩小范围呢？果不其然，我们以建园历史周年来搜寻，很快打破了僵局，大大缩小了范围。经过对搜寻到的资料进行多方考证，我们很快就发现了第一所百年老园现如今的发展状况。原来百年前的四川省立第二女子师范学校附属幼稚园就是现如今著名的重庆市渝中区红岩幼儿园，它创建于1915年秋季，到2017年已有102年的历史了。转换查询思路也很重要。例如，在查证重庆市私立孤儿院的历史脉络时，我们卡在了1941年春重庆私立孤儿院改办小学。我们用尽所有办法也查不出它改办成了哪所小学。此时我们想以年份和园名来查证就像大海捞针，因此我们以改办小学为突破口，查阅当时整个重庆市的小学改造研究，终于找到了线索。

三、转变思维方式

在查证到红岩幼儿园的现状后，我们的信心增加了不少。我们反思之所以最开始查询不到红岩幼儿园的历史现状，是因为搜寻方式存在问题，于是开始转变获取信息的思维，并运用不同的方式展开搜索，紧接着另外两所百年幼儿园的庐山真面貌逐渐浮出水面。首先，我们利用高校图书馆的图书、电子文献资源展开搜寻，《学舍百年——重庆中小学校近代建筑》这本图书中记载了大量重庆具有百年历史的建筑，其中也有这三所百年老园一些过往的介绍，这让人兴奋不已。但我们如果想对历史有更真实的了解，得拿到第一手历史资料，于是我们又去到了重庆档案馆，在重庆档案馆里搜寻另外两所百年老园的踪迹。功夫不负有心人，我们拿到了另外一所百年老园——重庆市私立孤儿院的第一手资料。我们尝试了文献搜寻、档案馆查询、图书期刊查阅、网络资源搜寻、访谈老年学前教育工作者，却难以找到重庆市白果树育婴堂这所百年老园更多的消息，因为这所老园是由原来的教会创办的，国内的资源比较少。因此我们拜托远在美国的朋友，让他帮忙查询相关的信息，一点一点积累信息，最终查询到了它的踪迹。更让人惊喜、意外的是在地毯式的搜寻中，我们无意中还发现了另外一所百年老园，也就是目前的重庆市第十五中学。一次巧妙的推理，一次意外的惊喜，一次查询思维方式的转变，终于能让几所百年老园露出它们的真面目了。

四、川渝百年老园的变迁

（一）重庆市渝中区红岩幼儿园

四川省立第二女子师范学校创办于1914年8月，位于定远碑，即现在的临江路，当时被誉为"川东女子最高学府"。四川省立第二女子师范学校开办有供师范生实习的附属幼稚园和学校，并且附属学校的教师均由师范部毕业的优秀生担任。该校是重庆最早集幼稚园、小学、初中、高中（师范）为一体的女子学校。①

学校附属幼稚园的楼房为砖木结构的西式风格建筑，地下一层，地上二层。正面有柱廊，有歇山式屋顶。其在形态上融合了本地居民建筑灵巧的特征和粗犷张扬的西式建筑特色，在当年可谓质量上乘的建筑物。

四川省立第二女子师范学校是民国时期重庆的一所女子师范学校，简称"二女师"。1914年，学校由四川巡按使陈廷杰倡议兴

图4-1 学校附属幼稚园楼房

办，指拨川东道库发商生息银5万两为开办费，地点在重庆临江门牛皮凼文庙后山（今重庆二十九中所在地）②，首任校长是吴季昌，以"勤、朴、宏、毅"为校训。训育标准为：自治、自立、俭朴、诚实、礼貌。初为五年制师范，预科一年，本科四年。1915年，学校附设保姆讲习科、小学及幼稚生组。1922年，学校改行新制，分前、后期师范，学生修业各三年，学校附设初中班。1924年，学校续办普通高中班。1927年，学校只办三年制后期师

---

① 欧阳桦、李竹汀：《学舍百年——重庆中小学校近代建筑》，165页，重庆，重庆大学出版社，2014。

② 重庆市渝中区人民政府地方志编纂委员会：《重庆市市中区志》，574页，重庆，重庆出版社，1997。

范。1929 年，学校开办幼稚师范讲习科和重庆
市成年妇女补习学校（1930 年分出，成为四川省
重庆女子初级职业学校）。1935 年，学校更名为
四川省立重庆女子师范学校（简称渝女师）。
1936 年，学校停办普通初、高中班。1939 年，
学校因避日机空袭迁至江津县白沙镇溜马岗，
1946 年迁回重庆原址。1949 年 8 月，省立北碚

图 4-2　渝女师图标

师范部分师生并入。1950 年，学校更名为重庆市女子师范学校。1952 年，渝
女师音乐科、美术科并入重庆市立师范学校。1954 年 9 月 18 日，学校与重庆
市第一师范学校、西南师范学院附属中学师范班合并组建重庆市师范学校（校
址在北碚团山堡）。1958 年，学校更名为四川省重庆第一师范学校，后调出
部分师生成立四川省重庆第二师范学校（市中区桂花园，后迁四公里，即今重
庆教育学院），四川省重庆第三师范学校（1970 年，巴县新发乡）。①

　　红岩幼儿园原名为四川省立渝女师附属实验幼儿园，创建于 1915 年秋季，
是新中国成立后重庆市第一所公办幼儿园，园址在大同路 10 号。幼儿园采用整
日制，建园初期有教学班级 5 个，幼儿 174 人，教员 11 人，工勤人员 2 人，青
年团员 6 人。1954 年，渝女师迁校合并，幼儿园仍留原处，更名为重庆市市中区
大同路幼儿园，成为市中区第一所公办幼儿园。1964 年，迁校较场口，更名为重
庆市渝中区红岩幼儿园。2008 年 2 月 18 日，幼儿园迁址朝天门朝千路千厮门行
街 15 号，被评估为重庆市一级幼儿园，办园重心逐渐向婴儿教育转移。

（二）重庆市私立孤儿院

图 4-3　重庆孤儿院

图 4-4　重庆市私立孤儿院

---

①　重庆市北碚区政协文史资料委员会：《北碚文史资料》第 7 辑，67～68 页，1995。

重庆慈善家刘子如于 1914 年 2 月创办孤儿院，以教养孤贫之男女儿童，以使其能自谋生活为宗旨。这是重庆地区的第一所教养兼施的孤儿院——重庆市私立孤儿院，院址在大溪沟张家花园北侧。院中设有育婴堂，用于收养孤贫的婴幼儿。育婴堂园舍为二层砖木结构建筑，平面呈"凹"字形，在女生宿舍后方坡地上。临窗远观，可眺望到全院优美的景色。[①]

1. 江姐在孤儿院的生活

孤儿院为社会培养了大批人才，其中以"江姐"江竹筠最为著名。据卢光特、谭重威执笔的《江竹筠传》记载，1932 年秋，江竹筠免费进了孤儿院的学堂，入学就读初小四册。孤儿院小学实行灵活的升降级办法，一学期举行三次考试，特优者升级，过劣者降级。江竹筠的努力使她连跳三级。跳级之后，她学习算数课困难很大，和一同跳级并成为挚友的何理立等订下一条规矩：在教室做完当天的习题，不做完不出门。她用三年半的勤奋和坚持，以优异成绩完成了小学课程。那时候，孤儿院里潜伏着一些地下共产党员，正是他们引导优秀的江姐走上了革命的道路。讲授历史课的丁尧夫老师的真实身份是地下共产党员。课上，丁老师经常讲近代史上那些为民族独立自由而奋斗的英雄人物。课余，丁老师特意指导江竹筠等喜爱看课外书的同学阅读进步书籍。江竹筠在历史课的熏陶和大量的阅读中萌发了进步思想，认识到自己身处在一个满是剥削与压迫的社会之中。[②]

1935 年，丁尧夫等老师的共产党员身份暴露，先后被国民党抓走，这给江竹筠及她的同学带来震动。江竹筠也因此认识到了真正的共产党员绝不是社会上所宣传的那样。她树立了加入共产党、改造这个黑暗社会的理

图 4-5　童年时期的江姐与她的同学

图 4-6　江姐的学业证明

①　欧阳桦、李竹汀：《学舍百年——重庆中小学校近代建筑》，162 页，重庆，重庆大学出版社，2014。

②　蔡佑祥：《江姐在孤儿院的生活》，载《党史文汇》，2008(10)。

想。从这所不大的孤儿院中走来，江竹筠踏上了革命救国的道路，"江姐"的传奇在历史上留下了浓墨重彩的一笔。

2. 重庆市私立孤儿院的缘起

1913 年，刘子如与上海美国胜家公司远东总部往来频繁，认识了佛教大师苏曼殊。1913 年，苏曼殊带着刘子如去了龙华孤儿院。刘子如对此触动很深，想到了渝市孤儿孤女。刘子如参观了著名的龙华孤儿院，受该院立法完善、成效卓著的影响，决心在重庆创办一所兼备抚养和教育双重功能的孤儿院。

1914 年 2 月 8 日，为创办孤儿院事宜，刘子如宴请中西德育社、中西英年会、基督教美以美会、内地会、公谊会、自养美道会、重庆总商会等。席间一些名人富商积极相助，决议成立孤儿院，并择定刘子如捐出胜家缝纫女校作为驻地。初期招男女生共 40 人，刘子如夫人、胜家缝纫女校校长陈文贞女士承担其中 25 名孤儿全部的生活、学习费用。10 月 8 日举行开学典礼，取名重庆孤儿院。杨法三于 1914 年出任首任院长。后因房舍不足，董事张琴舫捐卖出大溪沟高家庄田业一处作为新院建筑之址。1917 年落成后添办高小班，添收 60 名孤儿，正式循高初两级小学制授课。1929 年重庆建市后，孤儿院更名为重庆市私立孤儿院。[①]

在孤儿院中生活的老人李成忠曾向蔡佑祥描述过："孤儿院进出的四扇大门漆得亮铮铮的，光彩照人……站在琉璃瓦装饰的仁寿亭里，整个孤儿院尽收眼底，一览无遗。往南是漂亮的孤儿院图书馆，朝北依次是教学大楼、长廊，向东是二层楼的男生院，整个是美不胜收的大花园。"[②]

3. 重庆市私立孤儿院的管理与运作

组织机构及经费来源。重庆市私立孤儿院设董事会为立法监督机关，内设责任董事 40 人，任期 3 年。名誉董事无定额，由董事会聘任社会热心人士并能资助孤儿院者充任。董事会设正主席 1 人、副主席 2 人，由董事互选充任，任期 3 年，可连选连任，下设总务、经济、劝募、设计、调查五组分掌各项事宜。此外，孤儿院设正院长 1 人、副院长 2 人，执掌具体院务。董事会票选董事充任，任期 3 年，可连选连任。正院长总揽孤儿院对内对外一切责任，下设事务、教育两委员会，委员会受院长监督指挥办理所掌事宜。

在 20 世纪二三十年代发展繁盛时期，常年在院生有二三百人，加之各职

---

① 高阳、冷静：《民国时期重庆市私立孤儿院研究》，载《黑龙江史志》，2015(3)。

② 蒋艳：《巨商刘子如创办首个孤儿院》，载《重庆晨报》，2016-03-18。

员工资费用等，每月所需可谓不菲。就其经费而言，分为下列两种："基金，由全体董事及社会热心赞助本会人士劝募之；经常费用，由董事分别担任或劝募之。"其中基金即基本金，由"董事会经济组交由银行公会安放生息……无论如何，不得动用基本金"。蔡佑祥先生所著的《重庆历史名人刘子如》一书中更言及："规定凡担任董事者，每年要对孤儿院捐赠500元银元，正副院长捐赠的金额比董事还要多些。""经费若遇不足，辄由子如捐助。"[①]

招生对象及旨趣。《重庆市私立孤儿院组织简章》第二条指出"本院以教养孤贫之男女儿童俾能自谋生活为宗旨"，精辟地道出了孤儿院的招生对象及旨趣。首先，孤贫即言明不单招收孤儿，也招收符合条件的贫困家庭儿童。需补充说明的是，孤儿院后因办院声望日隆，应非孤贫而愿来院学习的家庭的申请，也招收部分自费生。自费生的报名、考选与孤贫儿童相同，但须负担学食衣履四项费用，剩余部分由孤儿院供给。其次，孤儿院的办院旨趣在于使儿童能自谋生活。第一，孤儿院在平日教养中非常重视院生生存技能的训练，开设了众多职业技术课程。第二，孤儿院与众多企业建立了推免制度："1916年保送男生周德入蜀新砖厂，赵金美、董维新、杨邦权、张嘉铭、陈守才、刘道炘6名入裕蜀丝厂，黄志堂、王泽云入澄川织袜厂学艺。1924年保送蒋云才、文明德入美丰银行学业。"类似记录在《重庆市私立孤儿院院务纪要》中多次被提及。

4. 孤儿院的课程建设及教学发展

孤儿院设立之初，即遵照国民政府教育部颁定的高初两级小学制授课。1919年经董事会议决，孤儿院邀请巴县劝学所加入董事部。至此孤儿院教育教学被纳入官方监督体系。

学科：根据重庆市孤儿院1934年春季教务处制定的重庆市私立孤儿院课程标准一览表，孤儿院初级部开设的学科有国语（分语言、读文、作文、习字四项）、算术、常识、公民、体育、音乐、农业、工艺、手工9门课程，每周共计43个课时。高级部开设的学科有国语（分语言、读文、作文、习字四项）、算术、自然、社会、公民、卫生、英语、体育、音乐、农业、工艺、图画、珠算、手工、国技15门课程，每周共计51课时。

工业：考虑日后孤儿就业、自食其力的需求，孤儿院尤其重视相关职业学科的设置与发展。1920年经孤儿院董事会决议，孤儿院添设工业，先后开

---

① 蔡佑祥：《重庆历史名人刘子如》，重庆，重庆出版社，2009。

办了织袜科、织毯科、音乐科(军乐科)、鞋科、印刷科等。

工读互助：1929 年，李奎安任院长期间，与幼稚工厂订定《工读互助办法》，即把孤儿院年长不易造就之才送至该厂学艺，把该厂幼稚儿童不能工作者送入本院读书。

5. 孤儿院的衰落

抗日战争爆发后，刘子如亲率重庆各界抗战后援会战地服务团赴前线支援抗战，重庆市私立孤儿院失去了精神支柱。此后的重庆频遭空袭，孤儿院多次受损，房租收入和社会捐助锐减，后校舍大部分被征用。在资金日窘、维系困难的情况下，1940—1941 年，孤儿院校长程远、孟康先后向重庆市社会局、国民政府军事委员会、重庆市政府申请救助。1940 年下半年，院内孤儿悉数被重庆市第九保育院接收。1941 年春，重庆市私立孤儿院改办小学，这座重庆市最早、规模最大的民办孤儿院就这样在战火中衰落了。[①]

1950 年 3 月 3 日，军管会发布关于管理私立学校的暂行规定。3 月至 4 月，重庆市小学教育的工作重点之一是办理私立小学登记审查。孤儿院小学因无固定基金而自动停办。[②]

(三)百年重庆市白果树育婴堂

巴南和平桥天主堂位于巴南区接龙镇团山堡，距渝湘高速公路 50 米，距渝道路 10 米，原建于石岭岗新桥湾，当地称白果树教堂。

1. 重庆白果树育婴堂创办的缘起

第二次鸦片战争后，依据《天津条约》和《北京条约》，外国教会获得在中国各省自由传教的特权。传教士进入内地，地方官必须"厚待保护"。传教士"在各省租买田地，建造自便"。在四川活动多年的法国巴黎外方传道会得以扩大其传教范围，以重庆为西南据点，设主教，辖云南、贵州、四川三省教务。咸丰十一年(1861 年)，法国政府与罗马教廷商定，派遣一名主教，率领法籍教士深入川滇两省，到川边地区立堂传教，并准备在西藏设立教区，向拉萨派遣主教。同治初，天主教在四川也得到了迅速发展，罗马教廷将四川划分为三个教区，分别由三位主教管辖，共有外籍教士 37 人，中国籍教士 57 人。重庆教区所辖川东各县纷纷设立教堂。光绪九年(1883 年)，已有 24 州

---

① 高阳、冷静：《民国时期重庆市私立孤儿院研究》，载《黑龙江史志》，2015(3)。

② 《重庆市公私立托儿所、幼稚园、小学概况统计表》(1950 年)，重庆市档案馆，档案号：1086-1-1。

县设立了天主教堂。成都、宜宾两教区也遍设教堂。到光绪十八年（1892年），全四川省共有天主教堂 161 座，布道室 1239 处。此外，教会还开办许多修道院、医馆、学校、育婴堂等，为传教活动服务。[①]

2. 重庆白果树育婴堂的历史变迁

图 4-7　白果树育婴室

重庆天主教会于 1892 年在若瑟堂附近韦家院坝创办育婴堂，收养社会上被遗弃的孤儿。1913 年，育婴堂迁往巴县太平乡（今和平乡）白果树。教会拨当地田产作为该院的经费。1933 年，白果树育婴院将 10 岁以上的孤儿送往沙坪坝育婴学院，10 岁以下的仍留在白果树育婴堂，并收养当地最贫困的女孩。1939 年，沙坪坝育婴院学校又将部分稍大的女孩送到白果树育婴堂。白果树育婴院的负责人历来由教会直接任命法籍神父担任，直到 1942 年才由白果树本堂中国神父吴崇德兼任。该院于 1951 年 5 月 23 日交人民政府接办，当时有孤儿 49 人，称重庆白果树神学院或白果树法国天主教教会书院。

1938 年，为避日机空袭，重庆杨家十字若瑟堂创办的公义书院先迁往沙坪坝，后迁至巴县太平乡（今重庆市巴南区接龙镇碑垭村）白果树办小修院。随后，重庆圣公堂部分修士迁来白果树小修院，由圣心堂修女代管。白果树小修院迁至水鸭凼天主堂。小修院迁到水鸭凼天主堂后，水鸭凼天主堂创办会议学校，信众增多，中外神职人员来往频繁。1945 年抗日战争结束后，小修院迁回白果树。1951 年，水鸭凼天主堂宗教活动停止，巴县接龙乡小学设在教堂内。1974 年，后因教堂房屋老化、光线不好，学校搬走，教堂被拆除。

五、人生百年，立于幼学

颜之推在《颜氏家训·勉学》中强调："人生小幼，精神专利；长成已后，思虑散逸；固须早教，勿失机也。"近代梁启超先生著的《论幼子》指出："人生百年，立于幼学。"读完川渝地区百年老园，我们能够很清晰地了解到川渝地区学前教育发展的曲折历程及其伟大成就，这百年凝聚着众多仁人志士的心

---

① 　四川省地方志编纂委员会：《四川省志·卷首》，246 页，北京，方志出版社，2003。

血，培养出了各级各类的优秀人才。随着历史的变迁，这里有历经沧桑终得成的老园，也有曾经辉煌中途折的老园。我们不得不感慨，这段历史就像是一面镜子，我们不仅应看到川渝地区学前教育走过的辉煌，也应铭记历史的经验、教训，立足于当代实际，凝聚更广泛的力量，为我国学前教育事业的发展做出更大的贡献。

（重庆市教育科学研究院　徐宇

重庆师范大学教育科学学院　王璐）

历史名园的办园理念从何而来

办园理念是幼儿园的总体指导思想，是由幼儿园的教育观念、教育思想、教育价值追求组合而成的复合体，是幼儿园的精神之所在、文化之根基，是引领幼儿园发展的灵魂。中国幼儿教育已经走过了百余年的历史，目前我国现存超过百年的幼儿园有 20 余所。这些幼儿园经历百余年的发展历程，饱经沧桑，历经坎坷，如今呈现出不同的发展样态。

"以史为鉴，可以知兴替。"百年老园的办学思想、教育理念等是中国幼儿教育发展的宝贵资源。在研究继承百年老园的办园理念、教育思想的过程中，我们能够更加清晰地了解历史名园代代相传的幼儿教育文脉及生生不息的慈幼精神，树立中国幼儿教育发展的民族自豪感和自信心；在学习借鉴百年老园的根基、印记、信念和精神的过程中，我们能够拓展我国学前教育事业发展的新思路、新思想、新理念，为当今我国学前教育改革发展提供借鉴和参考；在深化凝练百年老园的时代精神与价值追求过程中，我们能够激发现代学前教育工作者的责任与担当，书写新时代中国学前教育未来发展的精彩篇章。那么百年历史名园是如何梳理办园理念的呢？概括起来，主要有以下几种主要途径。

一、传统积淀：传承幼儿园历史文化基因

办园理念是幼儿园发展历程的反映与总结，是幼儿园深厚文化底蕴和办学精髓的积淀与升华，是幼儿园独有的文化资源和精神财富的总和。幼儿园的历史积淀是办园理念形成与发展的基础和前提。因此，幼儿园的办园理念应该植根于自身历史的土壤中。我们在回顾幼儿园发展历史的过程中，筛选适合幼儿园发展的经验，在反思幼儿园发展问题的基础上总结经验，以实现办园理念的继承与发展。离开自身的发展历史，办园理念就会成为无源之水、无本之木。百年历史名园都十分注重对办园历史的尊重与传承。办园理念都是在对幼儿园历史文化沉淀的基础上，经过不断培育，在幼儿园特定的历史文化土壤中逐渐形成的。

南京市鼓楼幼儿园始终将陈鹤琴的"活教育"作为文化之根，坚持幼童本

位的儿童立场，以"做人，做中国人，做现代中国人""大自然、大社会都是活教材""做中学，做中教，做中求进步"为目标，致力于探寻适合中国国情的、科学化的、大众化的幼儿教育之路。发轫于香山慈幼院的北京实验学校（海淀）幼儿园始终秉持熊希龄面向社会、全面育人、追求高水平教育的教育思想，继承慈幼院蒙以养正的育人传统，传承着健康成长、快乐生活、自主学习的教育理念。

"以古为镜，可以知兴衰；以史为镜，可以明事理。"丰厚的历史是幼儿园发展的宝贵财富。我们对幼儿园办园理念的梳理与提炼要尊重历史，注重传承幼儿园优秀文化基因，要通过对幼儿园历史资料的查证与分析、与园所发展历史见证者的交流与对话等方式，重点对幼儿园的创建与发展过程中具有重要影响的教育家或园长、幼儿园的办园思想与理念、幼儿园教师队伍状况、幼儿园办园体制与管理机制、幼儿园课程等历史积淀、研究基础、实践经验等进行仔细的盘点和深入的分析论证，梳理筛选幼儿园的核心价值观、教育哲学、思想理念等，使办园理念具有延续性和传承性。

二、经验借鉴：吸收国内外先进教育思想

任何一种理念都不可能与世隔绝，都需要从其他思想中汲取养分。幼儿园的办园理念不仅要符合国家教育方针、政策，学习吸收中国优秀教育思想精髓，使其成为涵养幼儿园办园理念的重要源泉，也要借鉴参考国外优秀的教育思想、教育理论、教育哲学等，博采众长，使幼儿园办园理念能够因互鉴而繁荣，因交融而生辉。如果不注重学习借鉴国内外先进教育思想，办园理念就会固步自封，缺乏深度与宽度。百年历史名园的办园理念都是在学习发展中华优秀教育思想基因，借鉴吸收国外优秀教育思想的基础上逐渐形成和发展起来的。

厦门市日光幼儿园的前身是由英国教会在厦门鼓浪屿创办的怀德幼稚园。幼稚园以德国儿童教育家福禄贝尔和意大利教育家蒙台梭利的教育理论为基础，福氏的"恩物"、蒙氏的玩具在教育教学中占有重要位置；同时幼稚园很重视汉字等中国化和本土化的课程内容，成为中西合璧、中西教育思想相互融合的乐园。北京师范大学实验幼儿园的前身是北京女子师范学校附属蒙养园。建园初期，幼儿园对杜威、福禄贝尔、蒙台梭利等的西方教育思想进行了研究，并提出了"调护儿童之身心，培养其三育，以造就健全之国民而为国

民教育之基础"的办园宗旨。新中国成立后，苏联、美国等教育思想对幼儿园也产生了重要影响。幼儿园注重对本土化教育理念的探索与实践，逐渐形成了蒙养百年、倡导开新的文化理念和以儿童为本的教育理念。

我们对幼儿园办园理念的提炼需要保持开阔的视野和开放的胸襟，要认真学习国家教育方针和政策法规，主动研究国内外先进的教育理念、理论和经验，积极借鉴其他中小学、幼儿园甚至企业的思想理念，要重点学习研究那些办学历史悠久、文化沉淀深厚、办学特色鲜明、社会美誉度较高的幼儿园的优点和长处，摒弃其缺点和不足。只有广泛吸收国内教育思想文化的精髓，积极借鉴国外办学理念的成功经验，努力做到博采众长，才能形成开放包容、独具特色的幼儿园办园理念。

三、开拓创新：深化幼儿园核心价值追求

办学理念一旦形成，应在一段时期内保持相对稳定。但是时代又是不断前进的，不同历史阶段的教育理念体现着不同的时代精神。幼儿园办园理念也要适应社会发展的需要，体现时代的精神，不断发展、创新，才不会落在时代和实践的后面，失去它应有的指导性和生命力。与时俱进、开拓创新是百年历史名园办园理念的共同特点与追求。

成都市第三幼儿园原为私立成都树基幼儿园，开办之初是一所典型的教会幼稚园，教育理念和内容带有明显的西方文化特色。新中国成立前，该园逐渐形成了爱心涌流、大爱担当的树基精神，树人之基础、树民族之基础成为办园宗旨和追求。新中国成立后，幼儿园以优化儿童一日生活结构为目标，践行着从儿童生活中来、到儿童生活中去的教育理念，还原儿童真实生活，让儿童真切地体验生活。21 世纪以来，幼儿园提出了追随儿童、接纳儿童、回归生活、首席玩伴的教育追求，传承着为儿童成长培根、为民族复兴树人的百年树基精神。

湖北省实验幼儿园的前身是中国最早的公立幼儿园——湖北幼稚园。建园之初就秉承普惠大众的原则，开蒙启智，坚持为平民子女服务，树立了保全身体之健旺、培养天赋之美材、习惯善良之言行的办园宗旨。新时代，幼儿园坚守保身体之健旺、养天赋之美材、习善良之言行的办园理念；秉承释放天性、回归本真、淬砺教育、健康身心的教育思想；坚守旺健进取、美材习善的园风，德艺蒙养、精业创新的教风，萌发智慧、善良言行的学风；续

写了蒙学养正、普惠大众的办园宗旨和文脉。

思想活，则观念新；观念新，则思路宽。幼儿园办园理念的提炼不能脱离幼儿发展、教师发展、幼儿园发展和社会发展对教育提出的时代要求，因此需要与时俱进，开拓创新。幼儿园必须在新形势下，以创新的意识、创新的精神、创新的思路，研究新问题，总结新经验，借鉴新成果，不断丰富和完善幼儿园办学理念的新内涵。需要指出的是，开拓创新不是推倒重来，而是意味着我们同样需要尊重历史，需要深入挖掘幼儿园发展过程中最基本的文化基因中同当代中国社会相适应、同现代社会相协调的教育思想和理念，激活其内在的强大生命力，让办园理念随着时代的发展而发展。

百年历史名园的办园理念是在传承幼儿园历史文化基因，借鉴国内外先进教育经验，深化幼儿园核心价值追求的过程中逐渐形成与发展起来的。幼儿园的办园理念只有尊重历史，不忘本来，才能传承幼儿园的文化基因；只有博采众长，吸收外来，才能积淀幼儿园的思想内涵；只有与时俱进，面向未来，才能丰富幼儿园的精神血脉。

（中国教育科学研究院 高丙成）

百年老园
——中国寻求学前教育自主权的缩影

中国学前教育从无到有经历了百年历史。这期间，一方面，在政权变换中，西方宗教、教育学说不断传入中国，影响着中国学前教育事业；另一方面，有大批仁人志士心怀教育救国的希冀救亡图存，中国本土化的学前教育思想逐渐产生。

追古思今，当我们今天循着历史的脉络回望中国学前教育的变迁时，我们发现，沧桑变化最深刻地体现在具有百年岁龄的老园身上。中国教育科学研究院开展的中国百年老园的发展样态研究课题以 2018 年为时间节点，遴选梳理出 20 多所百年老园。它们极具中国学前教育历史发展代表性，以一个个历史剖面，汇聚成中国学前教育学习西方教育思想、寻求教育自主权的历史地图。

珍视百年老园的历史价值，梳理百年老园的办园经验，对丰富学前教育发展历史，建设中国学前教育事业具有重要意义。

一、早期教会幼儿园的历史特质

1840 年鸦片战争爆发，西方国家开始在中国获得政治、经济、军事特权的同时，还取得了在华办学、传教的特权。王铁崖所著的《中外旧约章汇编》记载，1844 年《黄埔条约》规定"佛兰西人亦一体可以建造礼拜堂、医院、周急院、学房……倘有中国人将佛兰西礼拜堂、坟地触犯毁坏，地方官照例严拘重惩"。依照条约，法国率先获得了建教堂、传教、办医院、办学校的权利，而且还受到清廷保护。

第二次鸦片战争后，1878 年签订的《中美续增条约》第七条又规定："中国人欲入美国大小官学学习各等文艺，须照相待最优国之人民一体优待。"外国人由此获得了在中国内地传教办学的权利。建立众多的教会学校，其中也包含了学前教育机构。

从地理位置分布上看，从 19 世纪 80 年代开始，西方国家在我国的福建、浙江宁波等沿海地区开始兴建幼稚园。随着时间的推移，在我国这种类型的幼稚园数量也逐渐增多。

其中，中国百年老园的发展样态研究课题遴选梳理的百年老园中的厦门市日光幼儿园就是在这一时代背景下产生的。厦门市日光幼儿园的前身为怀德幼稚园，是英国基督教长老公会牧师韦玉振到鼓浪屿传教时，他的夫人韦爱莉牧师娘创办的家庭幼稚园，起初被称作"怜儿班"，后更名为怀德幼稚园。该幼儿园招收的幼儿大部分为4～6岁的基督徒子女，同时收容几个孤儿。

该幼稚园采用福禄贝尔和蒙台梭利的教育模式。教育形式和内容多采用福禄贝尔的主张，另外强调读经。该幼稚园在教育教学中也采用蒙台梭利的主张，重视儿童的自由成长，重视环境对儿童的影响，强调对儿童进行感官训练，并使儿童按自己的兴趣和技能挑选适合自己的游戏和活动。园舍和大型户外玩具多为木制品。幼儿所使用的教材、教具大部分由英国运入，其中"恩物"占主要地位。

宜宾市鲁家园幼儿园、广州市荔湾区协和幼儿园等都是由美国教会传教士开办的；成都市第三幼儿园是由美国、加拿大等国的四个教会联合创办女子师范优质师范科后，为提供实习场所设立的。

教会幼儿园的招生对象分为两部分：一是为培养高等治华代理人而预备，不招收一般家庭的孩子；二是为流浪儿、贫穷幼儿、弃婴、没有书读的幼儿提供食品、住宿、学习用品等，但这部分幼儿来到幼稚园重点并不是受教育，而是受到行为思想的训练。张宗麟在参观教会办的苏州景海幼稚园时，看到该园将幼儿分为上午和下午两班。上午是贫民班，他们没有识字课程，只有行为规范，如洗手、洗脸等课程；下午班进行正式的幼儿教育，有识字、图画等课程。[1] 在教育方式上，教会幼儿园讲西学，用新法，反对灌输式学习，提倡启发式教育，还配有游戏，以调动幼儿学习的积极性。在教育内容上，教会幼儿园传播宗教，引导幼儿信奉上帝，唱诗、祈祷、礼拜等成为必修的内容，同时保留中国传统教育中的识字、国学等有利于与中国文化对接的内容。

外国教会在中国创办的幼儿园在时间上早于中国自办的幼儿园，在规模和数量上也远远超过中国后来创办的幼儿园，特别是在民国之后，教会幼儿园发展更为迅速。1913年基督教全国大会的决议案中明确规定："各地教堂都要附设幼儿园。"1924年南京一女师附设的幼师科对全国幼稚园调查后的报道显示，在当时全国190所幼稚园中，教会办园达156所，占总数的80％

---

① 唐淑：《中国学前教育史》，105页，北京，人民教育出版社，2015。

以上。

在当时国家主权丧失继而带来了教育主权丧失的境遇中，早期教会幼儿园虽然以怜爱、慈爱的情感为出发点，在中国从事了一定的扶救贫孤工作，但是无法回避、难以超脱教会办学的宗教性本质、政治性目的和殖民性特点。

张雪门曾指出："消极的是在减弱中国民族的反抗，积极的是制造各国的洋奴。"[1]张雪门在《我国三十年来幼稚教育的回顾》中就深怀忧虑地写道："教会出身的女子……甚至连本国史都不十分明白，自然只会盲从，且国文的修养极浅，更易流于机械的模仿。"

《蔡元培教育文选》收录了1922年蔡元培发表的《教育独立议》和《非宗教运动》文章。蔡元培见到随着帝国主义文化教育侵略，教会学校极力用宗教诱惑未成年的学生去信仰他们的基督教，这是侵犯人权的行为。他提出教育独立的主张，认为："教育是帮助被教育的人，给他能发展自己的能力，完成他的人格，于人类文化上能尽一分子的责任；不是把被教育的人，造成一种特别器具，给抱有他种目的的人去应用。所以教育事业应当完全交与教育家，保有独立的资格，毫不受各派政党或各派教会影响。"[2]

与此同时，我们还应看到，在清朝走向没落的历史阶段，教会办园带着西方的教育理念，无形中大大刺激了传统教育走向近代教育，激发了大批中国仁人志士的教育自觉。

二、大批仁人志士寻求学前教育的内在改革

中国封建传统教育发展到鸦片战争以前，已有两千余年的历史。它是封建社会结构下的教育，其政治基础是封建大一统的中央集权制度，经济基础是封建宗法家庭下的自给自足的小农经济。政治腐败、经济落后、思想保守、文化封闭，是中国封建传统教育向近代教育转型的最根本的障碍。19世纪末，清末众多有志之士对教育制度的反思与批评为我国本土化的学前教育思想打破封建教育体制束缚、产生现代教育思想打下了重要的基础，这些卓有见地的政治家、思想家、教育家贡献极大。

龚自珍不但提出教育改革势在必行，而且希望不要等外力强行改革，而要自行改革。他指出科举制度的弊端，主张要研究有价值的学问，甚至要学

---

① 张雪门：《新幼稚教育》，50页，上海，儿童书局，1933。
② 《蔡元培全集》第4卷，178页，北京，中华书局，1984。

习西洋奇器。魏源认为正确的治学方式是"及之而后知"，就是说只有接触了那个事物，才可能得到那个事物的知识。龚自珍、魏源对传统教育的批评和改革主张具有重大的思想启蒙作用，敲响了中国传统教育向近代教育转型的钟声。这些教育理念直接可以投射到儿童教育观念上，只读四书五经、《三字经》等的教育受到了挑战。

康有为对我国教育体制的思考影响极大。1884年，他在《大同书》中建立的基本学制体系，包括人本院（儿童未出生到出生半年内，其母进人本院，接受胎教）和育婴院（婴儿在人本院到3～6个月，断乳后进育婴院，接受学龄前教育至5～6岁），将学前教育放在一个特别重要的位置，指出对儿童实行德、智、体、美诸方面的教育。这在当时是非常先进的，并为后来人打下了思想基础。

梁启超在《教育与政治》中阐述，教育必须培养出社会所需要的人。他称这种人是新式国民，是特色国民，是一种现代人。他说，教育是教人学做人——学做现代人，这种人最大的特点是有独立的精神与能力。梁启超特别重视儿童教育，他在《论幼学》中强调人生百年，立于幼学；重讲述中西方幼学的教育理念与方法。"中国之教人，偏于记性者也。故古地理、古训诂、古名物，纤悉考据，字字有来历，其课学童也，不因势以导，不引譬以喻。惟苦口呆读，必求背诵而后已，所得非不坚定也。"他指出："识字之始，必从眼前名物指点，不好难也。必教以天文地学浅理，如演戏法，童子所乐知也。必教以古今杂事，如说鼓词，童子所乐闻也。必教以数国语言，童子舌本未强，易于学也。必教以算，百业所必用也，多为歌谣，易于上口也。多为俗语，易于索解也。必习音乐，使无厌苦，且和其血气也。必习体操，强其筋骨，且使人人可为兵也。"值得深思的是，《论幼学》既谈到了教育内容，又谈到了教育方法。如今读来，这些内容仍然十分有益，在当时更具有先进性与科学性。梁启超的教育主张后来被多位教育家继承和发展，如陈鹤琴认为"活教育"的目的就是"做人，做中国人，做现代中国人"。

严复主张要读活书，读天地本原书，读无字书，把客观的自然现象作为研究对象，这才是求知得智的真正源泉。这一教育理念在后来多位教育家的思想中得到了发展和延续。

蔡元培反对封建主义教育对学生个性的束缚，主张应该使学生个性得到自由发展。他认为应该懂得儿童身心发展的规律，用适当的方法教育之，教育者不要事先用固定的办法去约束受教者。

陶行知是中国著名的人民教育家，20世纪上半叶，他的生活教育理论、教学做合一的教育认识、儿童教育思想在我国的教育史上具有划时代的意义。他认为儿童教育有着重要的作用，六岁以前是人格陶冶最重要的时期，小学教育是根本，幼稚教育尤为根本之根本。他提出的了解儿童、尊重儿童、解放儿童、对儿童要因材施教、重视儿童的身体教育等，如今仍然是我国学前教育的难点和重点；他提出的建设中国的、省钱的、平民的幼儿园是符合国情和实际的必然选择。如今他的理论对中国幼儿园仍然大有影响，值得我们谨记与反思现实。

学前教育集大成者是张雪门和陈鹤琴。张雪门主张以发展儿童个性和以改造中华民族为目标开展幼稚教育，他主张的行为课程如今仍然生生不息。"活教育"理论是陈鹤琴在吸收近代西方自然主义教育思想并借鉴了陶行知生活教育实验与理论的基础上，提出的具有特色的教育思想，也是他毕生教育实践为之奋斗的目标。他的"活教育"思想反映在三大目标上："做人，做中国人，做现代中国人"（目的论），"大自然、大社会是活教材"（课程论），"做中教，做中学，做中求进步"（方法论）。

历数这些思想，我们能看到一脉相承的学前教育理念不断得到深化、贯穿和指导着我国学前教育中国化的实践进程，更深刻更直接地影响着我们当前的学前教育发展。

三、开创适应本国土壤的中国化学前教育

从19世纪末到如今这一百多年中，百年老园在教育理念和办园体制机制建设方面做出了艰苦卓绝的探索，记录和反映着中国学前教育理论与思想的发端、形成与发展，反映了一代代仁人志士为探索中华民族教育之路不断求索、不断进取、立足中国实际而进行的创造。

湖北幼稚园（现名为湖北省实验幼儿园）创立于1903年。它是中国学前教育史上第一所官办幼儿教育机构。1904年，该园制定了《湖北幼稚园开办章程》，这是我国近代有史料可查的第一个省级层面的幼稚园章程。紧随其后，北京京师第一蒙养园、云南省立女子师范学堂附属小学附设蒙养园、四川省立第二女子师范学校附属幼稚园、国立北平师范大学附属幼稚园等官办幼儿园陆续出现。

同时，一些爱国人士基于国情也创办了众多幼儿园，为国家培养人才，

让孩子从小接受良好教育。例如，1911 年，著名社会学家费孝通先生的母亲杨纫兰女士在吴江松陵镇积善弄创办了江震第一蒙养院。

在具体的办园实践中，幼儿园的创办者都意识到中国教育主权和中国化学前教育建设的重要性，进行了大量的创造性实践。尤其值得一提的是，1918 年张雪门创办的宁波星荫幼稚园和 1923 年陈鹤琴创办的南京鼓楼幼稚园直接开启了中国现代学前教育的先河，开始了中国化学前教育理论与实践的双重探索。中国百年老园的发展样态研究课题组对两所幼儿园进行了深入的历史资料梳理。

张雪门主张幼稚园教育须力求适合国情及生活需要，目的在于培养为普及平民幼稚教育、为改造具有民族精神的新一代国民而献身的幼儿教育师资，形成教学做合一的幼儿师范教育思想。他吸收传统教育思想，借鉴西方先进思想，于 1933 年拟定了《中国北方幼稚园课程大纲》，促进了幼稚教育的中国化、科学化和民主化。20 世纪 60 年代后，张雪门以顽强的毅力克服了疾病困扰和种种困难，陆续写下了《幼稚教育》《幼稚园课程活动中心》《幼稚园行为课程》等十几本专著，清晰地构成了幼儿园行为课程体系，为中国幼儿教育理论和幼儿师范教育理论的形成做出了重要贡献。

陈鹤琴在自家客厅创办的南京鼓楼幼稚园是我国第一个幼儿教育实验中心。他将自己在留学期间学到的研究方法和科学精神、进步教育和实用主义思想用于幼儿园教育实践之中，通过建造中国化的幼稚园园舍、改造西洋玩具使之中国化和研制中国自己的玩具，研究中国化的幼儿园教育活动。他提出了"幼稚教育的三大目标""单元教学的课程组织形式""17 条教学原则""学习的四个步骤""五指活动"等，逐步形成了适合中国国情、符合民族精神的"活教育"理论与实践体系，奠定了中国学前教育的基础。

对于中国化学前教育的探索的责任并不仅仅停留在几位教育工作者身上，群众性的实践、研究贡献也发挥着巨大的作用。

例如，爱国人士的代表陈嘉庚创办了集美幼稚园，其办园思想把幼稚教育当成立国之本，认为有了健康的儿童才能够有健全的国民；教师为儿童的伴侣，幼稚教育是爱的教育；幼稚园应成为儿童的乐园，幼稚教育要求幼儿的解放与幸福。集美幼稚园的环境强调中西合璧，既有西班牙楼室特色，又有中国民族风格的园舍，拥有葆真楼、养正楼、熙春楼、群乐室等楼屋。园内有操场、游戏场、花圃、假山、水榭、小桥，适合分班活动。

再如，基于实验的需要、理论发展的需求，幼稚教育研究组织也纷纷应运而生。1917 年，上海首创幼稚教育研究会，随后江苏、北京等地方幼稚教育研究会也应运而生。1927 年，陈鹤琴、陶行知、张宗麟发起组织了中国幼稚教育研究会；1928 年，张雪门等发起成立了北平幼稚教育研究会。两者都突破了本地本省限制，获得了更大范围的联动。1929 年，在中国幼稚教育研究会的基础上，中华儿童教育社在杭州成立，陈鹤琴任主席。该社研究儿童教育，谋求儿童福利，提倡教师专业精神，对我国学前教育的科学发展起到极大的助推作用。该社到 1937 年时已经在全国有 60 多个分社，4000 多位会员，是当时全国最大的一个教育学术团体。

陶行知曾说，一个国家的教育无论在制度上、内容上还是在方法上，都"不应常靠稗贩和因袭，而应该准照那国家的需要和精神，去谋适合，谋创造"①。以中国百年老园的发展作为研究样态，通过个体幼儿园的发展印记，我们可以清晰看到中国本土教育家针对当时中国的社会现实和儿童发展的实际，批判性地吸收和改革国外幼儿教育思想，立志办中国自己的幼儿教育。通过自己亲身的科学研究和亲自办园的幼儿园教育实践，开创了中国学前教育的先河，奠定了中国学前教育的理论与实践基础。众多学前教育的有志之士在儿童心理研究、幼儿园教育、幼儿家庭教育、幼儿师范教育等方面都积累了宝贵的经验和财富，推动了中国学前教育走向本土化、民主化、科学化和大众化的道路。这些思想在当今新时代中国特色社会主义学前教育理论和实践体系的创建中仍具有根基与文脉的价值。

一百年是一个既短暂又漫长的时间跨度。在人类历史的长河中，一百年常常是弹指一挥间的刻度；但是对于一个学前教育从无到有、从以外为主走向教育权独立的国家来说，它既漫长，又充满屈辱。中国百年老园数量不多。它们是百年中国学前教育发展的重要标本，更是中国学前教育找到自己坐标的重要历史参照，其研究价值与历史意义极其重要。

百年老园所反映的学前教育自主权，尤其值得我们深思。独立自主培养自己国家的儿童向来都是国家最坚实的国防。百年历史留给后人的疤痕仍然清晰可见。在新时代，在全球各国学前教育理念零距离、零时差的交汇与交流的过程中，学前教育工作者尤需一切以本土儿童实际为中心，拒绝跟风与"空心病"，以"咬定青山不放松"的坚决态度发展适合中国儿童的本土化学前教育事业。

（中国教育报刊社《学前教育周刊》 常晶）

---

① 《陶行知全集》第一卷，568 页，长沙，湖南教育出版社，1984。

附　录　主要作者名单

（按章节文本顺序）

前言和第一部分：刘占兰（中国教育科学研究院）。

第二部分：王晓虹、张佳佳（福建省厦门市日光幼儿园），夏君、徐金晶、潘小玉（湖北省实验幼儿园），曾琴、邓盛婷（四川省成都市第三幼儿园），黄珊、田瑞清、董佑静、徐兴芳、鞠亮（北京师范大学实验幼儿园），沈清、徐晓青（浙江省宁波市第一幼儿园），崔利玲（江苏省南京市鼓楼幼儿园）。

第三部分：胡嫣、钟萍（浙江省杭州市天水幼儿园），王晓虹、张佳佳（福建省厦门市日光幼儿园），夏君、徐金晶、潘小玉（湖北省实验幼儿园），张雪红（北京市西城区洁民幼儿园），陈丽（上海市嘉定区清河路幼儿园），陈彬（四川省宜宾市鲁家幼儿园），侯杰（天津市南开区第二幼儿园），陈永莉（广东省广州市越秀区烟墩路幼儿园），严文琪（南京师范大学附属小学实验幼儿园），周志芬（广东省广州市荔湾区协和幼儿园），肖菊红（江苏省苏州市吴江区实验幼儿园），赵娅婕（云南省昆明市教工第二幼儿园），林咏瑜（广东省广州市幼儿师范学校附属幼儿园），蔡宇虹（湖南省长沙市天心区幼幼幼儿园），曾琴（四川省成都市第三幼儿园），刘秀峰（四川师范大学），窦作琴（重庆市渝中区红岩幼儿园），黄珊、田瑞清、董佑静、徐兴芳、鞠亮（北京师范大学实验幼儿园），李洁（北京市西城区实验幼儿园），顾惠琴（江苏省常熟市实验幼儿园），陈云（浙江省杭州市行知幼儿园），刘占兰（中国教育科学研究院），陈卫红（福建省厦门市集美幼儿园），武春静［北京实验学校（海淀）幼儿园］，蒋晨（江苏省昆山市玉山镇北珊湾幼儿园），崔利玲（江苏省南京市鼓楼幼儿园）。

第四部分：程晓明（江苏教育报刊社《早期教育》编辑部），杜继纲（北京师范大学学前教育研究所），尹坚勤（江苏第二师范学院学前教育学院），苏婧（北京教育科学研究院早期教育研究所），江立（云南省昆明市教育科学研究院），徐宇（重庆市教育科学研究院），王璐（重庆师范大学教育科学学院），高丙成（中国教育科学研究院），常晶（中国教育报刊社《学前教育周刊》）。

后　记

　　本书是中国教育科学研究院基本科研业务费专项资金院级一般项目——"中国百年老园的发展样态研究"（项目编号：GY2016001）的终结性成果。感谢院领导和学术委员会对本课题研究意义与价值的认可，他们的认可使本课题得以立项。感谢科研处王小飞处长对课题研究工作的支持和鼓励，感谢基础教育研究所原所长陈如平及各位同事多方面的支持和帮助。

　　课题的顺利推进与完成是中国教育科学研究院基础教育研究所课题组核心成员和各省（自治区、直辖市）相关专家学者、幼儿园园长和老师们共同努力及协同合作的结果，正是大家辛勤的劳动和扎实的研究使课题有了丰厚的收获。

　　还要特别感谢高丙成老师在课题初期的资料收集、各幼儿园的联络及研讨会组织等各项活动中的鼎力支持和辛勤工作。感谢北京师范大学出版社罗佩珍老师在本书出版中所付出的辛劳与智慧。感谢各位特邀专家以深厚的学识、敏锐的洞察力和批判性的思维方式助力本课题研究的科学性及成果呈现的客观性，并为后续相关研究提供了新视角和新思路。诚挚感谢每一位参与者的付出和贡献！

刘占兰